도마복음서

권영흠

도마복음서

초판 1쇄 발행 : 2014년 3월 1일
초판 2쇄 발행 : 2018년 6월 5일
지은이 : 권영흠
표지 편집 디자인 : 박영송
매입처 : 스틸로그라프 - Stylographe

제 2004-9호 (2004. 10. 6)
경상북도 의성군 의성읍 북부길 58-23
+(82)10 - 9560 - 7865
klaha2100@gmail.com

ISBN 978-89-955829-9-2

책 머리에

장 도레스(우측)와 토고 미나, 1947

도마복음서의 발견

'도마복음서'는 114개의 로기온, 곧 '예수의 말씀'으로 구성되어 있으며, 1947년 이집트 카이로에 있는 곱트 박물관에서 처음 그 모습을 드러낸 일군의 고대 문서 뭉치 속에 포함된 내용 중 하나이다. 한 두해 전에 나일 강 상류에 위치한 '케노보스키온' 지방의 한 절벽 동굴 속에 숨겨진 항아리 속에 있던 문서 뭉치가 지역 주민들 손에서 어떤 장사꾼의 손에 넘어갔고 그가 그 발굴물이 지닌 가치를 알기위해 전문가들에게 문의하는 과정에서 카이로의 곱트 박물관장인 토고 미나 (Togo Mina 1906-1949)의 손에까지 들어 온 것은 거의 기적이었고, 토고 미나는 직감적으로 이 문서가 지닌 중요성을 인식하고 압류해놓고 있다가, 1947년 때마침 창궐하던 콜레라로 인해 목적지로의 이동이 불가능해져 잠시 카이로에 발이 묶여 체재하고 있던 프랑스의 젊은 언어학자인 장 도레스 (Jean Doresse 1917-2007)를 자신의 사무실에서 만나는 기회가 생기자 그에게 어떤 내용이 실린 문서인지를 한번 살펴보라며 서랍에서 문서 뭉치를 꺼내 건네주었다. 이 때의 상황을 장도레스는 다음과 같이 회고하고 있다.

"1947년 가을 무렵 곱트 박물관을 방문했을 때, 그 곳의 총책임자는 학문과 문화재에 대한 식견이 뛰어난 토고 미나였으며, 특히 이집트 기독교 유산에 관심이 많은 인물이었다. 그 날 아침, 그는 나를 보자마자 서랍 속에서 한 무더기의 고대 문서 뭉치를 꺼내어 내 눈 앞에 내밀었다. 부드러운 가죽 커버가 있는 문서 뭉치였고 내면은 매우 아름다운 필체의 곱트어가 가득 기록되었는 데 언듯 보아도 3내지 4세기경의 문서임을 알 수 있었다. 그는 내게 혹시 이 문서의 내용을 판독할 수 있는 지를 물었고, 첫 페이지의 첫 문장부터 읽어 내려가자마자 나는 그것이 초대 기독교 시대의 영지주의 문서임을 알아볼 수 있었던 이유가, 이 문서는 각각 제목이 붙여진 여러가지 서책의 집합이었고, '보이지 않는 큰 영혼의 성스러운 책'이라는 제목이 보이는 가 하면, 조금 더 나아가자 '요한의 비밀의 책'이라는 제목도 보였기 때문이었다. 나는 토고미나의 손을 잡고 뜨거운 감동으로 감사를 표했고, 너무나도 중요한 문서를 손에 넣은 그를 크게 치하했다. 그리고 즉시 그와 함께 긴 세월 동안 거의 떡이 된 문서 덩어리를 조심스레 떼어내며 면밀히 조사하기 시작했고, 마침내 이것이 기존에 발견된 '부르스 코덱스'라든가 '아스퀴와누스 코덱스'를 능가하는 중요한 문서들임을 알게되었으며, 이미 50년 이상 정체되어 있는 '베를린 문서'의 해독에 결정적인 기여를 할 내용도 실려있음을 알았다."

"토고 미나의 허락 아래, 나는 이 놀라운 문서의 발견 소식을 프랑스의 이집트학자 에티엔느 드리오통 (Etienne Drioton 1889-1961)과 영지주의 사상의 전문가인 앙리 샤를 푸에슈 (Henri-Charles Puech 1902-1986)에게 알렸고, 그들과 함께 공동 연구진을 구성하여 문서의 출판 작업에 착수했다. 그와 동시에, 카알

슈미트 (Carl Schmidt 1868-1938)를 이어 '베를린 문서'의 연구에 침몰하고 있던 독일 아카데미의 월터 틸 (Walter Curt Till 1894-1963) 교수에게도 알려 그가 마침내 오랜 난관을 돌파하고 목적을 달성할 수 있도록 하였다."

문서의 가치가 확인된 그 이듬해인 1948년 초부터 이 위대한 발견에 대한 보고가 이집트와 프랑스의 언론과 학계에서 동시에 발표되었고, 이후 수년에 걸쳐 각종 학술지에 이 문서에 대한 초기 연구가 이들 일부 학자들에 의해 속속 발표되었으며, 토고 미나를 이어 카이로의 곱트 박물관장이 된 파호르 라비브 (Pahor Labib 1905-1994)에 의해 문서 전체가 사진판으로 출판됨으로서 모든 사람이 이 새로운 문서에 접근할 수 있는 길이 열린 것은 1956년이 되어서였다. 하지만 바로 이 해에 일어난 수에즈 운하 사건으로 인해 이집트와 프랑스의 관계가 악화되고 중동에서의 프랑스의 전통적인 영향력이 급격히 하락하자, 프랑스 학자들의 독점적 연구에 대한 반발이 크게 일어났고, 네덜란드 학자인 질 퀴스펠 (Gilles Quispel 1916-2006)의 적극적인 개입과 최종적으로는 유네스코의 힘으로 이 문서 연구를 국제 학술계로 이전시킨 미국의 로빈슨 (James McConkey Robinson 1924-) 교수에 의해 새로운 문서에 대한 연구는 비로소 국제적 연구과제로 확장되었다.
로빈슨 교수를 핵심으로 하는 미국 학계의 노력은 프랑스의 독점적 연구를 종식시킨 반면 새로운 영어권 독점체제를 탄생시켰고, 그들이 그 어떤 변명을 할 지라도 문서에 대한 최초 발견자이자 첫 연구자로서의 장 도레스의 존재와 그가 행한 10여년 간의 모든 연구 업적을 없는 것으로 무시하고 국제 학술계에서 소리없이 퇴출시킨 만행에 대해서는 잘못을 인정해야 할 것이다. 당시까지 이름없던 젊은 학자이던 장 도레스가 소리없이 제거되자 자동으로 이 위대한 문서에 대한 첫 접근자들의 명단이 바뀌게 되었고, 그들은 자신들이 최초 발견자이자 연구자들이라 자부하게 된다.

나그함마디 문서의 탄생

새로이 발견된 문서는 대개가 영지주의 문서들의 집합이었고, 내용이 중복되는 두 권을 제외하면 도합 49권의 작은 문서들로 분류할 수 있었으며, 그 가운데에서도 가장 눈길을 끄는 것이 바로 지금 소개되는 '도마복음서'인데, 이것은 영지주의 문서라기 보다는 신약복음서의 이전 형태인 또 다른 복음서이자, 오늘날 우리들이 보고 있는 신약복음서의 탄생의 열쇠를 쥐고 있는 매우 중요한 '원 복음서'의 성격을 지니는 문서이다. 로빈슨 교수 주도의 새로운 연구진들은 장 도레스가 명명한 '케노보스키온 문서'를 '나그함마디 문서'로 개명해서 부르기 시작했고, 장 도레스가 처음으로 작성한 문서들의 순서 역시 완전히 바꾸어 누군가에 의해 해외로 빼돌렸다가 스위스 융 재단을 통해 구입하여 다시금 제 자리로 돌려놓은 문서를 맨 처음 문서로 배치하면서 새로운 목록을 완성하였고, 이것이 보편화된 것이 오늘 우리들이 쓰고있는 나그함마디 문서의 전체 목록이다.

도마복음서는, 장 도레스가 처음 작성한 목록에 의하면 열번째 코덱스의 두번째 문서였으나, 최종적으로 국제적으로 합의된 나그함마디 문서 목록에서는 두번째 코덱스의 둘째 문서로 자리매김 되었고 표기 방법은 EvTh. II,2로 하는 중이다. 도마복음서가 속해있는 나그함마디 문서 전체는 현재 이집트 카이로 곱트 박물관에서 모든 페이지가 유리판 속에 삽입된 채 소중하게 보관되어 있다.

도마복음서의 문서 크기와 언어 및 연대

도마복음서는 이집트 상형문의 마지막 단계이자 이집트 기독교 언어인 곱트어로 기록되어 있으며, 곱트어의 여러 방언 중에서도 사이딕 방언과 아크믹 방언이 섞인 형태로 기록되어 있는 데, 오늘날 학자들은 이 방언을 리코폴리텐 방언이라 부름과 동시에, 마니교 문서는 L4로 곱트어 요한복음서는 L5 그리고 나그함마디 문서는 L6로 구분하여 부르고 있다.

도마복음서를 담고있는 나그함마디 문서는 21x27 cm 크기의 양피지로 구성되어 있으며, 페이지 당 약 37줄 정도의 분량으로 기록되어 있다. 그리고 문서로 엮인 시기는 대략 4세기 정도로 보고 있으나 담고 있는 내용의 독보성을 감안할 때 곱트어로 기록되기 전의 원본의 연대는 그보다 훨씬 이른 시기인 2세기까지 거슬러 올라가는 것으로 추측하고 있다.

옥시린크 문서와의 선후 문제

옥시린크 문서(Papyrus d'Oxyrhynque)란, 중부 이집트의 그리스 도시인 옥시린크에서 발견되어 1897년과 1900년 옥스포드 대학의 그렌펠(Bernard Pyne Grenfell 1869-1926)과 헌트(Arthur Surridge Hunt 1871-1934) 교수에 의해 발간된 매우 짧은 내용의 세가지 그리어 문서 단편을 말하며, 이곳에 실려있는 단편적인 내용이 도마복음서의 내용과 동일한 것이 알려지자마자 학자들은 이것이 도마복음서의 원형에 속한다고 쉽게 속단하였으며 도마복음서가 본래 그리스어로 기록된 것이 곱트어로 번역된 것으로 이해하였으나, 실상은 그렇지 않다. 예를들어, 옥시린크 문서와 도마복음서의 평행은 아래와 같은 데,

Papyrus Oxyrinque 654 (POxy654)

POxy654 qui comprend Prologue logia 1-7

POxy1 26-33 ; 77b

POxy655 36-39

이 중에서 로기온 3과 로기온 27에 나오는 '왕국'이란 용어가 옥시린크 문서에는 '하나님의 왕국'으로 표기되어 있음을 볼 수 있는 데, 이것은 '왕국'이란 본래 형태가 신약 복음서의 용어인 '하나님의 왕국'으로 발전되는 신학적 변화를 드러내는 것으로 볼 수 있기 때문이다. 예수의 말씀의 원 자리인 히브리 아람어와 오늘날 우리들이 보고 있는 신약의 그리스어라는 종착역 사이에 곱트어라는 이집트 언어가 자리잡고 있고, 이 곱트어라는 제 3의 언어를 통해 그리스어 신약 정경이 전하지 않고 있는 예수의 말씀의 원형이 오늘 우리들에게 전달되고 있으니 그것이 바로 도마복음서이자 이 문서를 담고있는 나그함마디 문서라는 영지주의 문서군이다. 초기 기독교 역사를 연구하고 예수 말씀의 원형으로 추적하는 과정에서 도마복음서와 나그함마디 문서를 기록한 곱트어라는 고대 언어의 중요성이 부각되는 중이고, 나아가서는 이들 문서가 속한 영지주의와 마니교에 대한 연구의 중요성이 그 어느 때보다 더욱 절실한 중이다.

도마복음서에 관한 최초 보고문과 학술 작업

Togo Mina, *Le Papyrus gnostique du Musée copte*, dans : *Vigilae Chiristianae*, 2, 1948, p. 129-136.

Jean Doresse, *Trois livres gnostique inédits*, dans : *Vigilae Chiristianae*, 2, 1948, p. 137-160.

Henri-Charles Puech et Jean Doresse, *Nouveaux écrits gnostiques coptes découverts en Haute-Egypte*, dans : *Comptes rendus de l'Académie des Inscriptions et Belles-Lettres*, séance du 20 février 1948, pp. 87-95.

Jean Doresse, *Nouveaux documents gnostiques coptes découverts en Haute-Egypte*, dans : *Comptes rendus de l'Académie des Inscriptions et Belles-Lettres*, 1949, pp. 176-180.

Jean Doresse, *Une biblithèque gnostique copte découverts en Haute-Egypte, Académie royale de Belgique, Bulletin de la Cl. Des Lettres et des Sciences morales*, 5e série, 35, 1949, pp. 435-449.

Jean Doresse et Togo Mina, *Nouveaux documents gnostiques coptes découverts en Haute-Egypte : La Bibliothèque de Chénoboskion*, dans : *Vigiliae Christianae*, III, 1949, pp. 129-141.

Jean Doresse, *Une biblithèque gnostique copte*, dans : *La Nouvelle Clio*, I, 1949, pp. 59-70.

Jean Doresse, *Douze volumes dans une jarre*, dans : *Les Nouvelles Littéraires*, n°1139, Paris, 30 juin 1949.

Jean Doresse, *Nouveaux aperçus historiques sur les Gnostiques coptes : Ophites et Séthiens*, dans : *Bulletin de l'Institut d'Egypte*, XXXI, 1948-1949, pp. 409-419.

Jean Doresse, *A gnostic library from Upper Egypt*, dans : *Archaeology*, 3, (New York) 1950, pp. 69-73.

Jean Doresse, *Les Gnostiques d'Egypte*, dans : *La Table Ronde*, n°107, novembre 1956 , pp. 85-96.

Pahor Labib, *Coptic Gnostic Papyri in the Coptic Museum at Old Cairo, Volume I*, Government Press, Cairo, 1956.

Henri-Charles Puech, Une collection de Paroles de Jésus récemment retrouvée : L'Evangile selon Thomas, in *Comptes rendus de l'Académie des Inscriptions et Belles-Lettres* (Institut de France), 1957, pp. 146-167.

Henri-Charles Puech, Das Thomas-Evangelium, in E. Hennecke-W. Schneemelcher, *Neutestamentliche Apoklyphen*, t. I, Tübingen, 1959, pp. 199-223.

Gilles Quispel, L'Evangile selon Thomas and the New Testament, in *Vigiliae Christianae*, XI, 1957, pp. 189-207.

Gilles Quispel, L'Evangile selon Thomas et les Clémentines, in *Vigiliae Christianae*, XII, 1958, pp. 181-196.

Antoine Guillaumont, Sémitismes dans les logia de Jésus retrouvés à Nag-Hamâdi, in Journal Asiatique, CCXLVI, 1958, pp. 113-123.

Walter Curt Till, New Sayings of Jesus in the Recently Discovered Coptic «Gospel of Thomas», in *Bulletin of the John Rylands Library* XLI, 1959, pp. 446-458.

Jean Doresse, *La Roman d'une grande découverte*, dans : *Les Nouvelles littéraires*, n°1560, 25 juillet 1957.

일러두기

1. 원본 사진 대조에서의 로기온 표기는 괄호안에 숫자를 기입하여 각 로기온 초입에 표기하였다. 곱트어 원본에는 로기온이 표기되어있지 않다.
2. 원본 사진 대조에서의 파피루스 페이지 번호는 각 페이지 상단에 표기하였다.
3. 원문 주석에서 그리스어 표기가 존재하는 경우 해당 그리스어를 같이 표기하였다.
4. 상형문 표기의 경우 트랜스리테리언 발음 기호를 같이 표기하였으며 발음법은 권영흠 저, "이집트 상형문 사전", 도서출판 해, 2013 을 참고하라.
5. 곱트어 방언은 표기법은 괄호안에 알파벳으로 표기하는데 아래와 같다.

(S)	사이딕 방언	(L)	리코폴리텐 방언
(B)	보하이리크 방언	(A)	아크미미크 방언
(M)	베소케미크 방인	(F)	파유미그 방언

6. 국내에 발간된 아래 곱트어 사전 및 문법서를 참고할 수 있다.

권영흠, 마니교 곱트어 사전, 스틸로그라프, 2006
권영흠, 통합 곱트어 사전, 스틸로그라프, 2008
권영흠, 곱트어 문법, 스틸로그라프, 2013
권영흠, 이집트 상형문 사전, 도서출판 해, 2013

목차

원본 사진 대조

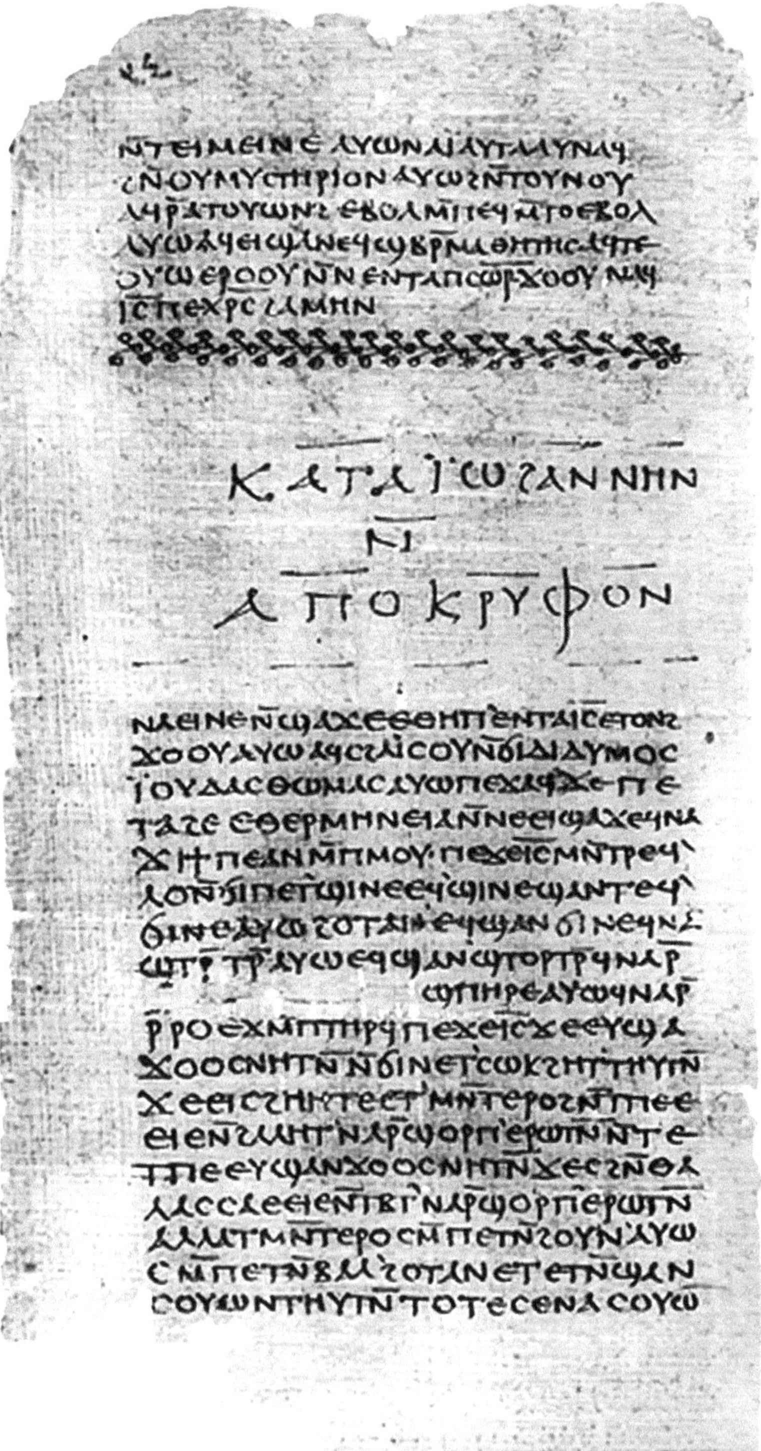

ⲛⲁⲉⲓ ⲛⲉ ⲛ̅ϣⲁϫⲉ ⲉⲑⲏⲡ` ⲉⲛⲧⲁ ⲓ̅ⲥ̅ ⲉⲧⲟⲛϩ·
ϫⲟⲟⲩ ⲁⲩⲱ ⲁϥⲥϩⲁϊⲥⲟⲩ ⲛ̅ϭⲓ ⲇⲓⲇⲩⲙⲟⲥ
ϊⲟⲩⲇⲁⲥ ⲑⲱⲙⲁⲥ (1) ⲁⲩⲱ ⲡⲉϫⲁϥ ϫⲉ ⲡⲉ
ⲧⲁϩⲉ ⲉⲑⲉⲣⲙⲏⲛⲉⲓⲁ ⲛ̅ⲛⲉⲉⲓϣⲁϫⲉ ϥⲛⲁ
ϫⲓ ϯⲡⲉ ⲁⲛ ⲙ̅ⲡⲙⲟⲩ· (2) ⲡⲉϫⲉ ⲓ̅ⲥ̅ ⲙⲛ̅ⲧⲣⲉϥ`
ⲗⲟ ⲛ̅ϭⲓ ⲡⲉⲧ`ϣⲓⲛⲉ ⲉϥ`ϣⲓⲛⲉ ϣⲁⲛⲧⲉϥ`
ϭⲓⲛⲉ ⲁⲩⲱ ϩⲟⲧⲁⲛ` ⲉϥϣⲁⲛϭⲓⲛⲉ ϥⲛⲁ
ϣⲧⲣ̅ⲧⲣ̅ ⲁⲩⲱ ⲉϥϣⲁⲛϣⲧⲟⲣⲧⲣ̅ ϥⲛⲁⲣ̅
ϣⲡⲏⲣⲉ ⲁⲩⲱ ϥⲛⲁⲣ̅
ⲣ̅ⲣⲟ ⲉϫⲙ̅ ⲡⲧⲏⲣϥ (3) ⲡⲉϫⲉ ⲓ̅ⲥ̅ ϫⲉ ⲉⲩϣⲁ
ϫⲟⲟⲥ ⲛⲏⲧⲛ̅ ⲛ̅ϭⲓ ⲛⲉⲧ`ⲥⲱⲕ ϩⲏⲧ` ⲧⲏⲩⲧⲛ̅
ϫⲉ ⲉⲓⲥ ϩⲏⲏⲧⲉ ⲉⲧ`ⲙⲛ̅ⲧⲉⲣⲟ ϩⲛ̅ ⲧⲡⲉ ⲉ
ⲉⲓⲉ ⲛ̅ϩⲁⲗⲏⲧ` ⲛⲁⲣ̅ ϣⲟⲣⲡ` ⲉⲣⲱⲧⲛ̅ ⲛ̅ⲧⲉ
ⲧⲡⲉ ⲉⲩϣⲁⲛϫⲟⲟⲥ ⲛⲏⲧⲛ̅ ϫⲉ ⲥϩⲛ̅ ⲑⲁ
ⲗⲁⲥⲥⲁ ⲉⲉⲓⲉ ⲛ̅ⲧⲃⲧ` ⲛⲁⲣ̅ ϣⲟⲣⲡ` ⲉⲣⲱⲧⲛ̅
ⲁⲗⲗⲁ ⲧⲙⲛ̅ⲧⲉⲣⲟ ⲥⲙ̅ⲡⲉⲧⲛ̅ϩⲟⲩⲛ` ⲁⲩⲱ
ⲥⲙ̅ⲡⲉⲧⲛ̅ⲃⲁⲗ` ϩⲟⲧⲁⲛ ⲉⲧⲉⲧⲛ̅ϣⲁⲛ
ⲥⲟⲩⲱⲛ ⲧⲏⲩⲧⲛ̅ ⲧⲟⲧⲉ ⲥⲉⲛⲁⲥⲟⲩⲱ̅

ⲧⲏⲛⲉ ⲁⲩⲱ ⲧⲉⲧⲛⲁⲉⲓⲙⲉ ϫⲉ ⲛ̄ⲧⲱⲧⲛ̄ ⲡⲉ
ⲛ̄ϣⲏⲣⲉ ⲙ̄ⲡⲉⲓⲱⲧ` ⲉⲧⲟⲛϩ ⲉϣⲱⲡⲉ ⲇⲉ
ⲧⲉⲧⲛⲁⲥⲟⲩⲱⲛ ⲧⲏⲩⲧⲛ̄ ⲁⲛ ⲉⲉⲓⲉ ⲧⲉⲧⲛ̄
ϣⲟⲟⲡ` ϩⲛ̄ ⲟⲩⲙⲛ̄ⲧϩⲏⲕⲉ ⲁⲩⲱ ⲛ̄ⲧⲱⲧⲛ̄
ⲡⲉ ⲧⲙⲛ̄ⲧϩⲏⲕⲉ (4) ⲡⲉϫⲉ ⲓ̅ⲥ̅ ϥⲛⲁϫⲛⲁⲩ ⲁⲛ
ⲛ̄ϭⲓ ⲡⲣⲱⲙⲉ ⲛ̄ϩⲗ̄ⲗⲟ ϩⲛ̄ ⲛⲉϥϩⲟⲟⲩ ⲉϫⲛⲉ
ⲟⲩⲕⲟⲩⲉⲓ ⲛ̄ϣⲏⲣⲉ ϣⲏⲙ ⲉϥϩⲛ̄ ⲥⲁϣϥ̄
ⲛ̄ϩⲟⲟⲩ ⲉⲧⲃⲉ ⲡⲧⲟⲡⲟⲥ ⲙ̄ⲡⲱⲛϩ ⲁⲩⲱ
ϥⲛⲁⲱⲛϩ ϫⲉ ⲟⲩⲛ̄ ϩⲁϩ ⲛ̄ϣⲟⲣⲡ` ⲛⲁⲣ̄ ϩⲁ
ⲉ ⲁⲩⲱ ⲛ̄ⲥⲉϣⲱⲡⲉ ⲟⲩⲁ ⲟⲩⲱⲧ (5) ⲡⲉϫⲉ ⲓ̅ⲥ̅
ⲥⲟⲩⲱⲛ ⲡⲉⲧⲙ̄ⲡⲙ̄ⲧⲟ ⲙ̄ⲡⲉⲕϩⲟ ⲉⲃⲟⲗ`
ⲁⲩⲱ ⲡⲉⲑⲏⲡ· ⲉⲣⲟⲕ· ϥⲛⲁϭⲱⲗⲡ· ⲉⲃⲟⲗ
ⲛⲁⲕ· ⲙⲛ̄ ⲗⲁⲁⲩ ⲅⲁⲣ ⲉϥϩⲏⲡ· ⲉϥⲛⲁⲟⲩⲱⲛϩ
ⲉⲃⲟⲗ ⲁⲛ (6) ⲁⲩϫⲛⲟⲩϥ ⲛ̄ϭⲓ ⲛⲉϥ`ⲙⲁⲑⲏⲧⲏⲥ
ⲡⲉϫⲁⲩ ⲛⲁϥ ϫⲉ ⲕ`ⲟⲩⲱϣ ⲉⲧⲣⲛ̄ⲣ̄ⲛⲏⲥⲧⲉⲩⲉ
ⲁⲩⲱ ⲉϣ ⲧⲉ ⲑⲉ ⲉⲛⲁϣⲗⲏⲗ ⲉⲛⲁϯ ⲉⲗⲉ
ⲏⲙⲟⲥⲩⲛⲏ ⲁⲩⲱ ⲉⲛⲁⲣ̄ⲡⲁⲣⲁⲧⲏⲣⲉⲓ ⲉⲟⲩ
ⲛ̄ϭⲓⲟⲩⲱⲙ` ⲡⲉϫⲉ ⲓ̅ⲥ̅ ϫⲉ ⲙ̄ⲡⲣ̄ϫⲉ ϭⲟⲗ ⲁⲩ
ⲱ ⲡⲉⲧⲉⲧⲙ̄ⲙⲟⲥⲧⲉ ⲙ̄ⲙⲟϥ` ⲙ̄ⲡⲣ̄ⲁⲁϥ ϫⲉ
ⲥⲉϭⲟⲗⲡ` ⲧⲏⲣⲟⲩ ⲉⲃⲟⲗ ⲙ̄ⲡⲉⲙⲧⲟ ⲉⲃⲟⲗ
ⲛ̄ⲧⲡⲉ ⲙⲛ̄ ⲗⲁⲁⲩ ⲅⲁⲣ ⲉϥϩⲏⲡ· ⲉϥⲛⲁⲟⲩ
ⲱⲛϩ ⲉⲃⲟⲗ ⲁⲛ ⲁⲩⲱ ⲙⲛ̄ ⲗⲁⲁⲩ ⲉϥϩⲟⲃ̄ⲥ̄ ⲉⲩ
ⲛⲁϭⲱ ⲟⲩⲉϣⲛ̄ ϭⲟⲗⲡϥ` (7) ⲡⲉϫⲉ ⲓ̅ⲥ̅ ⲟⲩ
ⲙⲁⲕⲁⲣⲓⲟⲥ ⲡⲉ ⲡⲙⲟⲩⲉⲓ ⲡⲁⲉⲓ ⲉⲧⲉ
ⲡⲣⲱⲙⲉ ⲛⲁⲟⲩⲟⲙϥ ⲁⲩⲱ ⲛ̄ⲧⲉⲡⲙⲟⲩⲉⲓ
ϣⲱⲡⲉ ⲣ̄ⲣⲱⲙⲉ ⲁⲩⲱ ϥⲃⲏⲧ· ⲛ̄ϭⲓⲡⲣⲱ
ⲙⲉ ⲡⲁⲉⲓ ⲉⲧⲉ ⲡⲙⲟⲩⲉⲓ ⲛⲁⲟⲩⲟⲙϥ ⲁⲩ
ⲱ ⲡⲙⲟⲩⲉⲓ ⲛⲁϣⲱⲡⲉ ⲣ̄ⲣⲱⲙⲉ (8) ⲁⲩⲱ ⲡⲉ
ϫⲁϥ ϫⲉ ⲉⲡⲣⲱⲙⲉ ⲧⲛ̄ⲧⲱⲛ ⲁⲩⲟⲩⲱϩⲉ
ⲣ̄ⲣⲙⲛ̄ϩⲏⲧ` ⲡⲁⲉⲓ ⲛ̄ⲧⲁϩⲛⲟⲩϫⲉ ⲛ̄ⲧⲉϥⲁ
ⲃⲱ ⲉⲑⲁⲗⲁⲥⲥⲁ ⲁϥⲥⲱⲕ ⲙ̄ⲙⲟⲥ ⲉϩⲣⲁⲓ̈
ϩⲛ̄ ⲑⲁⲗⲁⲥⲥⲁ ⲉⲥⲙⲉϩ ⲛ̄ⲧⲃ̄ⲧ· ⲛ̄ⲕⲟⲩⲉⲓ ⲛ̄
ϩⲣⲁⲓ̈ ⲛ̄ϩⲏⲧⲟⲩ ⲁϥϩⲉ ⲁⲩⲛⲟϭ ⲛ̄ⲧⲃ̄ⲧ ⲉⲛⲁ
ⲛⲟⲩϥ` ⲛ̄ϭⲓ ⲡⲟⲩⲱϩⲉ ⲣ̄ⲣⲙⲛ̄ϩⲏⲧ` ⲁϥⲛⲟⲩ
ϫⲉ ⲛ̄ⲛⲕⲟⲩⲉⲓ ⲧⲏⲣⲟⲩ ⲛ̄ⲧⲃⲧ` ⲉⲃⲟⲗ ⲉ[ⲡⲉ]

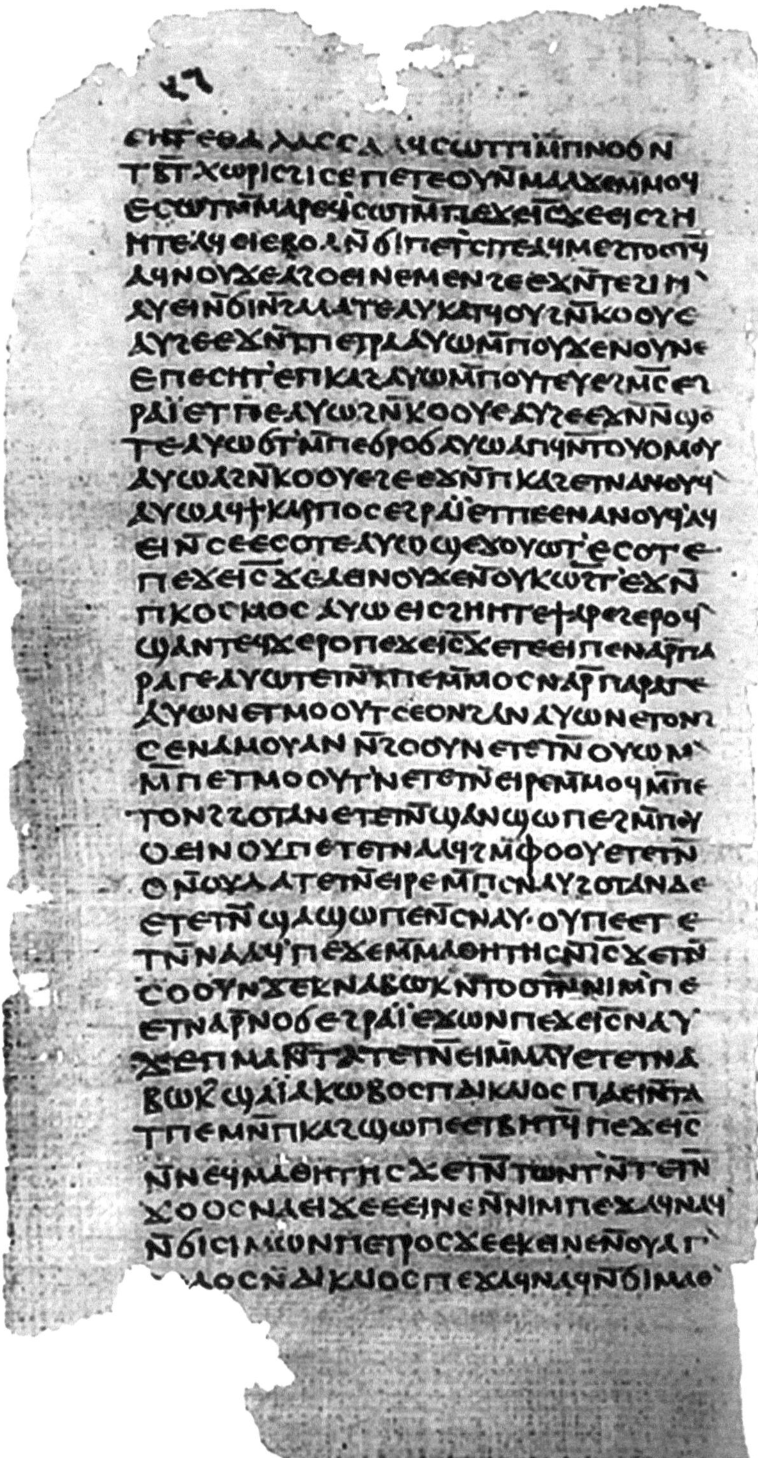

ⲗⲇ

ⲉⲥⲏⲧ ⲉⲑⲁⲗⲁⲥⲥⲁ ⲁϥⲥⲱⲧⲡ ⲙ̅ⲡⲛⲟϭ ⲛ̅
ⲧⲃ︤ⲧ︥ ⲭⲱⲣⲓⲥ ϩⲓⲥⲉ ⲡⲉⲧⲉ ⲟⲩⲛ̅ ⲙⲁⲁϫⲉ ⲙ̅ⲙⲟϥ
ⲉⲥⲱⲧⲙ̅ ⲙⲁⲣⲉϥⲥⲱⲧⲙ̅ ⲡⲉϫⲉ ⲓ̅ⲥ̅ ϫⲉ ⲉⲓⲥ ϩⲏ
ⲏⲧⲉ ⲁϥⲉⲓ ⲉⲃⲟⲗ ⲛ̅ϭⲓ ⲡⲉⲧ︥ⲥⲓⲧⲉ ⲁϥⲙⲉϩ ⲧⲟⲟⲧϥ
ⲁϥⲛⲟⲩϫⲉ ⲁϩⲟⲉⲓⲛⲉ ⲙⲉⲛ ϩⲉ ⲉϫⲛ̅ ⲧⲉϩⲓⲏ̀
ⲁⲩⲉⲓ ⲛ̅ϭⲓ ⲛ̅ϩⲁⲗⲁⲧⲉ ⲁⲩⲕⲁⲧϥⲟⲩ ϩⲛ̅ⲕⲟⲟⲩⲉ
ⲁⲩϩⲉ ⲉϫⲛ̅ ⲧⲡⲉⲧⲣⲁ ⲁⲩⲱ ⲙ̅ⲡⲟⲩϫⲉ ⲛⲟⲩⲛⲉ
ⲉⲡⲉⲥⲏⲧ ⲉⲡⲕⲁϩ ⲁⲩⲱ ⲙ̅ⲡⲟⲩⲧⲉⲩⲉ ϩⲙ̅ⲥ ⲉϩ
ⲣⲁ̈ⲓ ⲉⲧⲡⲉ ⲁⲩⲱ ϩⲛ̅ⲕⲟⲟⲩⲉ ⲁⲩϩⲉ ⲉϫⲛ̅ ⲛ̅ϣⲟ
ⲧⲉ ⲁⲩⲱϭⲧ̅ ⲙ̅ⲡⲉϭⲣⲟϭ ⲁⲩⲱ ⲁⲡϥⲛ̅ⲧ ⲟⲩⲟⲙⲟⲩ
ⲁⲩⲱ ⲁϩⲛ̅ⲕⲟⲟⲩⲉ ϩⲉ ⲉϫⲛ̅ ⲡⲕⲁϩ ⲉⲧⲛⲁⲛⲟⲩϥ̀
ⲁⲩⲱ ⲁϥϯ ⲕⲁⲣⲡⲟⲥ ⲉϩⲣⲁ̈ⲓ ⲉⲧⲡⲉ ⲉⲛⲁⲛⲟⲩϥ ⲁϥ
ⲉⲓ ⲛ̅ⲥⲉ ⲉⲥⲟⲧⲉ ⲁⲩⲱ ϣⲉ ϫⲟⲩⲱⲧ̀ ⲉⲥⲟⲧⲉ
ⲡⲉϫⲉ ⲓ̅ⲥ̅ ϫⲉ ⲁⲉⲓⲛⲟⲩϫⲉ ⲛ̅ⲟⲩⲕⲱϩⲧ̀ ⲉϫⲛ̅
ⲡⲕⲟⲥⲙⲟⲥ ⲁⲩⲱ ⲉⲓⲥ ϩⲏⲏⲧⲉ ϯⲁⲣⲉϩ ⲉⲣⲟϥ
ϣⲁⲛⲧⲉϥϫⲉⲣⲟ ⲡⲉϫⲉ ⲓ̅ⲥ̅ ϫⲉ ⲧⲉⲉⲓⲡⲉ ⲛⲁⲣ̅ ⲡⲁ
ⲣⲁⲅⲉ ⲁⲩⲱ ⲧⲉⲧⲛ̅ⲧⲡⲉ ⲙ̅ⲙⲟⲥ ⲛⲁⲣ̅ ⲡⲁⲣⲁⲅⲉ
ⲁⲩⲱ ⲛⲉⲧⲙⲟⲟⲩⲧ ⲥⲉⲟⲛϩ ⲁⲛ ⲁⲩⲱ ⲛⲉⲧⲟⲛϩ
ⲥⲉⲛⲁⲙⲟⲩ ⲁⲛ ⲛ̅ϩⲟⲟⲩ ⲛⲉⲧⲉⲧⲛ̅ⲟⲩⲱⲙ̀
ⲙ̅ⲡⲉⲧⲙⲟⲟⲩⲧ̀ ⲛⲉⲧⲉⲧⲛ̅ⲉⲓⲣⲉ ⲙ̅ⲙⲟϥ ⲙ̅ⲡⲉ
ⲧⲟⲛϩ ϩⲟⲧⲁⲛ ⲉⲧⲉⲧⲛ̅ϣⲁⲛϣⲱⲡⲉ ϩⲙ̅ⲡⲟⲩ
ⲟⲉⲓⲛ ⲟⲩ ⲡⲉⲧⲉⲧⲛⲁⲁϥ ϩⲙ̅ ⲫⲟⲟⲩ ⲉⲧⲉⲧⲛ̅
ⲟ ⲛ̅ⲟⲩⲁ ⲁⲧⲉⲧⲛ̅ⲉⲓⲣⲉ ⲙ̅ⲡ︤ⲥ︥ⲛⲁⲩ ϩⲟⲧⲁⲛ ⲇⲉ
ⲉⲧⲉⲧⲛ̅ϣⲁϣⲱⲡⲉ ⲛ̅ⲥⲛⲁⲩ· ⲟⲩ ⲡⲉⲧⲉ
ⲧⲛ̅ⲛⲁⲁϥ̀ ⲡⲉϫⲉ ⲙ̅ⲙⲁⲑⲏⲧⲏⲥ ⲛ̅ⲓ̅ⲥ̅ ϫⲉ ⲧⲛ̅
ⲥⲟⲟⲩⲛ ϫⲉ ⲕⲛⲁⲃⲱⲕ ⲛ̅ⲧⲟⲟⲧⲛ̅ ⲛⲓⲙ ⲡⲉ
ⲉⲧⲛⲁⲣ̅ ⲛⲟϭ ⲉϩⲣⲁ̈ⲓ ⲉϫⲱⲛ ⲡⲉϫⲉ ⲓ̅ⲥ̅ ⲛⲁⲩ
ϫⲉ ⲡⲙⲁ ⲛ̅ⲧⲁⲧⲉⲧⲛ̅ⲉⲓ ⲙ̅ⲙⲁⲩ ⲉⲧⲉⲧⲛⲁ
ⲃⲱⲕ ϣⲁ ⲓ̈ⲁⲕⲱⲃⲟⲥ ⲡⲇⲓⲕⲁⲓⲟⲥ ⲡⲁⲉⲓ ⲛ̅ⲧⲁ
ⲧⲡⲉ ⲙⲛ̅ ⲡⲕⲁϩ ϣⲱⲡⲉ ⲉⲧⲃⲏⲏⲧϥ ⲡⲉϫⲉ ⲓ̅ⲥ̅
ⲛ̅ⲛⲉϥⲙⲁⲑⲏⲧⲏⲥ ϫⲉ ⲧⲛ̅ⲧⲱⲛⲧ̀ ⲛ̅ⲧⲉⲧⲛ̅
ϫⲟⲟⲥ ⲛⲁⲉⲓ ϫⲉ ⲉⲉⲓⲛⲉ ⲛ̅ⲛⲓⲙ ⲡⲉϫⲁϥ ⲛⲁϥ
ⲛ̅ϭⲓ ⲥⲓⲙⲱⲛ ⲡⲉⲧⲣⲟⲥ ϫⲉ ⲉⲕⲉⲓⲛⲉ ⲛ̅ⲟⲩⲁⲅ︤
ⲅⲉⲗⲟⲥ ⲛ̅ⲇⲓⲕⲁⲓⲟⲥ ⲡⲉϫⲁϥ ⲛⲁϥ ⲛ̅ϭⲓ ⲙⲁⲑ︤

ⲥⲏⲧ ⲉⲑⲁⲗⲁⲥⲥⲁ ⲁϥⲥⲱⲧⲡ· ⲙ̅ⲡⲛⲟϭ ⲛ̅
ⲧⲃ̅ⲧ̅ ⲭⲱⲣⲓⲥ ϩⲓⲥⲉ ⲡⲉⲧⲉ ⲟⲩⲛ̅ ⲙⲁⲁϫⲉ ⲙ̅ⲙⲟϥ
ⲉⲥⲱⲧⲙ̅ ⲙⲁⲣⲉϥ`ⲥⲱⲧⲙ̅ (9) ⲡⲉϫⲉ ⲓ̅ⲥ̅ ϫⲉ ⲉⲓⲥ ϩⲏ
ⲏⲧⲉ ⲁϥⲉⲓ ⲉⲃⲟⲗ ⲛ̅ϭⲓ ⲡⲉⲧ`ⲥⲓⲧⲉ ⲁϥⲙⲉϩ ⲧⲟⲟⲧϥ̅
ⲁϥⲛⲟⲩϫⲉ ⲁϩⲟⲉⲓⲛⲉ ⲙⲉⲛ ϩⲉ ⲉϫⲛ̅ ⲧⲉϩⲓⲏ`
ⲁⲩⲉⲓ ⲛ̅ϭⲓ ⲛ̅ϩⲁⲗⲁⲧⲉ ⲁⲩⲕⲁⲧϥⲟⲩ ϩⲛ̅ⲕⲟⲟⲩⲉ
ⲁⲩϩⲉ ⲉϫⲛ̅ ⲧⲡⲉⲧⲣⲁ ⲁⲩⲱ ⲙ̅ⲡⲟⲩϫⲉ ⲛⲟⲩⲛⲉ
ⲉⲡⲉⲥⲏⲧ` ⲉⲡⲕⲁϩ ⲁⲩⲱ ⲙ̅ⲡⲟⲩⲧⲉⲩⲉ ϩⲙⲥ̅ ⲉϩ
ⲣⲁï ⲉⲧⲡⲉ ⲁⲩⲱ ϩⲛⲕⲟⲟⲩⲉ ⲁⲩϩⲉ ⲉϫⲛ̅ ⲛ̅ϣⲟⲛ
ⲧⲉ ⲁⲩⲱϭⲧ` ⲙ̅ⲡⲉϭⲣⲟϭ ⲁⲩⲱ ⲁⲡϥⲛ̅ⲧ̅ ⲟⲩⲟⲙⲟⲩ
ⲁⲩⲱ ⲁϩⲛ̅ⲕⲟⲟⲩⲉ ϩⲉ ⲉϫⲛ̅ ⲡⲕⲁϩ ⲉⲧⲛⲁⲛⲟⲩϥ·
ⲁⲩⲱ ⲁϥϯ ⲕⲁⲣⲡⲟⲥ ⲉϩⲣⲁï ⲉⲧⲡⲉ ⲉⲛⲁⲛⲟⲩϥ· ⲁϥ
ⲉⲓ ⲛ̅ⲥⲉ ⲉⲥⲟⲧⲉ ⲁⲩⲱ ϣⲉ ϫⲟⲩⲱⲧ· ⲉⲥⲟⲧⲉ
(10) ⲡⲉϫⲉ ⲓ̅ⲥ̅ ϫⲉ ⲁⲉⲓⲛⲟⲩϫⲉ ⲛ̅ⲟⲩⲕⲱϩ̅ⲧ· ⲉϫⲛ̅
ⲡⲕⲟⲥⲙⲟⲥ ⲁⲩⲱ ⲉⲓⲥ ϩⲏⲏⲧⲉ ϯⲁⲣⲉϩ ⲉⲣⲟϥ`
ϣⲁⲛⲧⲉϥϫⲉⲣⲟ (11) ⲡⲉϫⲉ ⲓ̅ⲥ̅ ϫⲉ ⲧⲉⲉⲓ ⲡⲉ ⲛⲁⲣ̅ⲡⲁ
ⲣⲁⲅⲉ ⲁⲩⲱ ⲧⲉⲧⲛ̅ⲧⲡⲉ ⲙ̅ⲙⲟⲥ ⲛⲁⲣ̅ⲡⲁⲣⲁⲅⲉ
ⲁⲩⲱ ⲛⲉⲧⲙⲟⲟⲩⲧ ⲥⲉⲟⲛϩ ⲁⲛ ⲁⲩⲱ ⲛⲉⲧⲟⲛϩ
ⲥⲉⲛⲁⲙⲟⲩ ⲁⲛ ⲛ̅ϩⲟⲟⲩ ⲛⲉⲧⲉⲧⲛ̅ⲟⲩⲱⲙ`
ⲙ̅ⲡⲉⲧⲙⲟⲟⲩⲧ` ⲛⲉⲧⲉⲧⲛ̅ⲉⲓⲣⲉ ⲙ̅ⲙⲟϥ ⲙ̅ⲡⲉ
ⲧⲟⲛϩ ϩⲟⲧⲁⲛ ⲉⲧⲉⲧⲛ̅ϣⲁⲛϣⲱⲡⲉ ϩⲙ̅ ⲡⲟⲩ
ⲟⲉⲓⲛ ⲟⲩ ⲡⲉⲧⲉⲧⲛⲁⲁⲁϥ ϩⲙ̅ ⲫⲟⲟⲩ ⲉⲧⲉⲧⲛ̅
ⲟ ⲛ̅ⲟⲩⲁ ⲁⲧⲉⲧⲛ̅ⲉⲓⲣⲉ ⲙ̅ⲡⲥⲛⲁⲩ ϩⲟⲧⲁⲛ ⲇⲉ
ⲉⲧⲉⲧⲛ̅ϣⲁϣⲱⲡⲉ ⲛ̅ⲥⲛⲁⲩ ⲟⲩ ⲡⲉ ⲉⲧⲉ
ⲧⲛ̅ⲛⲁⲁⲁϥ` (12) ⲡⲉϫⲉ ⲙ̅ⲙⲁⲑⲏⲧⲏⲥ ⲛ̅ⲓ̅ⲥ̅ ϫⲉ ⲧⲛ̅
ⲥⲟⲟⲩⲛ ϫⲉ ⲕⲛⲁⲃⲱⲕ ⲛⲧⲟⲟⲧⲛ̅ ⲛⲓⲙ` ⲡⲉ
ⲉⲧⲛⲁⲣ̅ ⲛⲟϭ ⲉϩⲣⲁï ⲉϫⲱⲛ ⲡⲉϫⲉ ⲓ̅ⲥ̅ ⲛⲁⲩ
ϫⲉ ⲡⲙⲁ ⲛ̅ⲧⲁⲧⲉⲧⲛ̅ⲉⲓ ⲙ̅ⲙⲁⲩ ⲉⲧⲉⲧⲛⲁ
ⲃⲱⲕ` ϣⲁ ïⲁⲕⲱⲃⲟⲥ ⲡⲇⲓⲕⲁⲓⲟⲥ ⲡⲁⲉⲓ ⲛ̅ⲧⲁ
ⲧⲡⲉ ⲙⲛ̅ ⲡⲕⲁϩ ϣⲱⲡⲉ ⲉⲧⲃⲏⲧϥ̅ (13) ⲡⲉϫⲉ ⲓ̅ⲥ̅
ⲛⲛⲉϥⲙⲁⲑⲏⲧⲏⲥ ϫⲉ ⲧⲛ̅ⲧⲱⲛⲧ` ⲛ̅ⲧⲉⲧⲛ̅
ϫⲟⲟⲥ ⲛⲁⲉⲓ ϫⲉ ⲉⲉⲓⲛⲉ ⲛ̅ⲛⲓⲙ ⲡⲉϫⲁϥ ⲛⲁϥ
ⲛ̅ϭⲓ ⲥⲓⲙⲱⲛ ⲡⲉⲧⲣⲟⲥ ϫⲉ ⲉⲕⲉⲓⲛⲉ ⲛ̅ⲟⲩⲁⲅ`
ⲅⲉⲗⲟⲥ ⲛ̅ⲇⲓⲕⲁⲓⲟⲥ ⲡⲉϫⲁϥ ⲛⲁϥ ⲛ̅ϭⲓ ⲙⲁⲑ`

ⲑⲁⲓⲟⲥ ϫⲉ ⲉⲕⲉⲓⲛⲉ ⲛ̄ⲟⲩⲣⲱⲙⲉ ⲙ̄ⲫⲓⲗⲟⲥⲟⲫⲟⲥ ⲛ̄ⲣ̄ⲙ̄ⲛ̄ϩⲏⲧ` ⲡⲉϫⲁϥ ⲛⲁϥ ⲛ̄ϭⲓ ⲑⲱⲙⲁⲥ ϫⲉ ⲡⲥⲁϩ ϩⲟⲗⲱⲥ ⲧⲁⲧⲁⲡⲣⲟ ⲛⲁϣⲁⲡϥ` ⲁⲛ ⲉⲧⲣⲁϫⲟⲟⲥ ϫⲉ ⲉⲕⲉⲓⲛⲉ ⲛ̄ⲛⲓⲙ· ⲡⲉϫⲉ ⲓ̄ⲏ̄ⲥ̄ ϫⲉ ⲁⲛⲟⲕ` ⲡⲉⲕ`ⲥⲁϩ ⲁⲛ ⲉⲡⲉⲓ ⲁⲕⲥⲱ ⲁⲕϯϩⲉ ⲉⲃⲟⲗ ϩⲛ̄ ⲧⲡⲏⲅⲏ ⲉⲧⲃⲣ̄ⲃⲣⲉ ⲧⲁⲉⲓ ⲁⲛⲟⲕ` ⲛ̄ⲧⲁⲉⲓϣⲓⲧⲥ̄ ⲁⲩⲱ ⲁϥϫⲓⲧϥ̄ ⲁϥⲁⲛⲁⲭⲱⲣⲉⲓ ⲁϥϫⲱ ⲛⲁϥ ⲛ̄ϣⲟⲙⲧ` ⲛ̄ϣⲁϫⲉ ⲛ̄ⲧⲁⲣⲉⲑⲱⲙⲁⲥ ⲇⲉ ⲉⲓ ϣⲁ ⲛⲉϥ`ϣⲃⲉⲉⲣ` ⲁⲩϫⲛⲟⲩϥ` ϫⲉ ⲛ̄ⲧⲁⲓ̄ⲥ̄ ϫⲟⲟⲥ ϫⲉ ⲟⲩ ⲛⲁⲕ` ⲡⲉϫⲁϥ` ⲛⲁⲩ ⲛ̄ϭⲓ ⲑⲱⲙⲁⲥ ϫⲉ ⲉⲓϣⲁⲛ`ϫⲱ ⲛⲏⲧⲛ̄ ⲟⲩⲁ ϩⲛ̄ ⲛ̄ϣⲁϫⲉ ⲛ̄ⲧⲁϥϫⲟⲟⲩ ⲛⲁⲉⲓ ⲧⲉⲧⲛⲁϥⲓ ⲱⲛⲉ ⲛ̄ⲧⲉⲧⲛ̄ⲛⲟⲩϫⲉ ⲉⲣⲟⲉⲓ ⲁⲩⲱ ⲛ̄ⲧⲉⲟⲩⲕⲱϩⲧ` ⲉⲓ ⲉⲃⲟⲗ ϩⲛ̄ ⲛ̄ⲱⲛⲉ ⲛ̄ⲥⲉⲣⲱϩⲕ` ⲙ̄ⲙⲱⲧⲛ̄ (14) ⲡⲉϫⲉ ⲓ̄ⲥ̄ ⲛⲁⲩ ϫⲉ ⲉⲧⲉⲧⲛ̄ϣⲁⲛⲣ̄ⲛⲏⲥⲧⲉⲩⲉ ⲧⲉⲧⲛⲁϫⲡⲟ ⲛⲏⲧⲛ̄ ⲛ̄ⲛⲟⲩⲛⲟⲃⲉ ⲁⲩⲱ ⲉⲧⲉⲧⲛ̄ϣⲁⲛϣⲗⲏⲗ` ⲥⲉⲛⲁⲣ̄ⲕⲁⲧⲁⲕⲣⲓⲛⲉ ⲙ̄ⲙⲱⲧⲛ̄ ⲁⲩⲱ ⲉⲧⲉⲧⲛ̄ϣⲁⲛϯ ⲉⲗⲉⲏⲙⲟⲥⲩⲛⲏ ⲉⲧⲉⲧⲛⲁⲉⲓⲣⲉ ⲛ̄ⲟⲩⲕⲁⲕⲟⲛ ⲛ̄ⲛⲉⲧⲙ̄ⲡ̄ⲛ̄ⲁ̄ ⲁⲩⲱ ⲉⲧⲉⲧⲛ̄ϣⲁⲛⲃⲱⲕ` ⲉϩⲟⲩⲛ ⲉⲕⲁϩ ⲛⲓⲙ ⲁⲩⲱ ⲛ̄ⲧⲉⲧⲙ̄ⲙⲟⲟϣⲉ ϩⲛ̄ ⲛ̄ⲭⲱⲣⲁ ⲉⲩϣⲁⲣ̄ⲡⲁⲣⲁⲇⲉⲭⲉ ⲙ̄ⲙⲱⲧⲛ̄ ⲡⲉⲧⲟⲩⲛⲁⲕⲁⲁϥ ϩⲁⲣⲱⲧⲛ̄ ⲟⲩⲟⲙϥ̄ ⲛⲉⲧϣⲱⲛⲉ ⲛ̄ϩⲏⲧⲟⲩ ⲉⲣⲓⲑⲉⲣⲁⲡⲉⲩⲉ ⲙ̄ⲙⲟⲟⲩ ⲡⲉⲧⲛⲁⲃⲱⲕ ⲅⲁⲣ` ⲉϩⲟⲩⲛ ϩⲛ̄ ⲧⲉⲧⲛ̄ⲧⲁⲡⲣⲟ ϥⲛⲁϫⲱϩⲙ̄ ⲧⲏⲩⲧⲛ̄ ⲁⲛ` ⲁⲗⲗⲁ ⲡⲉⲧⲛⲁⲛⲏⲩ ⲉⲃⲟⲗ` ϩⲛ̄ ⲧⲉⲧⲛ̄ⲧⲁⲡⲣⲟ ⲛ̄ⲧⲟϥ ⲡⲉⲧⲛⲁϫⲁϩⲙ̄ ⲧⲏⲩⲧⲛ̄ (15) ⲡⲉϫⲉ ⲓ̄ⲥ̄ ϫⲉ ϩⲟⲧⲁⲛ ⲉⲧⲉⲧⲛ̄ϣⲁⲛⲛⲁⲩ ⲉⲡⲉⲧⲉ ⲙ̄ⲡⲟⲩϫⲡⲟϥ` ⲉⲃⲟⲗ ϩⲛ̄ ⲧⲥϩⲓⲙⲉ ⲡⲉϩⲧ` ⲧⲏⲩⲧⲛ̄ ⲉϫⲙ̄ ⲡⲉⲧⲛ̄ϩⲟ ⲛ̄ⲧⲉⲧⲛ̄ ⲟⲩⲱϣⲧ ⲛⲁϥ` ⲡⲉⲧⲙ̄ⲙⲁⲩ ⲡⲉ ⲡⲉⲧⲛ̄ⲉⲓⲱⲧ` (16) ⲡⲉϫⲉ ⲓ̄ⲥ̄ ϫⲉ ⲧⲁⲭⲁ ⲉⲩⲙⲉⲉⲩⲉ ⲛ̄ϭⲓ ⲡ̄ⲣⲱⲙⲉ ϫⲉ ⲛ̄ⲧⲁⲉⲓⲉⲓ ⲉⲛⲟⲩϫⲉ ⲛ̄ⲟⲩⲉⲓⲣⲏⲛⲏ ⲉϫⲙ̄ ⲡⲕⲟⲥⲙⲟⲥ ⲁⲩⲱ ⲥⲉⲥⲟⲟⲩⲛ ⲁⲛ ϫⲉ ⲛ̄ⲧⲁⲉⲓⲉⲓ ⲁⲛⲟⲩϫⲉ ⲛ̄ϩⲛ̄ ⲡⲱⲣϫ` ⲉϫⲙ̄ ⲡⲕⲁϩ ⲟⲩⲕⲱϩⲧ· ⲟⲩⲥⲏϥⲉ` ⲟⲩⲡⲟⲗⲉⲙⲟⲥ ⲟⲩⲛ̄ ϯⲟⲩ ⲅⲁⲣ ⲛⲁϣⲱⲡ[ⲉ]

ⲗⲇ

ϩⲛ̄ⲟⲩⲏⲉⲓⲟⲩⲛ̄ϣⲟⲙⲧⲛⲁϣⲱⲡⲉⲉϫⲛ̄
ⲥⲛⲁⲩⲁⲩⲱⲥⲛⲁⲩⲉϫⲛ̄ϣⲟⲙⲧⲡⲉⲓⲱⲧ
ⲉϫⲙ̄ⲡϣⲏⲣⲉⲁⲩⲱⲡϣⲏⲣⲉⲉϫⲙ̄ⲡⲉⲓⲱⲧ
ⲁⲩⲱⲥⲉⲛⲁⲱϩⲉⲉⲣⲁⲧⲟⲩⲉⲩⲟⲙ̄ⲙⲟⲛⲁ
ⲭⲟⲥⲡⲉϫⲉⲓ̅ⲥ̅ϫⲉϯⲛⲁϯⲛⲏⲧⲛ̄ⲙ̄ⲡⲉⲧⲉ
ⲙ̄ⲡⲉⲃⲁⲗⲛⲁⲩⲉⲣⲟϥⲁⲩⲱⲡⲉⲧⲉⲙ̄ⲡⲉⲙⲁ
ⲁϫⲉⲥⲟⲧⲙⲉϥⲁⲩⲱⲡⲉⲧⲉⲙ̄ⲡⲉϭⲓϫϭⲙ̄
ϭⲱⲙϥⲁⲩⲱⲙ̄ⲡⲉϥⲉⲓⲉϩⲣⲁⲓ̈ϩⲓϥⲏⲧ
ⲣ̄ⲣⲱⲙⲉⲡⲉϫⲉⲙ̄ⲙⲁⲑⲏⲧⲏⲥⲛ̄ⲓ̅ⲥ̅ϫⲉϫⲟ
ⲟⲥⲉⲣⲟⲛϫⲉⲧⲛ̄ϩⲁⲏⲉⲥⲛⲁϣⲱⲡⲉⲛ̄
ⲁϣⲛ̄ϩⲉⲡⲉϫⲉⲓ̅ⲥ̅ⲁⲧⲉⲧⲛ̄ϭⲱⲗⲡⲅⲁⲣⲉⲃⲟⲗ
ⲛ̄ⲧⲁⲣⲭⲏϫⲉⲕⲁⲁⲥⲉⲧⲉⲧⲛⲁϣⲓⲛⲉⲛ̄ⲥⲁ
ⲑⲁϩⲏϫⲉϩⲙ̄ⲡⲙⲁⲉⲧⲉⲧⲁⲣⲭⲏⲙ̄ⲙⲁⲩⲉ
ⲑⲁϩⲏⲛⲁϣⲱⲡⲉⲙ̄ⲙⲁⲩⲟⲩⲙⲁⲕⲁⲣⲓⲟⲥ
ⲡⲉⲧⲛⲁⲱϩⲉⲉⲣⲁⲧϥ̄ϩⲛ̄ⲧⲁⲣⲭⲏⲁⲩⲱ
ϥⲛⲁⲥⲟⲩⲱⲛⲑⲁϩⲏⲁⲩⲱϥⲛⲁϫⲓϯⲡⲉ
ⲁⲛⲙ̄ⲙⲟⲩⲡⲉϫⲉⲓ̅ⲥ̅ϫⲉⲟⲩⲙⲁⲕⲁⲣⲓⲟⲥ
ⲡⲉⲛⲧⲁϩϣⲱⲡⲉϩⲁⲧⲉϩⲏⲉⲙ̄ⲡⲁⲧⲉϥϣⲱ
ⲡⲉⲉⲧⲉⲧⲛ̄ϣⲁⲛϣⲱⲡⲉⲛⲁⲉⲓⲙ̄ⲙⲁⲑⲏ
ⲧⲏⲥⲛ̄ⲧⲉⲧⲛ̄ⲥⲱⲧⲙ̄ⲁⲛⲁϣⲁϫⲉⲛⲉⲉⲓⲱ
ⲛⲉⲛⲁⲣ̄ⲇⲓⲁⲕⲟⲛⲉⲓⲛⲏⲧⲛ̄ⲟⲩⲛ̄ⲧⲏⲧⲛ̄
ⲅⲁⲣ̄ⲙ̄ⲙⲁⲩⲛ̄ϯⲟⲩⲛ̄ϣⲏⲛϩⲙ̄ⲡⲁⲣⲁ
ⲇⲓⲥⲟⲥⲉⲥⲉⲕⲓⲙⲁⲛⲛ̄ϣⲱⲙⲙ̄ⲡⲣⲱ
ⲁⲩⲱⲙⲁⲣⲉⲛⲟⲩϭⲱⲃⲉϩⲉⲉⲃⲟⲗⲡⲉⲧ
ⲛⲁⲥⲟⲩⲱⲛⲟⲩϥⲛⲁϫⲓϯⲡⲉⲁⲛⲙ̄ⲙⲟⲩ
ⲡⲉϫⲉⲙ̄ⲙⲁⲑⲏⲧⲏⲥⲛ̄ⲓ̅ⲥ̅ϫⲉϫⲟⲟⲥ
ⲉⲣⲟⲛϫⲉⲧⲙⲛ̄ⲧⲉⲣⲟⲛⲙ̄ⲡⲏⲩⲉⲥ
ⲧⲛ̄ⲧⲱⲛⲉⲛⲓⲙⲡⲉϫⲁϥⲛⲁⲩϫⲉⲉⲥⲧⲛ̄
ⲧⲱⲛⲁⲩⲃⲗ̄ⲃⲓⲗⲉⲛ̄ϣⲗ̄ⲧⲁⲙⲥⲟⲃⲕ̄ⲡⲁ
ⲣⲁⲛ̄ϭⲣⲟϭⲧⲏⲣⲟⲩϩⲟⲧⲁⲛⲇⲉⲉⲥϣⲁ
ϩⲉⲉϫⲙ̄ⲡⲕⲁϩⲉⲧⲟⲩⲣ̄ϩⲱⲃⲉⲣⲟϥϣⲁϥ
ⲧⲉⲩⲟⲉⲃⲟⲗⲛ̄ⲛⲟⲩⲛⲟϭⲛ̄ⲧⲁⲣⲛ̄ϥϣⲱ
ⲡⲉⲛ̄ⲥⲕⲉⲡⲏⲛ̄ϩⲁⲗⲁⲧⲉⲛ̄ⲧⲡⲉⲡⲉ
ϫⲉⲙⲁⲣⲓϩⲁⲙⲛ̄ⲓ̅ⲥ̅ϫⲉⲉⲛⲉⲕⲙⲁⲑⲏ
ⲧⲏⲥⲉⲓⲛⲉⲛ̄ⲛⲓⲙⲡⲉϫⲁϥϫⲉⲉⲩⲉⲓⲛⲉ

ϩⲛ̄ ⲟⲩⲏⲉⲓ ⲟⲩⲛ̄ ϣⲟⲙⲧ ⲛⲁϣⲱⲡⲉ ⲉϫⲛ̄ ⲥⲛⲁⲩ ⲁⲩⲱ ⲥⲛⲁⲩ ⲉϫⲛ̄ ϣⲟⲙⲧ· ⲡⲉⲓⲱⲧ` ⲉϫⲙ̄ ⲡϣⲏⲣⲉ ⲁⲩⲱ ⲡϣⲏⲣⲉ ⲉϫⲙ̄ ⲡⲉⲓⲱⲧ ⲁⲩⲱ ⲥⲉⲛⲁⲱϩⲉ ⲉⲣⲁⲧⲟⲩ ⲉⲩⲟ ⲙ̄ⲙⲟⲛⲁ ⲭⲟⲥ (17) ⲡⲉϫⲉ ⲓ̅ⲥ̅ ϫⲉ ϯⲛⲁϯ ⲛⲏⲧⲛ̄ ⲙ̄ⲡⲉⲧⲉ ⲙ̄ⲡⲉⲃⲁⲗ ⲛⲁⲩ ⲉⲣⲟϥ ⲁⲩⲱ ⲡⲉⲧⲉ ⲙ̄ⲡⲉⲙⲁ ⲁϫⲉ ⲥⲟⲧⲙⲉϥ· ⲁⲩⲱ ⲡⲉⲧⲉ ⲙ̄ⲡⲉϭⲓϫ ϭⲙ̄ ϭⲱⲙϥ̄· ⲁⲩⲱ ⲙ̄ⲡⲉϥⲉⲓ ⲉϩⲣⲁï ϩⲓ ⲫⲏⲧ` ⲣ̄ⲣⲱⲙⲉ (18) ⲡⲉϫⲉ ⲙ̄ⲙⲁⲑⲏⲧⲏⲥ ⲛ̄ⲓ̅ⲥ̅ ϫⲉ ϫⲟ ⲟⲥ ⲉⲣⲟⲛ ϫⲉ ⲧⲛ̄ϩⲁⲏ ⲉⲥⲛⲁϣⲱⲡⲉ ⲛ̄ ⲁϣ ⲛ̄ϩⲉ ⲡⲉϫⲉ ⲓ̅ⲥ̅ ⲁⲧⲉⲧⲛ̄ϭⲱⲗⲡ` ⲅⲁⲣ ⲉⲃⲟⲗ ⲛ̄ⲧⲁⲣⲭⲏ ϫⲉⲕⲁⲁⲥ ⲉⲧⲉⲧⲛⲁϣⲓⲛⲉ ⲛ̄ⲥⲁ ⲑⲁϩⲏ ϫⲉ ϩⲙ̄ ⲡⲙⲁ ⲉⲧⲉ ⲧⲁⲣⲭⲏ ⲙ̄ⲙⲁⲩ ⲉ ⲑⲁϩⲏ ⲛⲁϣⲱⲡⲉ ⲙ̄ⲙⲁⲩ ⲟⲩⲙⲁⲕⲁⲣⲓⲟⲥ ⲡⲉⲧⲛⲁⲱϩⲉ ⲉⲣⲁⲧϥ ϩⲛ̄ ⲧⲁⲣⲭⲏ ⲁⲩⲱ ϥⲛⲁⲥⲟⲩⲱⲛ ⲑⲁϩⲏ ⲁⲩⲱ ϥⲛⲁϫⲓ ϯⲡⲉ ⲁⲛ ⲙ̄ⲙⲟⲩ (19) ⲡⲉϫⲉ ⲓ̅ⲥ̅ ϫⲉ ⲟⲩⲙⲁⲕⲁⲣⲓⲟⲥ ⲡⲉ ⲛ̄ⲧⲁϩϣⲱⲡⲉ ϩⲁⲧⲉϩⲏ ⲉⲙⲡⲁⲧⲉϥ ϣⲱ ⲡⲉ ⲉⲧⲉⲧⲛ̄ϣⲁⲛϣⲱⲡⲉ ⲛⲁⲉⲓ ⲙ̄ⲙⲁⲑⲏ ⲧⲏⲥ ⲛ̄ⲧⲉⲧⲛ̄ⲥⲱⲧⲙ̄ ⲁⲛⲁϣⲁϫⲉ ⲛⲉⲉⲓⲱ ⲛⲉ ⲛⲁⲣ̄ⲇⲓⲁⲕⲟⲛⲉⲓ ⲛⲏⲧⲛ̄ ⲟⲩⲛ̄ⲧⲏⲧⲛ̄ ⲅⲁⲣ ⲙ̄ⲙⲁⲩ ⲛ̄ϯⲟⲩ ⲛ̄ϣⲏⲛ ϩⲙ̄ ⲡⲁⲣⲁ` ⲇⲓⲥⲟⲥ ⲉⲥⲉⲕⲓⲙ ⲁⲛ ⲛ̄ϣⲱⲙ` ⲙ̄ⲡⲣⲱ ⲁⲩⲱ ⲙⲁⲣⲉⲛⲟⲩϭⲱⲃⲉ ϩⲉ ⲉⲃⲟⲗ ⲡⲉⲧ· ⲛⲁⲥⲟⲩⲱⲛⲟⲩ ϥⲛⲁϫⲓ ϯⲡⲉ ⲁⲛ` ⲙ̄ⲙⲟⲩ (20) ⲡⲉϫⲉ ⲙ̄ⲙⲁⲑⲏⲧⲏⲥ ⲛ̄ⲓ̅ⲥ̅ ϫⲉ ϫⲟⲟⲥ ⲉⲣⲟⲛ ϫⲉ ⲧⲙⲛ̄ⲧⲉⲣⲟ ⲛⲙ̄ⲡⲏⲩⲉ ⲉⲥ ⲧⲛ̄ⲧⲱⲛ ⲉⲛⲓⲙ ⲡⲉϫⲁϥ ⲛⲁⲩ ϫⲉ ⲉⲥⲧⲛ̄ ⲧⲱⲛ ⲁⲩⲃⲗ̄ⲃⲓⲗⲉ ⲛ̄ϣⲗ̄ⲧⲁⲙ ⲥⲟⲃⲕ̄ ⲡⲁ ⲣⲁ ⲛ̄ϭⲣⲟϭ ⲧⲏⲣⲟⲩ ϩⲟⲧⲁⲛ ⲇⲉ ⲉⲥϣⲁⲛ ϩⲉ ⲉϫⲙ̄ ⲡⲕⲁϩ ⲉⲧⲟⲩⲣ̄ ϩⲱⲃ ⲉⲣⲟϥ ϣⲁϥ ⲧⲉⲩⲟ ⲉⲃⲟⲗ ⲛ̄ⲛⲟⲩⲛⲟϭ ⲛ̄ⲧⲁⲣ ⲛ̄ϥϣⲱ ⲡⲉ ⲛ̄ⲥⲕⲉⲡⲏ ⲛ̄ϩⲁⲗⲁⲧⲉ ⲛ̄ⲧⲡⲉ (21) ⲡⲉ ϫⲉ ⲙⲁⲣⲓϩⲁⲙ ⲛ̄ⲓ̅ⲥ̅ ϫⲉ ⲛⲉⲕⲙⲁⲑⲏ ⲧⲏⲥ ⲉⲓⲛⲉ ⲛ̄ⲛⲓⲙ ⲡⲉϫⲁϥ ϫⲉ ⲉⲩⲉⲓⲛⲉ

ⲗⲍ

ⲛϩⲛϣⲏⲣⲉϣⲏⲙⲉⲩ[ϭ]ⲉⲗⲓⲧⲁⲩⲥⲱϣⲉⲉⲧⲱ
ⲟⲩⲁⲛⲧⲉϩⲟⲧⲁⲛⲉⲩϣⲁⲉⲓⲛϭⲓⲛϫⲟⲉⲓⲥ
ⲛⲧⲥⲱϣⲉⲥⲉⲛⲁϫⲟⲟⲥϫⲉⲕⲉⲧⲛⲥⲱϣⲉ
ⲉⲃⲟⲗⲛⲁⲛⲛⲧⲟⲟⲩⲥⲉⲕⲁⲕⲁϩⲏⲩⲙⲡⲟⲩⲙ
ⲧⲟⲉⲃⲟⲗⲉⲧⲣⲟⲩⲕⲁⲁⲥⲉⲃⲟⲗⲛⲁⲩⲛⲥⲉϯⲧⲟⲩ
ⲥⲱϣⲉⲛⲁⲩⲇⲓⲁⲧⲟⲩⲧⲟϯϫⲱⲙⲙⲟⲥϫⲉⲉϥ
ϣⲁⲉⲓⲙⲉⲛϭⲓⲡϫⲉⲉⲓⲛⲏⲉⲓϫⲉϥⲛⲏⲩⲛϭⲓ
ⲡⲣⲉϥϫⲓⲟⲩⲉϥⲛⲁⲣⲟⲉⲓⲥⲉⲙⲡⲁⲧⲉϥⲉⲓⲛϥⲧⲙ
ⲕⲁⲁϥⲉϣⲟϫⲧⲉϩⲟⲩⲛⲉⲡⲉϥⲏⲉⲓⲛⲧⲉⲧⲉϥ
ⲙⲛⲧⲉⲣⲟⲉⲧⲣⲉϥϥⲓⲛⲛⲉϥⲥⲕⲉⲩⲟⲥⲛⲧⲱⲧⲛ
ⲇⲉⲣⲟⲉⲓⲥϩⲁⲧⲉϩⲏⲙⲡⲕⲟⲥⲙⲟⲥⲙⲟⲩⲣⲙ
ⲙⲱⲧⲛⲉϫⲛⲛⲉⲧⲛϯⲡⲉϩⲛⲛⲟⲩⲛⲟϭⲛⲇⲩ
ⲛⲁⲙⲓⲥϣⲓⲛⲁϫⲉⲛⲉⲛⲗⲏⲥⲧⲏⲥϩⲉⲉϩⲓⲏⲉⲉⲓ
ϣⲁⲣⲱⲧⲛⲉⲡⲉⲓⲧⲉⲭⲣⲉⲓⲁⲉⲧⲉⲧⲛϭⲱϣⲧ
ⲉⲃⲟⲗϩⲏⲧⲥⲥⲉⲛⲁϩⲉⲉⲣⲟⲥⲙⲁⲣⲉϥϣⲱⲡⲉ
ϩⲛⲧⲉⲧⲛⲙⲏⲧⲉⲛϭⲓⲟⲩⲣⲱⲙⲉⲛⲉⲡⲓⲥⲧⲏ
ⲙⲱⲛⲛⲧⲁⲣⲉⲡⲕⲁⲣⲡⲟⲥⲡⲱϩⲁϥⲉⲓϩⲛⲛⲟⲩ
ϭⲉⲡⲏⲉⲡⲉϥⲁⲥϩϩⲛⲧⲉϥϭⲓϫⲁϥϩⲁⲥϥⲡⲉ
ⲧⲉⲟⲩⲛⲙⲁⲁϫⲉⲙⲙⲟϥⲉⲥⲱⲧⲙⲙⲁⲣⲉϥⲥⲱⲧⲙ
ⲁⲓⲥⲛⲁⲩⲁϩⲛⲕⲟⲩⲉⲓⲉⲩϫⲓⲉⲣⲱⲧⲉⲡⲉϫⲁϥⲛ
ⲛⲉϥⲙⲁⲑⲏⲧⲏⲥϫⲉⲛⲉⲉⲓⲕⲟⲩⲉⲓⲉⲧϫⲓⲉⲣⲱ
ⲧⲉⲉⲩⲧⲛⲧⲱⲛⲁⲛⲉⲧⲃⲏⲕⲉϩⲟⲩⲛⲁⲧⲙⲛ
ⲧⲉⲣⲟⲡⲉϫⲁⲩⲛⲁϥϫⲉⲉⲉⲓⲉⲛⲟⲛⲕⲟⲩⲉⲓⲧⲛ
ⲛⲁⲃⲱⲕⲉϩⲟⲩⲛⲉⲧⲙⲛⲧⲉⲣⲟⲡⲉϫⲉⲓⲏⲥⲛⲁⲩ
ϫⲉϩⲟⲧⲁⲛⲉⲧⲉⲧⲛϣⲁⲣⲡⲥⲛⲁⲩⲟⲩⲁⲁⲩⲱⲉ
ⲧⲉⲧⲛϣⲁⲣⲡⲥⲁⲛϩⲟⲩⲛⲛⲑⲉⲙⲡⲥⲁⲛⲃⲟⲗ
ⲁⲩⲱⲡⲥⲁⲛⲃⲟⲗⲛⲑⲉⲙⲡⲥⲁⲛϩⲟⲩⲛⲁⲩⲱⲡⲥⲁ
ⲧⲡⲉⲛⲑⲉⲙⲡⲥⲁⲙⲡⲓⲧⲛⲁⲩⲱϣⲓⲛⲁⲉⲧⲉ
ⲧⲛⲁⲉⲓⲣⲉⲙⲫⲟⲟⲩⲧⲙⲛⲧⲥϩⲓⲙⲉⲙⲡⲓⲟⲩⲁ
ⲟⲩⲱⲧϫⲉⲕⲁⲁⲥⲛⲉⲫⲟⲟⲩⲧⲣϩⲟⲟⲩⲧⲛⲧⲉ
ⲧⲥϩⲓⲙⲉⲣⲥϩⲓⲙⲉϩⲟⲧⲁⲛⲉⲧⲉⲧⲛϣⲁⲉⲓⲣⲉ
ⲛϩⲛⲃⲁⲗⲉⲡⲙⲁⲛⲟⲩⲃⲁⲗⲁⲩⲱⲟⲩϭⲓϫ
ⲉⲡⲙⲁⲛⲛⲟⲩϭⲓϫⲁⲩⲱⲟⲩⲉⲣⲏⲧⲉⲉⲡⲙⲁ
ⲛⲟⲩⲉⲣⲏⲧⲉⲟⲩϩⲓⲕⲱⲛⲉⲡⲙⲁⲛⲟⲩϩⲓⲕⲱ
ⲛⲧⲟⲧⲉⲧⲉⲧⲛⲁⲃⲱⲕⲉϩⲟⲩⲛ

ⲛ̄ϩⲛ̄ϣⲏⲣⲉ ϣⲏⲙ ⲉⲩ[ϭ]ⲉⲗⲓⲧ ⲁⲩⲥⲱϣⲉ ⲉⲧⲱ
ⲟⲩ ⲁⲛ ⲧⲉ ϩⲟⲧⲁⲛ ⲉⲩϣⲁⲉⲓ ⲛ̄ϭⲓ ⲛ̄ϫⲟⲉⲓⲥ
ⲛ̄ⲧⲥⲱϣⲉ ⲥⲉⲛⲁϫⲟⲟⲥ ϫⲉ ⲕⲉ ⲧⲛ̄ⲥⲱϣⲉ
ⲉⲃⲟⲗ ⲛⲁⲛ ⲛ̄ⲧⲟⲟⲩ ⲥⲉⲕⲁⲕ ⲁϩⲏⲩ ⲙ̄ⲡⲟⲩⲙ̄
ⲧⲟ ⲉⲃⲟⲗ ⲉⲧⲣⲟⲩⲕⲁⲁⲥ ⲉⲃⲟⲗ ⲛⲁⲩ ⲛ̄ⲥⲉϯ ⲧⲟⲩ
ⲥⲱϣⲉ ⲛⲁⲩ ⲇⲓⲁ ⲧⲟⲩⲧⲟ ϯϫⲱ ⲙ̄ⲙⲟⲥ ϫⲉ ⲉϥ`
ϣⲁⲉⲓⲙⲉ ⲛ̄ϭⲓ ⲡϫⲟⲉⲓⲥ ⲛ̄ⲏⲉⲓ ϫⲉ ϥⲛⲏⲩ ⲛ̄ϭⲓ
ⲡⲣⲉϥϫⲓⲟⲩⲉ ϥⲛⲁⲣⲟⲉⲓⲥ ⲉⲙⲡⲁⲧⲉϥ`ⲉⲓ ⲛ̄ϥⲧⲙ̄
ⲕⲁⲁϥ· ⲉϣⲟϫⲧ· ⲉϩⲟⲩⲛ ⲉⲡⲉϥⲏⲉⲓ ⲛ̄ⲧⲉ ⲧⲉϥ`
ⲙⲛ̄ⲧⲉⲣⲟ ⲉⲧⲣⲉϥϥⲓ ⲛ̄ⲛⲉϥ`ⲥⲕⲉⲩⲟⲥ ⲛ̄ⲧⲱⲧⲛ̄
ⲇⲉ ⲣⲟⲉⲓⲥ ϩⲁⲧⲉϩⲏ ⲙ̄ⲡⲕⲟⲥⲙⲟⲥ ⲙⲟⲩⲣ ⲙ̄
ⲙⲱⲧⲛ̄ ⲉϫⲛ̄ ⲛⲉⲧⲛ̄ϯⲡⲉ ϩⲛ̄ⲛ ⲟⲩⲛⲟϭ ⲛ̄ⲇⲩ
ⲛⲁⲙⲓⲥ ϣⲓⲛⲁϫⲉ ⲛⲉⲛⲗⲏⲥⲧⲏⲥ ϩⲉ ⲉϩⲓⲏ ⲉⲉⲓ
ϣⲁⲣⲱⲧⲛ̄ ⲉⲡⲉⲓ ⲧⲉⲭⲣⲉⲓⲁ ⲉⲧⲉⲧⲛ̄ ϭⲱϣⲧ`
ⲉⲃⲟⲗ ϩⲏⲧⲥ̄ ⲥⲉⲛⲁϩⲉ ⲉⲣⲟⲥ ⲙⲁⲣⲉϥϣⲱⲡⲉ
ϩⲛ̄ ⲧⲉⲧⲛ̄ⲙⲏⲧⲉ ⲛ̄ϭⲓ ⲟⲩⲣⲱⲙⲉ ⲛ̄ⲉⲡⲓⲥⲧⲏ
ⲙⲱⲛ ⲛ̄ⲧⲁⲣⲉⲡⲕⲁⲣⲡⲟⲥ ⲡⲱϩ ⲁϥⲉⲓ ϩⲛ̄ⲛ ⲟⲩ
ϭⲉⲡⲏ ⲉⲡⲉϥⲁⲥϩ ϩⲛ̄ ⲧⲉϥϭⲓϫ ⲁϥϩⲁⲥϥ ⲡⲉ
ⲧⲉ ⲟⲩⲛ̄ ⲙⲁⲁϫⲉ ⲙ̄ⲙⲟϥ` ⲉⲥⲱⲧⲙ̄ ⲙⲁⲣⲉϥⲥⲱⲧⲙ̄
(22) ⲁⲓⲥ̄ ⲛⲁⲩ ⲁϩⲛ̄ⲕⲟⲩⲉⲓ ⲉⲩϫⲓ ⲉⲣⲱⲧⲉ ⲡⲉϫⲁϥ ⲛ̄
ⲛⲉϥⲙⲁⲑⲏⲧⲏⲥ ϫⲉ ⲛⲉⲉⲓⲕⲟⲩⲉⲓ ⲉⲧϫⲓ ⲉⲣⲱ
ⲧⲉ ⲉⲩⲧⲛ̄ⲧⲱⲛ ⲁⲛⲉⲧⲃⲏⲕ· ⲉϩⲟⲩⲛ ⲁⲧⲙⲛ̄
ⲧⲉⲣⲟ ⲡⲉϫⲁⲩ ⲛⲁϥ ϫⲉ ⲉⲉⲓ ⲉⲛⲟ ⲛ̄ⲕⲟⲩⲉⲓ ⲧⲛ
ⲛⲁⲃⲱⲕ` ⲉϩⲟⲩⲛ ⲉⲧⲙⲛ̄ⲧⲉⲣⲟ ⲡⲉϫⲉ ⲓ̄ⲏ̄ⲥ̄ ⲛⲁⲩ
ϫⲉ ϩⲟⲧⲁⲛ ⲉⲧⲉⲧⲛ̄ϣⲁⲣ̄ ⲡⲥⲛⲁⲩ ⲟⲩⲁ ⲁⲩⲱ ⲉ
ⲧⲉⲧⲛ̄ϣⲁⲣ̄ ⲡⲥⲁ ⲛϩⲟⲩⲛ ⲛ̄ⲑⲉ ⲙ̄ⲡⲥⲁ ⲛⲃⲟⲗ
ⲁⲩⲱ ⲡⲥⲁ ⲛⲃⲟⲗ ⲛ̄ⲑⲉ ⲙ̄ⲡⲥⲁ ⲛϩⲟⲩⲛ ⲁⲩⲱ ⲡⲥⲁⲛ
ⲧⲡⲉ ⲛ̄ⲑⲉ ⲙ̄ⲡⲥⲁ ⲙⲡⲓⲧⲛ̄ ⲁⲩⲱ ϣⲓⲛⲁ ⲉⲧⲉ
ⲧⲛⲁⲉⲓⲣⲉ ⲙ̄ⲫⲟ·ⲟⲩⲧ· ⲙⲛ̄ ⲧⲥϩⲓⲙⲉ ⲙ̄ⲡⲓⲟⲩⲁ
ⲟⲩⲱⲧ ϫⲉⲕⲁⲁⲥ ⲛⲉⲫⲟⲟⲩⲧ· ⲣ̄ ϩⲟⲟⲩⲧ· ⲛ̄ⲧⲉ
ⲧⲥϩⲓⲙⲉ ⲣ̄ ⲥϩⲓⲙⲉ ϩⲟⲧⲁⲛ ⲉⲧⲉⲧⲛ̄ϣⲁⲉⲓⲣⲉ
ⲛ̄ϩⲛ̄ⲃⲁⲗ ⲉⲡⲙⲁ ⲛ̄ⲟⲩⲃⲁⲗ· ⲁⲩⲱ ⲟⲩϭⲓϫ`
ⲉⲡⲙⲁ ⲛ̄ⲛⲟⲩϭⲓϫ· ⲁⲩⲱ ⲟⲩⲉⲣⲏⲧⲉ ⲉⲡⲙⲁ
ⲛ̄ⲟⲩⲉⲣⲏⲧⲉ ⲟⲩϩⲓⲕⲱⲛ· ⲉⲡⲙⲁ ⲛ̄ⲟⲩϩⲓⲕⲱⲛ
ⲧⲟⲧⲉ ⲧⲉⲧⲛⲁⲃⲱⲕ` ⲉϩⲟⲩⲛ [ⲉⲧⲙⲛ̄ⲧⲉⲣⲟ]

ⲡⲉϫⲉ ⲓ̅ⲥ̅ ϫⲉ ϯⲛⲁⲥⲉ[ⲧ]ⲡ ⲧⲏⲛⲉ ⲟⲩⲁ ⲉⲃⲟⲗ
ϩⲛ̅ ϣⲟ ⲁⲩⲱ ⲥⲛⲁⲩ ⲉⲃⲟⲗ ϩⲛ̅ ⲧⲃⲁ ⲁⲩⲱ
ⲥⲉⲛⲁⲱϩⲉ ⲉⲣⲁⲧⲟⲩ ⲉⲩⲟ ⲟⲩⲁ ⲟⲩⲱⲧ ⲡⲉ
ϫⲉ ⲛⲉϥⲙⲁⲑⲏⲧⲏⲥ ϫⲉ ⲙⲁⲧⲥⲉⲃⲟⲛ ⲉⲡⲧⲟ
ⲡⲟⲥ ⲉⲧⲕ̅ⲙ̅ⲙⲁⲩ ⲉⲡⲉⲓ ⲧⲁⲛⲁⲅⲕⲏ ⲉⲣⲟⲛ ⲧⲉ
ⲉⲧⲣⲛ̅ϣⲓⲛⲉ ⲛ̅ⲥⲱϥ ⲡⲉϫⲁϥ ⲛⲁⲩ ϫⲉ ⲡⲉⲧⲉⲩ
ⲛ̅ⲙⲁⲁϫⲉ ⲙ̅ⲙⲟϥ ⲙⲁⲣⲉϥⲥⲱⲧⲙ̅ ⲟⲩⲛ̅ ⲟⲩ
ⲟⲉⲓⲛ ϣⲟⲟⲡ ⲙ̅ⲫⲟⲩⲛ ⲛ̅ⲛⲟⲩⲣⲙ̅ⲟⲩⲟⲉⲓⲛ
ⲁⲩⲱ ϥⲣ̅ⲟⲩⲟⲉⲓⲛ ⲉⲡⲕⲟⲥⲙⲟⲥ ⲧⲏⲣϥ̅ ⲉϥⲧⲙ̅
ⲣ̅ⲟⲩⲟⲉⲓⲛ ⲟⲩⲕⲁⲕⲉ ⲡⲉ ⲡⲉϫⲉ ⲓ̅ⲥ̅ ϫⲉ ⲙⲉⲣⲉ
ⲡⲉⲕⲥⲟⲛ ⲛ̅ⲑⲉ ⲛ̅ⲧⲉⲕⲯⲩⲭⲏ ⲉⲣⲓⲧⲏⲣⲉⲓ ⲙ̅ⲙⲟϥ
ⲛ̅ⲑⲉ ⲛ̅ⲧⲉⲗⲟⲩ ⲙ̅ⲡⲉⲕⲃⲁⲗ ⲡⲉϫⲉ ⲓ̅ⲥ̅ ϫⲉ ⲡϫⲏ
ⲉⲧϩⲙ̅ ⲡⲃⲁⲗ ⲙ̅ⲡⲉⲕⲥⲟⲛ ⲕⲛⲁⲩ ⲉⲣⲟϥ ⲡⲥⲟⲉⲓ
ⲇⲉ ⲉⲧϩⲙ̅ ⲡⲉⲕⲃⲁⲗ ⲕⲛⲁⲩ ⲁⲛ ⲉⲣⲟϥ ϩⲟⲧⲁⲛ
ⲉⲕϣⲁⲛⲛⲟⲩϫⲉ ⲙ̅ⲡⲥⲟⲉⲓ ⲉⲃⲟⲗ ϩⲙ̅ ⲡⲉⲕ
ⲃⲁⲗ ⲧⲟⲧⲉ ⲕⲛⲁⲛⲁⲩ ⲉⲃⲟⲗ ⲉⲛⲟⲩϫⲉ ⲙ̅ⲡϫⲏ
ⲉⲃⲟⲗ ϩⲙ̅ ⲡⲃⲁⲗ ⲙ̅ⲡⲉⲕⲥⲟⲛ ⲉⲧⲉⲧⲙ̅ⲣ̅ⲛⲏ
ⲥⲧⲉⲩⲉ ⲉⲡⲕⲟⲥⲙⲟⲥ ⲧⲉⲧⲛⲁϩⲉ ⲁⲛ ⲉⲧⲙⲛ̅ⲧⲉ
ⲣⲟ ⲉⲧⲉⲧⲛ̅ⲧⲙ̅ⲉⲓⲣⲉ ⲙ̅ⲡⲥⲁⲙⲃⲁⲧⲟⲛ ⲛ̅ⲥⲁⲃ
ⲃⲁⲧⲟⲛ ⲛ̅ⲧⲉⲧⲛⲁⲛⲁⲩ ⲁⲛ ⲉⲡⲉⲓⲱⲧ ⲡⲉϫⲉ
ⲓ̅ⲥ̅ ϫⲉ ⲁ[ⲉ]ⲓⲱϩⲉ ⲉⲣⲁⲧ ϩⲛ̅ ⲧⲙⲏⲧⲉ ⲙ̅ⲡⲕⲟⲥ
ⲙⲟⲥ ⲁⲩⲱ ⲁⲉⲓⲟⲩⲱⲛϩ ⲉⲃⲟⲗ ⲛⲁⲩ ϩⲛ̅ ⲥⲁⲣⲝ
ⲁⲉⲓϩⲉ ⲉⲣⲟⲟⲩ ⲧⲏⲣⲟⲩ ⲉⲩⲧⲁϩⲉ ⲙ̅ⲡⲓϩⲉ ⲉⲗⲁ
ⲁⲩ ⲛ̅ϩⲏⲧⲟⲩ ⲉϥⲟⲃⲉ ⲁⲩⲱ ⲁⲧⲁⲯⲩⲭⲏ ϯ ⲧⲕⲁⲥ
ⲉϫⲛ̅ ⲛ̅ϣⲏⲣⲉ ⲛ̅ⲣ̅ⲣⲱⲙⲉ ϫⲉ ϩⲛ̅ⲃⲗ̅ⲗⲉⲉⲩ
ⲛⲉ ϩⲙ̅ ⲡⲟⲩϩⲏⲧ ⲁⲩⲱ ⲥⲉⲛⲁⲩ ⲉⲃⲟⲗ ⲁⲛ
ϫⲉ ⲛ̅ⲧⲁⲩⲉⲓ ⲉⲡⲕⲟⲥⲙⲟⲥ ⲉⲩϣⲟⲩⲉⲓⲧ ⲉⲩ
ϣⲓⲛⲉ ⲟⲛ ⲉⲧⲣⲟⲩⲉⲓ ⲉⲃⲟⲗ ϩⲙ̅ ⲡⲕⲟⲥⲙⲟⲥ
ⲉⲩϣⲟⲩⲉⲓⲧ ⲡⲗⲏⲛ ⲧⲉⲛⲟⲩ ⲥⲉⲧⲟϩⲉ ϩⲟ
ⲧⲁⲛ ⲉⲩϣⲁⲛⲛⲉϩ ⲡⲟⲩⲏⲣⲡ̅ ⲧⲟⲧⲉ ⲥⲉⲛⲁⲣ̅
ⲙⲉⲧⲁⲛⲟⲉⲓ ⲡⲉϫⲉ ⲓ̅ⲥ̅ ⲉϣϫⲉ ⲛ̅ⲧⲁ ⲧⲥⲁⲣⲝ
ϣⲱⲡⲉ ⲉⲧⲃⲉ ⲡⲛ̅ⲁ̅ ⲟⲩϣⲡⲏⲣⲉ ⲧⲉ ⲉϣ
ϫⲉ ⲡⲛ̅ⲁ̅ ⲇⲉ ⲉⲧⲃⲉ ⲡⲥⲱⲙⲁ ⲟⲩϣⲡⲏⲣⲉ
[illegible] ⲡⲉ ⲁⲗⲗⲁ ⲁⲛⲟⲕ ϯⲣ̅ϣⲡⲏⲣⲉ

(23) ⲠⲈϪⲈ Ⲓ̅Ⲥ̅ ϪⲈ ϮⲚⲀⲤⲈⲦⲠ ⲦⲎⲚⲈ ⲞⲨⲀ ⲈⲂⲞⲖ
ϨⲚ̅ ϢⲞ ⲀⲨⲰ ⲤⲚⲀⲨ ⲈⲂⲞⲖ ϨⲚ̅ ⲦⲂⲀ ⲀⲨⲰ
ⲤⲈⲚⲀⲰϨⲈ ⲈⲢⲀⲦⲞⲨ ⲈⲨⲞ ⲞⲨⲀ ⲞⲨⲰⲦ· (24) ⲠⲈ
ϪⲈ ⲚⲈϤⲘⲀⲐⲎⲦⲎⲤ ϪⲈ ⲘⲀⲦⲤⲈⲂⲞⲚ· ⲈⲠⲦⲞ
ⲠⲞⲤ ⲈⲦⲔⲘ̅ⲘⲀⲨ ⲈⲠⲈⲒ ⲦⲀⲚⲀⲄⲔⲎ ⲈⲢⲞⲚ ⲦⲈ
ⲈⲦⲢⲚ̅ϢⲒⲚⲈ Ⲛ̅ⲤⲰϤ` ⲠⲈϪⲀϤ` ⲚⲀⲨ ϪⲈ ⲠⲈⲦⲈⲨ
Ⲛ̅ ⲘⲀⲀϪⲈ Ⲙ̅ⲘⲞϤ ⲘⲀⲢⲈϤ· ⲤⲰⲦⲘ̅ ⲞⲨⲚ̅ ⲞⲨ
ⲞⲈⲒⲚ` ϢⲞⲞⲠ Ⲙ̅ⲪⲞⲨⲚ Ⲛ̅ⲚⲞⲨⲢⲘ̅ⲞⲨⲞⲈⲒⲚ
ⲀⲨⲰ ϤⲢ̅ ⲞⲨⲞⲈⲒⲚ ⲈⲠⲔⲞⲤⲘⲞⲤ ⲦⲎⲢϤ` ⲈϤⲦⲘ̅
Ⲣ̅ ⲞⲨⲞⲈⲒⲚ· ⲞⲨⲔⲀⲔⲈ ⲠⲈ (25) ⲠⲈϪⲈ Ⲓ̅Ⲥ̅ ϪⲈ ⲘⲈⲢⲈ
ⲠⲈⲔⲤⲞⲚ Ⲛ̅ⲐⲈ Ⲛ̅ⲦⲈⲔ`ⲮⲨⲬⲎ ⲈⲢⲒⲦⲎⲢⲈⲒ Ⲙ̅ⲘⲞϤ
Ⲛ̅ⲐⲈ Ⲛ̅ⲦⲈⲖⲞⲨ Ⲙ̅ⲠⲈⲔ`ⲂⲀⲖ` (26) ⲠⲈϪⲈ Ⲓ̅Ⲥ̅ ϪⲈ ⲠϪⲎ
ⲈⲦϨⲘ̅ ⲠⲂⲀⲖ Ⲙ̅ⲠⲈⲔ`ⲤⲞⲚ ⲔⲚⲀⲨ ⲈⲢⲞϤ` ⲠⲤⲞⲈⲒ
ⲆⲈ ⲈⲦϨⲘ̅ ⲠⲈⲔⲂⲀⲖ ⲔⲚⲀⲨ ⲀⲚ ⲈⲢⲞϤ` ϨⲞⲦⲀⲚ
ⲈⲔϢⲀⲚ ⲚⲞⲨϪⲈ Ⲙ̅ⲠⲤⲞⲈⲒ ⲈⲂⲞⲖ ϨⲘ̅ ⲠⲈⲔ`
ⲂⲀⲖ ⲦⲞⲦⲈ ⲔⲚⲀⲚⲀⲨ ⲈⲂⲞⲖ ⲈⲚⲞⲨϪⲈ Ⲙ̅ⲠϪⲎ
ⲈⲂⲞⲖ ϨⲘ̅ ⲠⲂⲀⲖ Ⲙ̅ⲠⲈⲔⲤⲞⲚ (27) ⲈⲦⲈⲦⲘ̅ⲢⲚⲎ
ⲤⲦⲈⲨⲈ ⲈⲠⲔⲞⲤⲘⲞⲤ ⲦⲈⲦⲚⲀϨⲈ ⲀⲚ ⲈⲦⲘⲚ̅ⲦⲈ
ⲢⲞ ⲈⲦⲈⲦⲚ̅ⲦⲘ̅ⲈⲒⲢⲈ Ⲙ̅ⲠⲤⲀⲘⲂⲀⲦⲞⲚ Ⲛ̅ⲤⲀⲂ`
ⲂⲀⲦⲞⲚ Ⲛ̅ⲦⲈⲦⲚⲀⲚⲀⲨ ⲀⲚ ⲈⲠⲈⲒⲰⲦ` (28) ⲠⲈϪⲈ
Ⲓ̅Ⲥ̅ ϪⲈ ⲀⲈⲒⲰϨⲈ ⲈⲢⲀⲦ· ϨⲚ̅ ⲦⲘⲎⲦⲈ Ⲙ̅ⲠⲔⲞⲤ
ⲘⲞⲤ ⲀⲨⲰ ⲀⲈⲒⲞⲨⲰⲚϨ ⲈⲂⲞⲖ ⲚⲀⲨ ϨⲚ̅ ⲤⲀⲢⲜ
ⲀⲈⲒϨⲈ ⲈⲢⲞⲞⲨ ⲦⲎⲢⲞⲨ ⲈⲨⲦⲀϨⲈ Ⲙ̅ⲠⲒϨⲈ ⲈⲖⲀ
ⲀⲨ Ⲛ̅ϨⲎⲦⲞⲨ ⲈϤⲞⲂⲈ ⲀⲨⲰ ⲀⲦⲀⲮⲨⲬⲎ Ϯ ⲦⲔⲀⲤ
ⲈϪⲚ̅ Ⲛ̅ϢⲎⲢⲈ Ⲛ̅ⲢⲢⲰⲘⲈ ϪⲈ ϨⲚ̅ ⲂⲖ̅ⲖⲈⲈⲨ
Ⲉ ⲚⲈ ϨⲘ̅ ⲠⲞⲨϨⲎⲦ· ⲀⲨⲰ ⲤⲈⲚⲀⲨ ⲈⲂⲞⲖ ⲀⲚ
ϪⲈ Ⲛ̅ⲦⲀⲨⲈⲒ ⲈⲠⲔⲞⲤⲘⲞⲤ ⲈⲨϢⲞⲨⲈⲒⲦ` ⲈⲨ`
ϢⲒⲚⲈ ⲞⲚ ⲈⲦⲢⲞⲨⲈⲒ ⲈⲂⲞⲖ ϨⲘ̅ ⲠⲔⲞⲤⲘⲞⲤ
ⲈⲨϢⲞⲨⲈⲒⲦ ⲠⲖⲎⲚ ⲦⲈⲚⲞⲨ ⲤⲈⲦⲞϨⲈ ϨⲞ
ⲦⲀⲚ ⲈⲨϢⲀⲚⲚⲈϨ ⲠⲞⲨⲎⲢⲠ` ⲦⲞⲦⲈ ⲤⲈⲚⲀⲢ̅
ⲘⲈⲦⲀⲚⲞⲈⲒ (29) ⲠⲈϪⲈ Ⲓ̅Ⲥ̅ ⲈϢϪⲈ Ⲛ̅ⲦⲀⲦⲤⲀⲢⲜ`
ϢⲰⲠⲈ ⲈⲦⲂⲈ ⲠⲚ̅Ⲁ̅ ⲞⲨϢⲠⲎⲢⲈ ⲦⲈ ⲈϢ
ϪⲈ ⲠⲚ̅Ⲁ̅ ⲆⲈ ⲈⲦⲂⲈ ⲠⲤⲰⲘⲀ ⲞⲨϢⲠⲎⲢⲈ
Ⲛ̅ϢⲠⲎⲢⲈ ⲠⲈ· ⲀⲖⲖⲀ ⲀⲚⲞⲔ` ϮⲢ̅ ϢⲠⲎⲢⲈ

ⲙ̄ⲡⲁⲉⲓϫⲉⲡⲱ[...]ⲧⲛⲟϭⲙ̄ⲙⲛⲧⲣⲙ̄ⲙⲁ
ⲟ ⲁⲥⲟⲩⲱϩϩⲛ̄ⲧⲉⲉⲓⲙⲛ̄ⲧϩⲏⲕⲉⲡⲉϫⲉⲓ̅ⲥ̅
ϫⲉⲡⲙⲁⲉⲩⲛ̄ϣⲟⲙⲧⲛ̄ⲛⲟⲩⲧⲉⲙ̄ⲙⲁⲩϩⲛ̄
ⲛⲟⲩⲧⲉⲛⲉⲡⲙⲁⲉⲩⲛ̄ⲥⲛⲁⲩⲏⲟⲩⲁⲁⲛⲟⲕ
ϯϣⲟⲟⲡⲛ̄ⲙ̄ⲙⲁϥⲡⲉϫⲉⲓ̅ⲥ̅ⲙⲛ̄ⲡⲣⲟⲫⲏ
ⲧⲏⲥϣⲏⲡϩⲙ̄ⲡⲉϥϯⲙⲉⲙⲁⲣⲉⲥⲟⲉⲓⲛⲣ̄ⲑⲉ
ⲣⲁⲡⲉⲩⲉⲛ̄ⲛⲉⲧⲥⲟⲟⲩⲛⲙ̄ⲙⲟϥⲡⲉϫⲉⲓ̅ⲥ̅
ϫⲉⲟⲩⲡⲟⲗⲓⲥⲉⲩⲕⲱⲧⲙ̄ⲙⲟⲥϩⲓϫⲛ̄ⲟⲩⲧⲟ
ⲟⲩⲉϥϫⲟⲥⲉⲉⲥⲧⲁϫⲣⲏⲩⲙⲛ̄ϭⲟⲙⲛ̄ⲥϩⲉ
ⲟⲩⲇⲉⲥⲛⲁϣϩⲱⲡⲁⲛⲡⲉϫⲉⲓ̅ⲥ̅ⲡⲉⲧⲕⲛⲁ
ⲥⲱⲧⲙ̄ⲉⲣⲟϥϩⲙ̄ⲡⲉⲕⲙⲁⲁϫⲉϩⲙ̄ⲡⲕⲉⲙⲁ
ⲁϫⲉⲧⲁϣⲉⲟⲉⲓϣⲙ̄ⲙⲟϥϩⲓϫⲛ̄ⲛⲉⲧⲛ̄ϫⲉ
ⲛⲉⲡⲱⲣⲙⲁⲣⲉⲗⲁⲁⲩⲅⲁⲣϫⲉⲣⲉϩⲏⲃⲥⲛ̄ϥ
ⲕⲁⲁϥϩⲁⲙⲁⲁϫⲉⲟⲩⲇⲉⲙⲁϥⲕⲁⲁϥϩⲙ̄ⲙⲁ
ⲉϥϩⲏⲡⲁⲗⲗⲁⲉϣⲁⲣⲉϥⲕⲁⲁϥϩⲓϫⲛ̄ⲧⲗⲩ
ⲭⲛⲓⲁϫⲉⲕⲁⲁⲥⲟⲩⲟⲛⲛⲓⲙⲉⲧⲃⲏⲕⲉϩⲟⲩⲛ
ⲁⲩⲱⲉⲧⲛ̄ⲛⲏⲩⲉⲃⲟⲗⲉⲩⲛⲁⲛⲁⲩⲁⲡⲉϥⲟⲩ
ⲟⲉⲓⲛⲡⲉϫⲉⲓ̅ⲥ̅ϫⲉⲟⲩⲃⲗ̄ⲗⲉⲉϥϣⲁⲛⲥⲱⲕ
ϩⲏⲧϥ̄ⲛ̄ⲟⲩⲃⲗ̄ⲗⲉϣⲁⲩϩⲉⲙ̄ⲡⲉⲥⲛⲁⲩ
ⲉⲡⲉⲥⲏⲧⲉⲩϩⲓⲉⲓⲧⲡⲉϫⲉⲓ̅ⲥ̅ⲙⲛ̄ϭⲟⲙ
ⲛ̄ⲧⲉⲟⲩⲁⲃⲱⲕⲉϩⲟⲩⲛⲉⲡⲏⲉⲓⲙ̄ⲡϫⲱ
ⲱⲣⲉⲛ̄ϥϫⲓⲧϥ̄ⲛ̄ϫⲛⲁϩⲉⲓⲙⲏⲧⲓⲛ̄ϥⲙⲟⲩⲣ
ⲛ̄ⲛⲉϥϭⲓϫⲧⲟⲧⲉϥⲛⲁⲡⲱⲱⲛⲉⲉⲃⲟⲗ
ⲙ̄ⲡⲉϥⲏⲉⲓⲡⲉϫⲉⲓ̅ⲥ̅ⲙⲛ̄ϥⲓⲣⲟⲟⲩϣϫⲓⲛ
ϩⲧⲟⲟⲩⲉϣⲁⲣⲟⲩϩⲉⲁⲩⲱϫⲓⲛϩⲓⲣⲟⲩϩⲉ
ϣⲁϩⲧⲟⲟⲩⲉϫⲉⲟⲩⲡⲉⲉⲧⲛⲁⲧⲁⲁϥϩⲓⲱⲧ
ⲧⲏⲩⲧⲛ̄ⲡⲉϫⲉⲛⲉϥⲙⲁⲑⲏⲧⲏⲥϫⲉⲁϣⲛ̄
ϩⲟⲟⲩⲉⲕⲛⲁⲟⲩⲱⲛϩⲉⲃⲟⲗⲛⲁⲛⲁⲩⲱⲁϣ
ⲛ̄ϩⲟⲟⲩⲉⲛⲁⲛⲁⲩⲉⲣⲟⲕⲡⲉϫⲉⲓ̅ⲥ̅ϫⲉϩⲟ
ⲧⲁⲛⲉⲧⲉⲧⲛ̄ϣⲁⲕⲉⲕⲧⲏⲩⲧⲛ̄ⲉϩⲏⲩⲙ̄ⲡⲉ
ⲧⲛ̄ϣⲓⲡⲉⲁⲩⲱⲛ̄ⲧⲉⲧⲛ̄ϥⲓⲛ̄ⲛⲉⲧⲛ̄ϣⲧⲏⲛ
ⲛ̄ⲧⲉⲧⲛ̄ⲕⲁⲁⲩϩⲁⲡⲉⲥⲏⲧⲛ̄ⲛⲉⲧⲛ̄ⲟⲩⲉⲣⲏ
ⲧⲉⲛ̄ⲑⲉⲛ̄ⲛⲓⲕⲟⲩⲉⲓⲛ̄ϣⲏⲣⲉϣⲏⲙⲛ̄ⲧⲉ
ⲧⲛ̄ϫⲟⲡϫⲡ̄ⲙ̄ⲙⲟⲟⲩⲧⲟⲧ[...]

ⲙⲡⲁⲉⲓ ϫⲉ ⲡⲱ[ⲥ ⲁⲧⲉ]ⲉⲓ ⲛⲟϭ ⲙ̄ⲙⲛ̄ⲧⲣ̄ⲙ̄ⲙⲁ ⲟ ⲁⲥⲟⲩⲱϩ ϩⲛ̄ ⲧⲉⲉⲓⲙⲛ̄ⲧϩⲏⲕⲉ (30) ⲡⲉϫⲉ ⲓ̄ⲥ̄ ϫⲉ ⲡⲙⲁ ⲉⲩⲛ̄ ϣⲟⲙⲧ ⲛ̄ⲛⲟⲩⲧⲉ ⲙ̄ⲙⲁⲩ ϩⲛ̄ ⲛⲟⲩⲧⲉ ⲛⲉ ⲡⲙⲁ ⲉⲩⲛ̄ ⲥⲛⲁⲩ ⲏ ⲟⲩⲁ ⲁⲛⲟⲕ ϯϣⲟⲟⲡ· ⲛⲙⲙⲁϥ· (31) ⲡⲉϫⲉ ⲓ̄ⲥ̄ ⲙⲛ̄ ⲡⲣⲟⲫⲏ ⲧⲏⲥ ϣⲏⲡ· ϩⲙ̄ ⲡⲉϥϯⲙⲉ ⲙⲁⲣⲉⲥⲟⲉⲓⲛ ⲣ̄ⲑⲉ ⲣⲁⲡⲉⲩⲉ ⲛ̄ⲛⲉⲧ·ⲥⲟⲟⲩⲛ ⲙ̄ⲙⲟϥ` (32) ⲡⲉϫⲉ ⲓ̄ⲥ̄ ϫⲉ ⲟⲩⲡⲟⲗⲓⲥ ⲉⲩⲕⲱⲧ ⲙ̄ⲙⲟⲥ ϩⲓϫⲛ̄ ⲟⲩⲧⲟ ⲟⲩ ⲉϥϫⲟⲥⲉ ⲉⲥⲧⲁϫⲣⲏⲩ ⲙⲛ̄ ϭⲟⲙ ⲛ̄ⲥϩⲉ ⲟⲩⲇⲉ ⲥⲛⲁϣ ϩⲱⲡ` ⲁⲛ (33) ⲡⲉϫⲉ ⲓ̄ⲥ̄ ⲡⲉⲧ`ⲕⲛⲁ ⲥⲱⲧⲙ̄ ⲉⲣⲟϥ ϩⲙ̄ ⲡⲉⲕ`ⲙⲁⲁϫⲉ ϩⲙ̄ ⲡⲕⲉⲙⲁ ⲁϫⲉ ⲧⲁϣⲉⲟⲉⲓϣ' ⲙ̄ⲙⲟϥ ϩⲓϫⲛ̄ ⲛⲉⲧⲛ̄ϫⲉ ⲛⲉⲡⲱⲣ ⲙⲁⲣⲉⲗⲁⲁⲩ` ⲅⲁⲣ ϫⲉⲣⲉ ϩⲏⲃ̄ⲥ̄ ⲛ̄ϥ` ⲕⲁⲁϥ· ϩⲁ ⲙⲁⲁϫⲉ ⲟⲩⲇⲉ ⲙⲁϥⲕⲁⲁϥ· ϩⲙ̄ ⲙⲁ ⲉϥϩⲏⲡ· ⲁⲗⲗⲁ ⲉϣⲁⲣⲉϥⲕⲁⲁϥ ϩⲓϫⲛ̄ ⲧⲗⲩ ⲭⲛⲓⲁ ϫⲉⲕⲁⲁⲥ ⲟⲩⲟⲛ ⲛⲓⲙ` ⲉⲧⲃⲏⲕ` ⲉϩⲟⲩⲛ ⲁⲩⲱ ⲉⲧⲛ̄ⲛⲏⲩ ⲉⲃⲟⲗ ⲉⲩⲛⲁⲛⲁⲩ ⲁⲡⲉϥⲟⲩ ⲟⲉⲓⲛ (34) ⲡⲉϫⲉ ⲓ̄ⲥ̄ ϫⲉ ⲟⲩⲃ̄ⲗ̄ⲗⲉ ⲉϥϣⲁⲛ̄ⲥⲱⲕ ϩⲏⲧϥ` ⲛ̄ⲛⲟⲩⲃ̄ⲗ̄ⲗⲉ ϣⲁⲩϩⲉ ⲙ̄ⲡⲉⲥⲛⲁⲩ ⲉⲡⲉⲥⲏⲧ· ⲉⲩϩⲓⲉⲓⲧ· (35) ⲡⲉϫⲉ ⲓ̄ⲥ̄ ⲙⲛ̄ ϭⲟⲙ ⲛ̄ⲧⲉⲟⲩⲁ ⲃⲱⲕ` ⲉϩⲟⲩⲛ ⲉⲡⲏⲉⲓ ⲙ̄ⲡϫⲱ ⲱⲣⲉ ⲛ̄ϥϫⲓⲧϥ` ⲛ̄ϫⲛⲁϩ ⲉⲓⲙⲏⲧⲓ ⲛ̄ϥⲙⲟⲩⲣ ⲛ̄ⲛⲉϥϭⲓϫ` ⲧⲟⲧⲉ ϥⲛⲁⲡⲱⲱⲛⲉ ⲉⲃⲟⲗ ⲙ̄ⲡⲉϥⲏⲉⲓ (36) ⲡⲉϫⲉ ⲓ̄ⲥ̄ ⲙⲛ̄ϥⲓ ⲣⲟⲟⲩϣ ϫⲓⲛ ϩⲧⲟⲟⲩⲉ ϣⲁ ⲣⲟⲩϩⲉ ⲁⲩⲱ ϫⲓⲛ ϩⲓⲣⲟⲩϩⲉ ϣⲁ ϩⲧⲟⲟⲩⲉ ϫⲉ ⲟⲩ ⲡⲉ ⲉⲧⲛⲁⲧⲁⲁϥ ϩⲓⲱⲧ` ⲧⲏⲩⲧⲛ̄ (37) ⲡⲉϫⲉ ⲛⲉϥⲙⲁⲑⲏⲧⲏⲥ ϫⲉ ⲁϣ ⲛ̄ ϩⲟⲟⲩ ⲉⲕⲛⲁⲟⲩⲱⲛϩ ⲉⲃⲟⲗ ⲛⲁⲛ ⲁⲩⲱ ⲁϣ ̄ ⲛ̄ϩⲟⲟⲩ ⲉⲛⲁⲛⲁⲩ ⲉⲣⲟⲕ` ⲡⲉϫⲉ ⲓ̄ⲥ̄ ϫⲉ ϩⲟ ⲧⲁⲛ ⲉⲧⲉⲧⲛ̄ϣⲁⲕⲉⲕ ⲧⲏⲩⲧⲛ̄ ⲉϩⲏⲩ ⲙ̄ⲡⲉ ⲧⲛ̄ϣⲓⲡⲉ ⲁⲩⲱ ⲛ̄ⲧⲉⲧⲛ̄ϥⲓ ⲛ̄ⲛⲉⲧⲛ̄ϣⲧⲏⲛ ⲛ̄ⲧⲉⲧⲛ̄ⲕⲁⲁⲩ ϩⲁ ⲡⲉⲥⲏⲧ` ⲛ̄ⲛⲉⲧⲛ̄ⲟⲩⲉⲣⲏ ⲧⲉ ⲛ̄ⲑⲉ ⲛ̄ⲛⲓⲕⲟⲩⲉⲓ ⲛ̄ϣⲏⲣⲉ ϣⲏⲙ` ⲛ̄ⲧⲉ ⲧⲛ̄ϫⲟⲡϫⲡ̄ ⲙ̄ⲙⲟⲟⲩ ⲧⲟⲧ[ⲉ ⲧⲉⲧⲛⲁⲛⲁⲩ

ⲙ̄

ⲉⲕⲓⲥϣⲏⲣⲉⲙ̄ⲡⲉⲧⲟⲛϩⲁⲩⲱⲧⲉⲧⲛⲁⲣ̄
ϩⲟⲧⲉⲁⲛⲡⲉϫⲉⲓ̅ⲥ̅ϫⲉϩⲁϩⲛ̄ⲥⲟⲡⲁⲧⲉⲧⲛ̄
ⲣ̄ⲉⲡⲓⲑⲩⲙⲉⲓⲉⲥⲱⲧⲙ̄ⲁⲛⲉⲉⲓϣⲁϫⲉⲛⲁⲉⲓ
ⲉϯϫⲱⲙ̄ⲙⲟⲟⲩⲛⲏⲧⲛ̄ⲁⲩⲱⲙⲛ̄ⲧⲏⲧⲛ̄
ⲕⲉⲟⲩⲁⲉⲥⲟⲧⲙⲟⲩⲛ̄ⲧⲟⲟⲧϥⲟⲩⲛ̄ϩⲛ̄ϩⲟ
ⲟⲩⲛⲁϣⲱⲡⲉⲛ̄ⲧⲉⲧⲛ̄ϣⲓⲛⲉⲛ̄ⲥⲱⲉⲓⲧⲉ-
ⲧⲛⲁϩⲉⲁⲛⲉⲣⲟⲉⲓⲡⲉϫⲉⲓ̅ⲥ̅ϫⲉⲙ̄ⲫⲁⲣⲓⲥⲁⲓ
ⲟⲥⲙⲛ̄ⲛ̄ⲅⲣⲁⲙⲙⲁⲧⲉⲩⲥⲁⲩϫⲓⲛ̄ϣⲁϣⲧ
ⲛ̄ⲧⲅⲛⲱⲥⲓⲥⲁⲩϩⲟⲡⲟⲩⲟⲩⲧⲉⲙ̄ⲡⲟⲩⲃⲱⲕ
ⲉϩⲟⲩⲛⲁⲩⲱⲛⲉⲧⲟⲩⲱϣⲉⲃⲱⲕⲉϩⲟⲩⲛⲙ̄
ⲡⲟⲩⲕⲁⲁⲩⲛ̄ⲧⲱⲧⲛ̄ⲇⲉϣⲱⲡⲉⲙ̄ⲫⲣⲟⲛⲓⲙⲟⲥ
ⲛ̄ⲑⲉⲛ̄ⲛ̄ϩⲟϥⲁⲩⲱⲛ̄ⲁⲕⲉⲣⲁⲓⲟⲥⲛ̄ⲑⲉⲛ̄ⲛ̄
ϭⲣⲟⲙⲡⲉⲡⲉϫⲉⲓ̅ⲥ̅ⲟⲩⲃⲉⲛⲉⲗⲟⲟⲗⲉⲁⲩ
ⲧⲟϭⲥ̄ⲙ̄ⲡⲥⲁⲛⲃⲟⲗⲙ̄ⲡⲉⲓⲱⲧⲁⲩⲱⲉⲥⲧⲁ
ϫⲣⲏⲩⲁⲛⲥⲉⲛⲁⲡⲟⲣⲕⲥ̄ϩⲁⲧⲉⲥⲛⲟⲩⲛⲉⲛ̄ⲥ
ⲧⲁⲕⲟⲡⲉϫⲉⲓ̅ⲥ̅ϫⲉⲡⲉⲧⲉⲩⲛ̄ⲧⲁϥϩⲛ̄ⲧⲉϥ
ϭⲓϫⲥⲉⲛⲁϯⲛⲁϥⲁⲩⲱⲡⲉⲧⲉⲙⲛ̄ⲧⲁϥⲡⲕⲉ
ϣⲏⲙⲉⲧⲟⲩⲛ̄ⲧⲁϥⲥⲉⲛⲁϥⲓⲧϥ̄ⲛ̄ⲧⲟⲟⲧϥ̄
ⲡⲉϫⲉⲓ̅ⲥ̅ϫⲉϣⲱⲡⲉⲉⲧⲉⲧⲛ̄ⲣ̄ⲡⲁⲣⲁⲅⲉ
ⲡⲉϫⲁⲩⲛⲁϥⲛ̄ϭⲓⲛⲉϥⲙⲁⲑⲏⲧⲏⲥϫⲉⲛ̄ⲧⲁⲕ
ⲛⲓⲙⲉⲕϫⲱⲛ̄ⲛⲁⲓ̈ⲛⲁⲛϩⲛ̄ⲛⲉϯϫⲱⲙ̄
ⲙⲟⲟⲩⲛⲏⲧⲛ̄ⲛ̄ⲧⲉⲧⲛ̄ⲉⲓⲙⲉⲁⲛϫⲉⲁⲛⲟⲕ
ⲛⲓⲙⲁⲗⲗⲁⲛ̄ⲧⲱⲧⲛ̄ⲁⲧⲉⲧⲛ̄ϣⲱⲡⲉⲛ̄ⲑⲉⲛ̄
ⲛⲓⲟⲩⲇⲁⲓⲟⲥϫⲉⲥⲉⲙⲉⲙ̄ⲡϣⲏⲛⲥⲉⲙⲟⲥ
ⲧⲉⲙ̄ⲡⲉϥⲕⲁⲣⲡⲟⲥⲁⲩⲱⲥⲉⲙⲉⲙ̄ⲡⲕⲁⲣⲡⲟⲥ
ⲥⲉⲙⲟⲥⲧⲉⲙ̄ⲡϣⲏⲛⲡⲉϫⲉⲓ̅ⲥ̅ϫⲉⲡⲉⲧⲁϫⲉ
ⲟⲩⲁⲁⲡⲉⲓⲱⲧⲥⲉⲛⲁⲕⲱⲉⲃⲟⲗⲛⲁϥⲁⲩⲱ
ⲡⲉⲧⲁϫⲉⲟⲩⲁⲉⲡϣⲏⲣⲉⲥⲉⲛⲁⲕⲱⲉⲃⲟⲗ
ⲛⲁϥⲡⲉⲧⲁϫⲉⲟⲩⲁⲇⲉⲁⲡⲡⲛ̄ⲁⲉⲧⲟⲩⲁⲁⲃ
ⲥⲉⲛⲁⲕⲱⲁⲛⲉⲃⲟⲗⲛⲁϥⲟⲩⲧⲉϩⲙ̄ⲡⲕⲁϩ
ⲟⲩⲧⲉϩⲛ̄ⲧⲡⲉⲡⲉϫⲉⲓ̅ⲥ̅ⲙⲁⲩϫⲉⲗⲉⲉⲗⲟⲟ
ⲗⲉⲉⲃⲟⲗϩⲛ̄ϣⲟⲛⲧⲉⲟⲩⲧⲉⲙⲁⲩⲕⲱⲧϥ̄
ⲕⲛ̄ⲧⲉⲉⲃⲟⲗϩⲛ̄ⲥⲣ̄ϭⲁⲙⲟⲩⲗⲙⲁⲩϯⲕⲁⲣⲡⲟⲥ
[...]ⲑⲟⲥⲣ̄ⲣⲱⲙⲉⲥϣⲁϥⲉⲓⲛⲉⲛ̄

ⲁ]ⲡϣⲏⲣⲉ ⲙ̅ⲡⲉⲧⲟⲛϩ ⲁⲩⲱ ⲧⲉⲧⲛⲁⲣ̅
ϩⲟⲧⲉ ⲁⲛ (38) ⲡⲉϫⲉ ⲓ̅ⲥ̅ ϫⲉ ϩⲁϩ ⲛ̅ⲥⲟⲡ ⲁⲧⲉⲧⲛ̅
ⲣ̅ⲉⲡⲓⲑⲩⲙⲉⲓ ⲉⲥⲱⲧⲙ̅ ⲁⲛⲉⲉⲓϣⲁϫⲉ ⲛⲁⲉⲓ
ⲉϯϫⲱ ⲙ̅ⲙⲟⲟⲩ ⲛⲏⲧⲛ̅ ⲁⲩⲱ ⲙⲛ̅ⲧⲏⲧⲛ̅
ⲕⲉⲟⲩⲁ ⲉⲥⲟⲧⲙⲟⲩ ⲛ̅ⲧⲟⲟⲧϥ̅ ⲟⲩⲛ̅ ϩⲛ̅ϩⲟ
ⲟⲩ ⲛⲁϣⲱⲡⲉ ⲛ̅ⲧⲉⲧⲛ̅ϣⲓⲛⲉ ⲛ̅ⲥⲱⲉⲓ ⲧⲉ
ⲧⲛⲁϩⲉ ⲁⲛ` ⲉⲣⲟⲉⲓ· (39) ⲡⲉϫⲉ ⲓ̅ⲥ̅ ϫⲉ ⲙ̅ⲫⲁⲣⲓⲥⲁⲓ
ⲟⲥ ⲙⲛ̅ ⲛ̅ⲅⲣⲁⲙⲙⲁⲧⲉⲩⲥ ⲁⲩϫⲓ ⲛ̅ϣⲁϣⲧ`
ⲛ̅ⲧⲅⲛⲱⲥⲓⲥ ⲁⲩϩⲟⲡⲟⲩ ⲟⲩⲧⲉ ⲙ̅ⲡⲟⲩⲃⲱⲕ
ⲉϩⲟⲩⲛ ⲁⲩⲱ ⲛⲉⲧⲟⲩⲱϣ ⲉⲃⲱⲕ` ⲉϩⲟⲩⲛ ⲙ̅
ⲡⲟⲩⲕⲁⲁⲩ ⲛ̅ⲧⲱⲧⲛ̅ ⲇⲉ ϣⲱⲡⲉ ⲙ̅ⲫⲣⲟⲛⲓⲙⲟⲥ
ⲛ̅ⲑⲉ ⲛ̅ⲛ̅ϩⲟϥ` ⲁⲩⲱ ⲛ̅ⲁⲕⲉⲣⲁⲓ̈ⲟⲥ ⲛ̅ⲑⲉ ⲛ̅ⲛ
ϭⲣⲟⲙ`ⲡⲉ (40) ⲡⲉϫⲉ ⲓ̅ⲥ̅ ⲟⲩⲃⲉ ⲛⲉⲗⲟⲟⲗⲉ ⲁⲩ
ⲧⲟϭⲥ ⲙ̅ⲡⲥⲁ ⲛⲃⲟⲗ ⲙ̅ⲡⲉⲓⲱⲧ` ⲁⲩⲱ ⲉⲥⲧⲁ
ϫⲣⲏⲩ ⲁⲛ ⲥⲉⲛⲁⲡⲟⲣⲕ̅ⲥ̅ ϩⲁ ⲧⲉⲥⲛⲟⲩⲛⲉ ⲛ̅ⲥ
ⲧⲁⲕⲟ (41) ⲡⲉϫⲉ ⲓ̅ⲥ̅ ϫⲉ ⲡⲉⲧⲉⲩⲛ̅ⲧⲁϥ ϩⲛ̅ ⲧⲉϥ`
ϭⲓϫ ⲥⲉⲛⲁϯ ⲛⲁϥ` ⲁⲩⲱ ⲡⲉⲧⲉ ⲙⲛ̅ⲧⲁϥ ⲡⲕⲉ
ϣⲏⲙ ⲉⲧⲟⲩⲛ̅ⲧⲁϥ` ⲥⲉⲛⲁϥⲓⲧϥ̅ ⲛ̅ⲧⲟⲟⲧϥ`
(42) ⲡⲉϫⲉ ⲓ̅ⲥ̅ ϫⲉ ϣⲱⲡⲉ ⲉⲧⲉⲧⲛ̅ⲣ̅ⲡⲁⲣⲁⲅⲉ
(43) ⲡⲉϫⲁⲩ ⲛⲁϥ` ⲛ̅ϭⲓ ⲛⲉϥ̀ⲙⲁⲑⲏⲧⲏⲥ ϫⲉ ⲛ̅ⲧⲁⲕ
ⲛⲓⲙ` ⲉⲕϫⲱ ⲛ̅ⲛⲁⲓ̈ ⲛⲁⲛ` ϩⲛ̅ ⲛⲉϯϫⲱ ⲙ̅
ⲙⲟⲟⲩ ⲛⲏⲧⲛ̅ ⲛ̅ⲧⲉⲧⲛ̅ⲉⲓⲙⲉ ⲁⲛ ϫⲉ ⲁⲛⲟⲕ`
ⲛⲓⲙ ⲁⲗⲗⲁ ⲛ̅ⲧⲱⲧⲛ̅ ⲁⲧⲉⲧⲛ̅ϣⲱⲡⲉ ⲛ̅ⲑⲉ ⲛ̅
ⲛⲓ̈ⲟⲩⲇⲁⲓⲟⲥ ϫⲉ ⲥⲉⲙⲉ ⲙ̅ⲡϣⲏⲛ ⲥⲉⲙⲟⲥ
ⲧⲉ ⲙ̅ⲡⲉϥⲕⲁⲣⲡⲟⲥ ⲁⲩⲱ ⲥⲉⲙⲉ ⲙ̅ⲡⲕⲁⲣⲡⲟⲥ
ⲥⲉⲙⲟⲥⲧⲉ ⲙ̅ⲡϣⲏⲛ (44) ⲡⲉϫⲉ ⲓ̅ⲥ̅ ϫⲉ ⲡⲉⲧⲁϫⲉ
ⲟⲩⲁ ⲁⲡⲉⲓⲱⲧ` ⲥⲉⲛⲁⲕⲱ ⲉⲃⲟⲗ ⲛⲁϥ` ⲁⲩⲱ
ⲡⲉⲧⲁϫⲉ ⲟⲩⲁ ⲉⲡϣⲏⲣⲉ ⲥⲉⲛⲁⲕⲱ ⲉⲃⲟⲗ
ⲛⲁϥ` ⲡⲉⲧⲁϫⲉ ⲟⲩⲁ ⲇⲉ ⲁⲡⲡ̅ⲛ̅ⲁ̅ ⲉⲧⲟⲩⲁⲁⲃ
ⲥⲉⲛⲁⲕⲱ ⲁⲛ ⲉⲃⲟⲗ ⲛⲁϥ` ⲟⲩⲧⲉ ϩⲙ̅ ⲡⲕⲁϩ
ⲟⲩⲧⲉ ϩⲛ̅ ⲧⲡⲉ (45) ⲡⲉϫⲉ ⲓ̅ⲥ̅ ⲙⲁⲩϫⲉⲗⲉ ⲉⲗⲟⲟ
ⲗⲉ ⲉⲃⲟⲗ ϩⲛ̅ ϣⲟⲛⲧⲉ ⲟⲩⲧⲉ ⲙⲁⲩⲕⲱⲧϥ`
ⲕⲛ̅ⲧⲉ ⲉⲃⲟⲗ ϩⲛ̅ ⲥⲣ̅ϭⲁⲙⲟⲩⲗ` ⲙⲁⲩϯ ⲕⲁⲣⲡⲟⲥ
ⲅ[ⲁⲣ ⲟⲩⲁⲅ]ⲁⲑⲟⲥ ⲣ̅ⲣⲱⲙⲉ ϣⲁϥⲉⲓⲛⲉ ⲛ̅

ⲙⲉ

ⲟⲩⲁⲅⲁⲑⲟⲛ ⲉⲃⲟⲗ ϩ[ⲙ̄] ⲡⲉϥⲉϩⲟ ⲟⲩⲕⲁ
ⲣ̄ⲣⲱⲙⲉ ϣⲁϥⲉⲓⲛⲉ ⲛ̄ϩⲛ̄ⲡⲟⲛⲏⲣⲟⲛ ⲉⲃⲟⲗ
ϩⲙ̄ ⲡⲉϥⲉϩⲟ ⲉⲑⲟⲟⲩ ⲉⲧϩⲛ̄ ⲡⲉϥϩⲏⲧ ⲁⲩ
ⲱ ⲛ̄ϥϫⲱ ⲛ̄ϩⲛ̄ⲡⲟⲛⲏⲣⲟⲛ ⲉⲃⲟⲗ ⲅⲁⲣ ϩⲙ̄
ⲫⲟⲩⲟ ⲙ̄ⲫⲏⲧ ϣⲁϥⲉⲓⲛⲉ ⲉⲃⲟⲗ ⲛ̄ϩⲛ̄ⲡⲟ
ⲛⲏⲣⲟⲛ ⲡⲉϫⲉ ⲓ̅ⲥ̅ ϫⲉ ϫⲓⲛ ⲁⲇⲁⲙ ϣⲁ ⲓ̈ⲱϩⲁ
ⲛⲛⲏⲥ ⲡⲃⲁⲡⲧⲓⲥⲧⲏⲥ ϩⲛ̄ ⲛ̄ϫⲡⲟ ⲛ̄ⲛ̄ϩⲓⲟⲙⲉ
ⲙⲛ̄ ⲡⲉⲧϫⲟⲥⲉ ⲁ ⲓ̈ⲱϩⲁⲛⲛⲏⲥ ⲡⲃⲁⲡⲧⲓ
ⲥⲧⲏⲥ ϣⲓⲛⲁ ϫⲉ ⲛⲟⲩⲱϭⲡ̄ ⲛ̄ϭⲓ ⲛⲉϥⲃⲁⲗ
ⲁⲉⲓϫⲟⲟⲥ ⲇⲉ ϫⲉ ⲡⲉⲧⲛⲁϣⲱⲡⲉ ϩⲛ̄ ⲧⲏⲩ
ⲧⲛ̄ ⲉϥⲟ ⲛ̄ⲕⲟⲩⲉⲓ ϥⲛⲁⲥⲟⲩⲱⲛ ⲧⲙⲛ̄ⲧⲉ
ⲣⲟ ⲁⲩⲱ ϥⲛⲁϫⲓⲥⲉ ⲁ ⲓ̈ⲱϩⲁⲛⲛⲏⲥ ⲡⲉϫⲉ ⲓ̅ⲥ̅
ϫⲉ ⲙⲛ̄ ϭⲟⲙ ⲛ̄ⲧⲉ ⲟⲩⲣⲱⲙⲉ ⲧⲉⲗⲟ ⲁ ϩⲧⲟ
ⲥⲛⲁⲩ ⲛ̄ϥϫⲱⲗⲕ̄ ⲙ̄ⲡⲓⲧⲉ ⲥⲛ̄ⲧⲉ ⲁⲩⲱ ⲙⲛ̄
ϭⲟⲙ ⲛ̄ⲧⲉ ⲟⲩϩⲙ̄ϩⲁⲗ ϣⲙ̄ϣⲉ ϫⲟⲉⲓⲥ ⲥⲛⲁⲩ
ⲏ ϥⲛⲁⲣ̄ ⲧⲓⲙⲁ ⲙ̄ⲡⲟⲩⲁ ⲁⲩⲱ ⲡⲕⲉⲟⲩⲁ ϥⲛⲁ
ⲣ̄ ϩⲩⲃⲣⲓⲍⲉ ⲙ̄ⲙⲟϥ ⲙⲁⲣⲉ ⲣⲱⲙⲉ ⲥⲉ ⲣ̄ⲡⲁⲥ
ⲁⲩⲱ ⲛ̄ⲧⲉⲩⲛⲟⲩ ⲛ̄ϥⲉⲡⲓⲑⲩⲙⲉⲓ ⲁⲥⲱ ⲏⲣⲡ̄
ⲃ̄ⲃⲣ̄ⲣⲉ ⲁⲩⲱ ⲙⲁⲩⲛⲟⲩϫ ⲏⲣⲡ̄ ⲃ̄ⲃⲣ̄ⲣⲉ ⲉⲁⲥ
ⲕⲟⲥ ⲛ̄ⲁⲥ ϫⲉ ⲕⲁⲁⲥ ⲛ̄ⲛⲟⲩⲡⲱϩ ⲁⲩⲱ ⲙⲁⲩ
ⲛⲉϫ ⲏⲣⲡ̄ ⲛ̄ⲁⲥ ⲉ ⲁⲥⲕⲟⲥ ⲃ̄ⲃⲣ̄ⲣⲉ ϣⲓⲛⲁ ϫⲉ
ⲛⲉϥⲧⲉⲕⲁϥ ⲙⲁⲩϫⲗ̄ⲟ ⲧⲟⲉⲓⲥ ⲛ̄ⲁⲥ ⲁϣⲧⲏ
ⲛ̄ϣⲁⲉⲓ ⲉⲡⲉⲓ ⲟⲩⲛ ⲟⲩⲡⲱϩ ⲛⲁϣⲱⲡⲉ
ⲡⲉϫⲉ ⲓ̅ⲥ̅ ϫⲉ ⲉⲣϣⲁ ⲥⲛⲁⲩ ⲣ̄ ⲉⲓⲣⲏⲛⲏ ⲙⲛ̄
ⲛⲟⲩⲉⲣⲏⲩ ϩⲙ̄ ⲡⲉⲓⲏⲉⲓ ⲟⲩⲱⲧ ⲥⲉⲛⲁϫⲟⲟⲥ
ⲙ̄ⲡⲧⲁⲩ ϫⲉ ⲡⲱⲱⲛⲉ ⲉⲃⲟⲗ ⲁⲩⲱ ϥⲛⲁⲡⲱ
ⲱⲛⲉ ⲡⲉϫⲉ ⲓ̅ⲥ̅ ϫⲉ ϩⲉⲛⲙⲁⲕⲁⲣⲓⲟⲥ ⲛⲉ ⲛ̄
ⲙⲟⲛⲁⲭⲟⲥ ⲁⲩⲱ ⲉⲧⲥⲟⲧⲡ̄ ϫⲉ ⲧⲉⲧⲛⲁ
ϩⲉ ⲁ ⲧⲙⲛ̄ⲧⲉⲣⲟ ϫⲉ ⲛ̄ⲧⲱⲧⲛ̄ ϩⲛ̄ ⲉⲃⲟⲗ
ⲛ̄ϩⲏⲧⲥ̄ ⲡⲁⲗⲓⲛ ⲉⲧⲉⲧⲛⲁⲃⲱⲕ ⲉⲙⲁⲩ ⲡⲉ
ϫⲉ ⲓ̅ⲥ̅ ϫⲉ ⲉⲩϣⲁⲛϫⲟⲟⲥ ⲛⲏⲧⲛ̄ ϫⲉ ⲛ̄ⲧⲁ
ⲧⲉⲧⲛ̄ϣⲱⲡⲉ ⲉⲃⲟ[ⲗ] ⲧⲱⲛ ϫⲟⲟⲥ ⲛⲁⲩ
ϫⲉ ⲛ̄ⲧⲁⲛⲉⲓ ⲉⲃⲟⲗ ϩⲙ̄ ⲡⲟⲩⲟⲉⲓⲛ ⲡⲙⲁ
ⲉⲛⲧⲁ ⲡⲟⲩⲟⲉⲓⲛ ϣⲱⲡⲉ [...] ⲉⲃⲟⲗ
ϩⲓⲧⲟⲟⲧϥ ⲟⲩⲁⲁⲧϥ ⲁϥⲱ[...]

ⲟⲩⲁⲅⲁⲑⲟⲛ ⲉⲃⲟⲗ ϩⲙ̅ ⲡⲉϥⲉϩⲟ ⲟⲩⲕⲁ[ⲕⲟⲥ]
ⲣ̅ⲣⲱⲙⲉ ϣⲁϥⲉⲓⲛⲉ ⲛ̅ϩⲛ̅ⲡⲟⲛⲏⲣⲟⲛ ⲉⲃⲟⲗ
ϩⲙ̅ ⲡⲉϥⲉϩⲟ ⲉⲑⲟⲟⲩ ⲉⲧϩⲛ̅ ⲡⲉϥϩⲏⲧ` ⲁⲩ
ⲱ ⲛ̅ϥϫⲱ ⲛ̅ϩⲛ̅ⲡⲟⲛⲏⲣⲟⲛ ⲉⲃⲟⲗ ⲅⲁⲣ ϩⲙ̅
ⲫⲟⲩⲟ ⲙ̅ⲫⲏⲧ` ϣⲁϥ`ⲉⲓⲛⲉ ⲉⲃⲟⲗ ⲛ̅ϩⲛ̅ⲡⲟ
ⲛⲏⲣⲟⲛ (46) ⲡⲉϫⲉ ⲓ̅ⲥ̅ ϫⲉ ϫⲓⲛ` ⲁⲇⲁⲙ ϣⲁ ⲓ̈ⲱϩⲁⲛ
ⲛⲏⲥ ⲡⲃⲁⲡⲧⲓⲥⲧⲏⲥ ϩⲛ̅ ⲛ̅ϫⲡⲟ ⲛ̅ⲛ̅ϩⲓⲟⲙⲉ
ⲙⲛ̅ ⲡⲉⲧϫⲟⲥⲉ ⲁⲓ̈ⲱϩⲁⲛⲛⲏⲥ ⲡⲃⲁⲡⲧⲓ
ⲥⲧⲏⲥ ϣⲓⲛⲁ ϫⲉ ⲛⲟⲩⲱϭⲡ̓ ⲛ̅ϭⲓ ⲛⲉϥⲃⲁⲗ
ⲁⲉⲓϫⲟⲟⲥ ⲇⲉ ϫⲉ ⲡⲉⲧⲛⲁϣⲱⲡⲉ ϩⲛ̅ ⲧⲏⲩ
ⲧⲛ̅ ⲉϥⲟ ⲛ̅ⲕⲟⲩⲉⲓ ϥⲛⲁⲥⲟⲩⲱⲛ ⲧⲙⲛ̅ⲧⲉ
ⲣⲟ ⲁⲩⲱ ϥⲛⲁϫⲓⲥⲉ ⲁⲓ̈ⲱϩⲁⲛⲛⲏⲥ (47) ⲡⲉϫⲉ ⲓ̅ⲥ̅
ϫⲉ ⲙⲛ̅ ϭⲟⲙ ⲛ̅ⲧⲉⲟⲩⲣⲱⲙⲉ ⲧⲉⲗⲟ ⲁϩⲧⲟ
ⲥⲛⲁⲩ ⲛ̅ϥϫⲱⲗⲕ` ⲙ̅ⲡⲓⲧⲉ ⲥⲛ̅ⲧⲉ ⲁⲩⲱ ⲙⲛ̅
ϭⲟⲙ` ⲛ̅ⲧⲉⲟⲩϩⲙ̅ϩⲁⲗ ϣⲙ̅ϣⲉ ϫⲟⲉⲓⲥ ⲥⲛⲁⲩ
ⲏ ϥⲛⲁⲣ̅ⲧⲓⲙⲁ ⲙ̅ⲡⲟⲩⲁ· ⲁⲩⲱ ⲡⲕⲉⲟⲩⲁ ϥⲛⲁ
ⲣ̅ϩⲩⲃⲣⲓⲍⲉ ⲙ̅ⲙⲟϥ` ⲙⲁⲣⲉⲣⲱⲙⲉ ⲥⲉ ⲣ̅ⲡⲁⲥ
ⲁⲩⲱ ⲛ̅ⲧⲉⲩⲛⲟⲩ ⲛ̅ϥ`ⲉⲡⲓⲑⲩⲙⲉⲓ ⲁⲥⲱ ⲏⲣⲡ`
ⲃ̅ⲃⲣⲣⲉ ⲁⲩⲱ ⲙⲁⲩⲛⲟⲩϫ` ⲏⲣⲡ· ⲃ̅ⲃⲣ̅ⲣⲉ ⲉⲁⲥ
ⲕⲟⲥ ⲛ̅ⲁⲥ ϫⲉⲕⲁⲁⲥ ⲛ̅ⲛⲟⲩⲡⲱϩ ⲁⲩⲱ ⲙⲁⲩ
ⲛⲉϫ̓ ⲏⲣⲡ· ⲛ̅ⲁⲥ ⲉⲁⲥⲕⲟⲥ ⲃ̅ⲃⲣ̅ⲣⲉ ϣⲓⲛⲁ ϫⲉ
ⲛⲉϥⲧⲉⲕⲁϥ̓ ⲙⲁⲩϫⲗ̅ϭ ⲧⲟⲉⲓⲥ ⲛ̅ⲁⲥ ⲁϣⲧⲏⲛ
ⲛ̅ϣⲁⲉⲓ ⲉⲡⲉⲓ ⲟⲩⲛ ⲟⲩⲡⲱϩ ⲛⲁϣⲱⲡⲉ
(48) ⲡⲉϫⲉ ⲓ̅ⲥ̅ ϫⲉ ⲉⲣϣⲁⲥⲛⲁⲩ ⲣ̅ ⲉⲓⲣⲏⲛⲏ ⲙⲛ̅
ⲛⲟⲩⲉⲣⲏⲩ ϩⲙ̅ ⲡⲉⲓⲏⲉⲓ ⲟⲩⲱⲧ̓ ⲥⲉⲛⲁϫⲟⲟⲥ
ⲙ̅ⲡⲧⲁⲩ ϫⲉ ⲡⲱⲱⲛⲉ ⲉⲃⲟⲗ ⲁⲩⲱ ϥⲛⲁⲡⲱ
ⲱⲛⲉ (49) ⲡⲉϫⲉ ⲓ̅ⲥ̅ ϫⲉ ϩⲉⲛⲙⲁⲕⲁⲣⲓⲟⲥ ⲛⲉ ⲛ
ⲙⲟⲛⲁⲭⲟⲥ ⲁⲩⲱ ⲉⲧⲥⲟⲧⲡ̓ ϫⲉ ⲧⲉⲧⲛⲁ
ϩⲉ ⲁⲧⲙⲛ̅ⲧⲉⲣⲟ ϫⲉ ⲛ̅ⲧⲱⲧⲛ̅ ϩⲛ̅ⲉⲃⲟⲗ
ⲛ̅ϩⲏⲧⲥ̅ ⲡⲁⲗⲓⲛ ⲉⲧⲉⲧⲛⲁⲃⲱⲕ` ⲉⲙⲁⲩ (50) ⲡⲉ
ϫⲉ ⲓ̅ⲥ̅ ϫⲉ ⲉⲩϣⲁⲛϫⲟⲟⲥ ⲛⲏⲧⲛ̅ ϫⲉ ⲛ̅ⲧⲁ
ⲧⲉⲧⲛ̅ϣⲱⲡⲉ ⲉⲃⲟⲗ ⲧⲱⲛ ϫⲟⲟⲥ ⲛⲁⲩ
ϫⲉ ⲛ̅ⲧⲁⲛⲉⲓ ⲉⲃⲟⲗ ϩⲙ̅ ⲡⲟⲩⲟⲉⲓⲛ ⲡⲙⲁ
ⲉⲛⲧⲁⲡⲟⲩⲟⲉⲓⲛ ϣⲱⲡⲉ ⲙ̅ⲙⲁⲩ ⲉⲃⲟⲗ
ϩⲓⲧⲟⲟⲧϥ` ⲟⲩⲁⲁⲧϥ` ⲁϥⲱϩ[ⲉ ⲉⲣⲁⲧϥ]

ⲁⲩⲱ ⲁϥⲟⲩⲱⲛϩ ⲉⲃⲟⲗ ϩⲛ̄ ⲧⲟⲩϩⲓⲕⲱⲛ ⲉⲩ
ϣⲁϫⲟⲟⲥ ⲛⲏⲧⲛ̄ ϫⲉ ⲛ̄ⲧⲱⲧⲛ̄ ⲡⲉ ϫⲟⲟⲥ
ϫⲉ ⲁⲛⲟⲛ ⲛⲉϥϣⲏⲣⲉ ⲁⲩⲱ ⲁⲛⲟⲛ ⲛ̄ⲥⲱⲧⲡ`
ⲙ̄ⲡⲉⲓⲱⲧ` ⲉⲧⲟⲛϩ ⲉⲩϣⲁⲛϫⲛⲉ ⲧⲏⲩⲧⲛ̄
ϫⲉ ⲟⲩ ⲡⲉ ⲡⲙⲁⲉⲓⲛ ⲙ̄ⲡⲉⲧⲛ̄ⲉⲓⲱⲧ` ⲉⲧϩⲛ̄
ⲧⲏⲩⲧⲛ̄ ϫⲟⲟⲥ ⲉⲣⲟⲟⲩ ϫⲉ ⲟⲩⲕⲓⲙ ⲡⲉ ⲙⲛ̄
ⲟⲩⲁⲛⲁⲡⲁⲩⲥⲓⲥ (51) ⲡⲉϫⲁⲩ ⲛⲁϥ` ⲛ̄ϭⲓ ⲛⲉϥⲙⲁ
ⲑⲏⲧⲏⲥ ϫⲉ ⲁϣ ⲛ̄ϩⲟⲟⲩ ⲉⲧⲁⲛⲁⲡⲁⲩⲥⲓⲥ ⲛ̄
ⲛⲉⲧⲙⲟⲟⲩⲧ` ⲛⲁϣⲱⲡⲉ ⲁⲩⲱ ⲁϣ ⲛ̄ϩⲟⲟⲩ
ⲉⲡⲕⲟⲥⲙⲟⲥ ⲃ̄ⲃ̄ⲣ̄ⲣⲉ ⲛⲏⲩ ⲡⲉϫⲁϥ ⲛⲁⲩ ϫⲉ
ⲧⲏ ⲉⲧⲉⲧⲛ̄ϭⲱϣⲧ` ⲉⲃⲟⲗ ϩⲏⲧⲥ̄ ⲁⲥⲉⲓ ⲁⲗⲗⲁ
ⲛ̄ⲧⲱⲧⲛ̄ ⲧⲉⲧⲛ̄ⲥⲟⲟⲩⲛ ⲁⲛ ⲙ̄ⲙⲟⲥ (52) ⲡⲉϫⲁⲩ
ⲛⲁϥ ⲛ̄ϭⲓ ⲛⲉϥⲙⲁⲑⲏⲧⲏⲥ ϫⲉ ϫⲟⲩⲧ ⲁϥⲧⲉ
ⲙ̄ⲡⲣⲟⲫⲏⲧⲏⲥ ⲁⲩϣⲁϫⲉ ϩⲙ̄ ⲡⲓⲥⲣⲁⲏⲗ`
ⲁⲩⲱ ⲁⲩϣⲁϫⲉ ⲧⲏⲣⲟⲩ ϩⲣⲁï ⲛ̄ϩⲏⲧⲕ` ⲡⲉ
ϫⲁϥ ⲛⲁⲩ ϫⲉ ⲁⲧⲉⲧⲛ̄ⲕⲱ ⲙ̄ⲡⲉⲧⲟⲛϩ ⲙ̄ⲡⲉ
ⲧⲛ̄ ⲙ̄ⲧⲟ ⲉⲃⲟⲗ ⲁⲩⲱ ⲁⲧⲉⲧⲛ̄ϣⲁϫⲉ ϩⲁ ⲛⲉⲧ
ⲙⲟⲟⲩⲧ` (53) ⲡⲉϫⲁⲩ ⲛⲁϥ ⲛ̄ϭⲓ ⲛⲉϥⲙⲁⲑⲏⲧⲏⲥ
ϫⲉ ⲡⲥⲃ̄ⲃⲉ ⲣ̄ⲱⲫⲉⲗⲉⲓ ⲏ ⲙ̄ⲙⲟⲛ ⲡⲉϫⲁϥ`
ⲛⲁⲩ ϫⲉ ⲛⲉϥⲣ̄ⲱⲫⲉⲗⲉⲓ ⲛⲉⲡⲟⲩⲉⲓⲱⲧ` ⲛⲁ
ϫⲡⲟⲟⲩ ⲉⲃⲟⲗ ϩⲛ̄ ⲧⲟⲩⲙⲁⲁⲩ ⲉⲩⲥⲃ̄ⲃⲏⲩ
ⲁⲗⲗⲁ ⲡⲥⲃ̄ⲃⲉ ⲙ̄ⲙⲉ ϩⲙ̄ ⲡⲛ̄ⲁ̄ ⲁϥϭⲛ̄ ϩⲏⲩ
ⲧⲏⲣϥ` (54) ⲡⲉϫⲉ ⲓ̄ⲥ̄ ϫⲉ ϩⲛ̄ⲙⲁⲕⲁⲣⲓⲟⲥ ⲛⲉ ⲛϩⲏ
ⲕⲉ ϫⲉ ⲧⲱⲧⲛ̄ ⲧⲉ ⲧⲙⲛ̄ⲧⲉⲣⲟ ⲛⲙ̄ⲡⲏⲩⲉ`
(55) ⲡⲉϫⲉ ⲓ̄ⲥ̄ ϫⲉ ⲡⲉⲧⲁⲙⲉⲥⲧⲉ ⲡⲉϥ`ⲉⲓⲱⲧ`
ⲁⲛ` ⲙⲛ̄ ⲧⲉϥⲙⲁⲁⲩ ϥⲛⲁϣ ⲣ̄ ⲙⲁⲑⲏⲧⲏⲥ ⲁⲛ
ⲛⲁⲉⲓ ⲁⲩⲱ ⲛ̄ϥⲙⲉⲥⲧⲉ ⲛⲉϥ`ⲥⲛⲏⲩ ⲙⲛ̄
ⲛⲉϥⲥⲱⲛⲉ ⲛ̄ϥϥⲉⲓ ⲙ̄ⲡⲉϥⲥⲧⲁⲩⲣⲟⲥ ⲛ̄ⲧⲁϩⲉ
ϥⲛⲁϣⲱⲡⲉ ⲁⲛ ⲉϥⲟ ⲛ̄ⲁⲝⲓⲟⲥ ⲛⲁⲉⲓ (56) ⲡⲉ
ϫⲉ ⲓ̄ⲥ̄ ϫⲉ ⲡⲉⲧⲁϩⲥⲟⲩⲱⲛ ⲡⲕⲟⲥⲙⲟⲥ ⲁϥ`
ϩⲉ ⲉⲩⲡⲧⲱⲙⲁ ⲁⲩⲱ ⲡⲉⲛⲧⲁϩϩⲉ ⲉⲁⲡⲧⲱ
ⲙⲁ ⲡⲕⲟⲥⲙⲟⲥ ⲙ̄ⲡϣⲁ ⲙ̄ⲙⲟϥ ⲁⲛ (57) ⲡⲉ
ϫⲉ ⲓ̄ⲥ̄ ϫⲉ ⲧⲙⲛ̄ⲧⲉⲣⲟ ⲙ̄ⲡⲉⲓⲱⲧ` ⲉⲥⲧⲛ̄ⲧⲱⲛ
ⲁⲩⲣⲱⲙⲉ ⲉⲩⲛ̄ⲧⲁϥ ⲙ̄ⲙⲁⲩ ⲛ̄ⲛⲟⲩϭⲣⲟϭ
[ⲉⲛⲁⲛⲟⲩ]ϥ` ⲁⲡⲉϥϫⲁϫⲉ ⲉⲓ ⲛ̄ⲧⲟⲩϣⲏ`

ⲙ
ⲁⲩⲥⲓⲧⲉⲛⲟⲩⲍⲓ[ⲍⲁ]ⲛⲓ[ⲟⲛⲉϫ]ⲛⲡⲉⲩⲥⲟ
ⲧⲛⲁⲛⲟⲩϥⲙⲡⲉⲡⲣⲱⲙⲉⲕⲟⲟⲩⲉϩⲱⲗⲉ
ⲙⲡⲍⲓⲍⲁⲛⲓⲟⲛⲡⲉϫⲁϥⲛⲁⲩϫⲉⲙⲏⲡⲱⲥ
ⲛⲧⲉⲧⲛⲃⲱⲕϫⲉⲉⲛⲁϩⲱⲗⲉⲙⲡⲍⲓⲍⲁⲛⲓⲟ
ⲛⲧⲉⲧⲛϩⲱⲗⲉⲙⲡⲥⲟⲩⲟⲛⲙⲙⲁϥϩⲙⲫⲟ
ⲟⲩⲅⲁⲣⲙⲡⲱϩⲥⲛⲍⲓⲍⲁⲛⲓⲟⲛⲛⲁⲟⲩⲱⲛϩ
ⲉⲃⲟⲗⲥⲉϩⲟⲗⲟⲩⲛⲥⲉⲣⲟⲕϩⲟⲩⲡⲉϫⲉⲓⲥ
ϫⲉⲟⲩⲙⲁⲕⲁⲣⲓⲟⲥⲡⲉⲡⲣⲱⲙⲉⲛⲧⲁϩϩⲓⲥⲉ
ⲁϥϩⲉⲁⲡⲱⲛϩⲡⲉϫⲉⲓⲥϫⲉϭⲱϣⲧⲛⲥⲁⲡⲉ
ⲧⲟⲛϩϩⲱⲥⲉⲧⲉⲧⲛⲟⲛϩϩⲓⲛⲁϫⲉⲛⲉⲧⲙⲙⲟⲩ
ⲁⲩⲱⲛⲧⲉⲧⲛϣⲓⲛⲉⲉⲛⲁⲩⲉⲣⲟϥⲁⲩⲱⲧⲉⲧⲛⲁϣ
ϭⲙϭⲟⲙⲁⲛⲉⲛⲁⲩⲁⲩⲥⲁⲙⲁⲣⲉⲓⲧⲏⲥⲉϥϥⲓⲛ
ⲛⲟⲩϩⲓⲉⲓⲃⲉϥⲃⲏⲕⲉϩⲟⲩⲛⲉϯⲟⲩⲇⲁⲓⲁⲡⲉ
ϫⲁϥⲛⲛⲉϥⲙⲁⲑⲏⲧⲏⲥϫⲉⲡⲏⲙⲡⲕⲱⲧⲉ
ⲙⲡⲉϩⲓⲉⲓⲃⲡⲉϫⲁⲩⲛⲁϥϫⲉⲕⲁⲁⲥⲉϥⲛⲁ
ⲙⲟⲟⲩⲧϥⲛϥⲟⲩⲟⲙϥⲡⲉϫⲁϥⲛⲁⲩϩⲱⲥⲉ
ϥⲟⲛϩϥⲛⲁⲟⲩⲟⲙϥⲁⲛⲁⲗⲗⲁⲉϥϣⲁⲙⲟ
ⲟⲩⲧϥⲛϥϣⲱⲡⲉⲛⲟⲩⲡⲧⲱⲙⲁⲡⲉϫⲁⲩ
ϫⲉⲛⲕⲉⲥⲙⲟⲧϥⲛⲁϣⲁⲁⲥⲁⲛⲡⲉϫⲁϥⲛⲁⲩ
ϫⲉⲛⲧⲱⲧⲛϩⲱⲧⲧⲏⲩⲧⲛϣⲓⲛⲉⲛⲥⲁⲟⲩ
ⲧⲟⲡⲟⲥⲛⲏⲧⲛⲉϩⲟⲩⲛⲉⲩⲁⲛⲁⲡⲁⲩⲥⲓⲥ
ϫⲉⲕⲁⲁⲥⲛⲛⲉⲧⲛϣⲱⲡⲉⲙⲡⲧⲱⲙⲁⲛⲥⲉ
ⲟⲩⲱⲙⲧⲏⲩⲧⲛⲡⲉϫⲉⲓⲥⲟⲩⲛⲥⲛⲁⲩⲛⲁⲙ
ⲧⲟⲛⲙⲙⲁⲩϩⲓⲟⲩϭⲗⲟϭⲡⲟⲩⲁⲛⲁⲙⲟⲩⲡⲟⲩ
ⲁⲛⲁⲱⲛϩⲡⲉϫⲉⲥⲁⲗⲱⲙⲏⲛⲧⲁⲕⲛⲓⲙ
ⲡⲣⲱⲙⲉϩⲱⲥⲉⲃⲟⲗϩⲛⲟⲩⲁⲁⲕⲧⲉⲗⲟⲉϫⲙ
ⲡⲁϭⲗⲟϭⲁⲩⲱⲁⲕⲟⲩⲱⲙⲉⲃⲟⲗϩⲛⲧⲁ
ⲧⲣⲁⲡⲉⲍⲁⲡⲉϫⲉⲓⲥⲛⲁⲥϫⲉⲁⲛⲟⲕⲡⲉ
ⲡⲉⲧϣⲟⲟⲡⲉⲃⲟⲗϩⲙⲡⲉⲧϣⲏϣⲁⲩϯ
ⲛⲁⲉⲓⲉⲃⲟⲗϩⲛⲛⲁⲡⲁⲉⲓⲱⲧⲁⲛⲟⲕⲧⲉⲕ
ⲙⲁⲑⲏⲧⲏⲥⲉⲧⲃⲉⲡⲁⲉⲓϯϫⲱⲙⲙⲟⲥϫⲉ
ϩⲟⲧⲁⲛⲉϥϣⲁϣⲱⲡⲉⲉϥϣⲏϥϥⲛⲁⲙⲟⲩϩ
ⲟⲩⲟⲉⲓⲛϩⲟⲧⲁⲛⲇⲉⲉϥϣⲁⲛϣⲱⲡⲉⲉϥ
ⲡⲏϣϥⲛⲁⲙⲟⲩϩⲛⲕⲁⲕⲉⲡⲉϫ[ⲉⲓⲥ]ϫⲉⲉⲓ
ϫⲱⲛⲛⲁⲙⲩⲥⲧⲏⲣⲓⲟⲛⲛⲛ[...]

ⲁϥⲥⲓⲧⲉ ⲛ̄ⲟⲩⲍⲓⲍⲁⲛⲓⲟⲛ ⲙⲛ̄ ⲡⲉϭⲣⲟ[ϭ ⲉ]
ⲧⲛⲁⲛⲟⲩϥ· ⲙ̄ⲡⲉⲡⲣⲱⲙⲉ ⲕⲟⲟⲩ ⲉϩⲱⲗⲉ
ⲙ̄ⲡⲍⲓⲍⲁⲛⲓⲟⲛ ⲡⲉϫⲁϥ ⲛⲁⲩ ϫⲉ ⲙⲏⲡⲱⲥ
ⲛ̄ⲧⲉⲧⲛ̄ⲃⲱⲕ ϫⲉ ⲉⲛⲁϩⲱⲗⲉ ⲙ̄ⲡⲍⲓⲍⲁⲛⲓⲟⲛ
ⲛ̄ⲧⲉⲧⲛ̄ϩⲱⲗⲉ ⲙ̄ⲡⲥⲟⲩⲟ ⲛⲙ̄ⲙⲁϥ` ϩⲙ̄ ⲫⲟ
ⲟⲩ ⲅⲁⲣ ⲙ̄ⲡⲱϩ̄ⲥ̄ ⲛ̄ⲍⲓⲍⲁⲛⲓⲟⲛ ⲛⲁⲟⲩⲱⲛϩ
ⲉⲃⲟⲗ` ⲥⲉϩⲟⲗⲟⲩ ⲛ̄ⲥⲉⲣⲟⲕϩⲟⲩ (58) ⲡⲉϫⲉ ⲓ̄ⲥ̄
ϫⲉ ⲟⲩⲙⲁⲕⲁⲣⲓⲟⲥ ⲡⲉ ⲡⲣⲱⲙⲉ ⲛⲧⲁϩϩⲓⲥⲉ
ⲁϥϩⲉ ⲁⲡⲱⲛϩ (59) ⲡⲉϫⲉ ⲓ̄ⲥ̄ ϫⲉ ϭⲱϣⲧ ⲛ̄ⲥⲁ ⲡⲉ
ⲧⲟⲛϩ ϩⲱⲥ ⲉⲧⲉⲧⲛ̄ⲟⲛ̄ϩ ϩⲓⲛⲁ ϫⲉ ⲛⲉⲧⲙ̄ⲙⲟⲩ
ⲁⲩⲱ ⲛ̄ⲧⲉⲧⲛ̄ϣⲓⲛⲉ ⲉⲛⲁⲩ ⲉⲣⲟϥ ⲁⲩⲱ ⲧⲉⲧⲛⲁϣ
ϭⲙ̄ϭⲟⲙ ⲁⲛ ⲉⲛⲁⲩ [(60) ⲁⲩⲛⲁⲩ] ⲁⲩⲥⲁⲙⲁⲣⲉⲓⲧⲏⲥ ⲉϥϥⲓ ⲛ̄
ⲛⲟⲩϩⲓⲉⲓⲃ` ⲉϥⲃⲏⲕ` ⲉϩⲟⲩⲛ ⲉϯⲟⲩⲇⲁⲓⲁ ⲡⲉ
ϫⲁϥ` ⲛ̄ⲛⲉϥ` ⲙⲁⲑⲏⲧⲏⲥ ϫⲉ ⲡⲏ ⲙ̄ⲡⲕⲱⲧⲉ
ⲙ̄ⲡⲉϩⲓⲉⲓ`ⲃ ⲡⲉϫⲁⲩ ⲛⲁϥ ϫⲉⲕⲁⲁⲥ ⲉϥⲛⲁ
ⲙⲟⲟⲩⲧϥ` ⲛ̄ϥⲟⲩⲟⲙϥ` ⲡⲉϫⲁϥ ⲛⲁⲩ ϩⲱⲥ ⲉ
ϥⲟⲛϩ ϥⲛⲁⲟⲩⲟⲙϥ· ⲁⲛ ⲁⲗⲗⲁ ⲉϥϣⲁⲙⲟ
ⲟⲩⲧϥ· ⲛ̄ϥϣⲱⲡⲉ ⲛ̄ⲟⲩⲡⲧⲱⲙⲁ ⲡⲉϫⲁⲩ
ϫⲉ ⲛ̄ⲕⲉⲥⲙⲟⲧ ϥⲛⲁϣ ⲁⲥ ⲁⲛ ⲡⲉϫⲁϥ ⲛⲁⲩ
ϫⲉ ⲛ̄ⲧⲱⲧⲛ̄ ϩⲱⲧ` ⲧⲏⲩⲧⲛ̄ ϣⲓⲛⲉ ⲛ̄ⲥⲁ ⲟⲩ
ⲧⲟⲡⲟⲥ ⲛⲏⲧⲛ̄ ⲉϩⲟⲩⲛ ⲉⲩⲁⲛⲁⲡⲁⲩⲥⲓⲥ
ϫⲉⲕⲁⲁⲥ ⲛ̄ⲛⲉⲧⲛ̄ϣⲱⲡⲉ ⲙ̄ⲡⲧⲱⲙⲁ ⲛ̄ⲥⲉ
ⲟⲩⲱⲙ` ⲧⲏⲩⲧⲛ̄ (61) ⲡⲉϫⲉ ⲓ̄ⲥ̄ ⲟⲩⲛ̄ ⲥⲛⲁⲩ ⲛⲁⲙ̄
ⲧⲟⲛ ⲙ̄ⲙⲁⲩ ϩⲓ ⲟⲩϭⲗⲟϭ ⲡⲟⲩⲁ ⲛⲁⲙⲟⲩ ⲡⲟⲩ
ⲁ ⲛⲁⲱⲛϩ ⲡⲉϫⲉ ⲥⲁⲗⲱⲙⲏ ⲛ̄ⲧⲁⲕ` ⲛⲓⲙ`
ⲡⲣⲱⲙⲉ ϩⲱⲥ ⲉⲃⲟⲗ ϩⲛ̄ ⲟⲩⲁ ⲁⲕⲧⲉⲗⲟ ⲉϫⲙ̄
ⲡⲁϭⲗⲟϭ ⲁⲩⲱ ⲁⲕ`ⲟⲩⲱⲙ ⲉⲃⲟⲗ ϩⲛ̄ ⲧⲁ
ⲧⲣⲁⲡⲉⲍⲁ ⲡⲉϫⲉ ⲓ̄ⲥ̄ ⲛⲁⲥ ϫⲉ ⲁⲛⲟⲕ` ⲡⲉ
ⲡⲉⲧϣⲟⲟⲡ` ⲉⲃⲟⲗ ϩⲙ̄ ⲡⲉⲧϣⲏϣ ⲁⲩϯ
ⲛⲁⲉⲓ ⲉⲃⲟⲗ ϩⲛ̄ ⲛⲁ ⲡⲁⲉⲓⲱⲧ` ⲁⲛⲟⲕ` ⲧⲉⲕ`
ⲙⲁⲑⲏⲧⲏⲥ ⲉⲧⲃⲉ ⲡⲁⲉⲓ ϯϫⲱ ⲙ̄ⲙⲟⲥ ϫⲉ
ϩⲟⲧⲁⲛ ⲉϥϣⲁϣⲱⲡⲉ ⲉϥϣⲏϥ` ϥⲛⲁⲙⲟⲩϩ
ⲟⲩⲟⲉⲓⲛ ϩⲟⲧⲁⲛ ⲇⲉ ⲉϥϣⲁⲛϣⲱⲡⲉ ⲉϥ
ⲡⲏϣ ϥⲛⲁⲙⲟⲩϩ ⲛ̄ⲕⲁⲕⲉ (62) ⲡⲉϫⲉ ⲓ̄ⲥ̄ ϫⲉ ⲉⲓ
ϫⲱ ⲛ̄ⲛⲁⲙⲩⲥⲧⲏⲣⲓⲟⲛ ⲛ̄ⲛ[ⲉⲧⲙⲡϣⲁ ⲛ

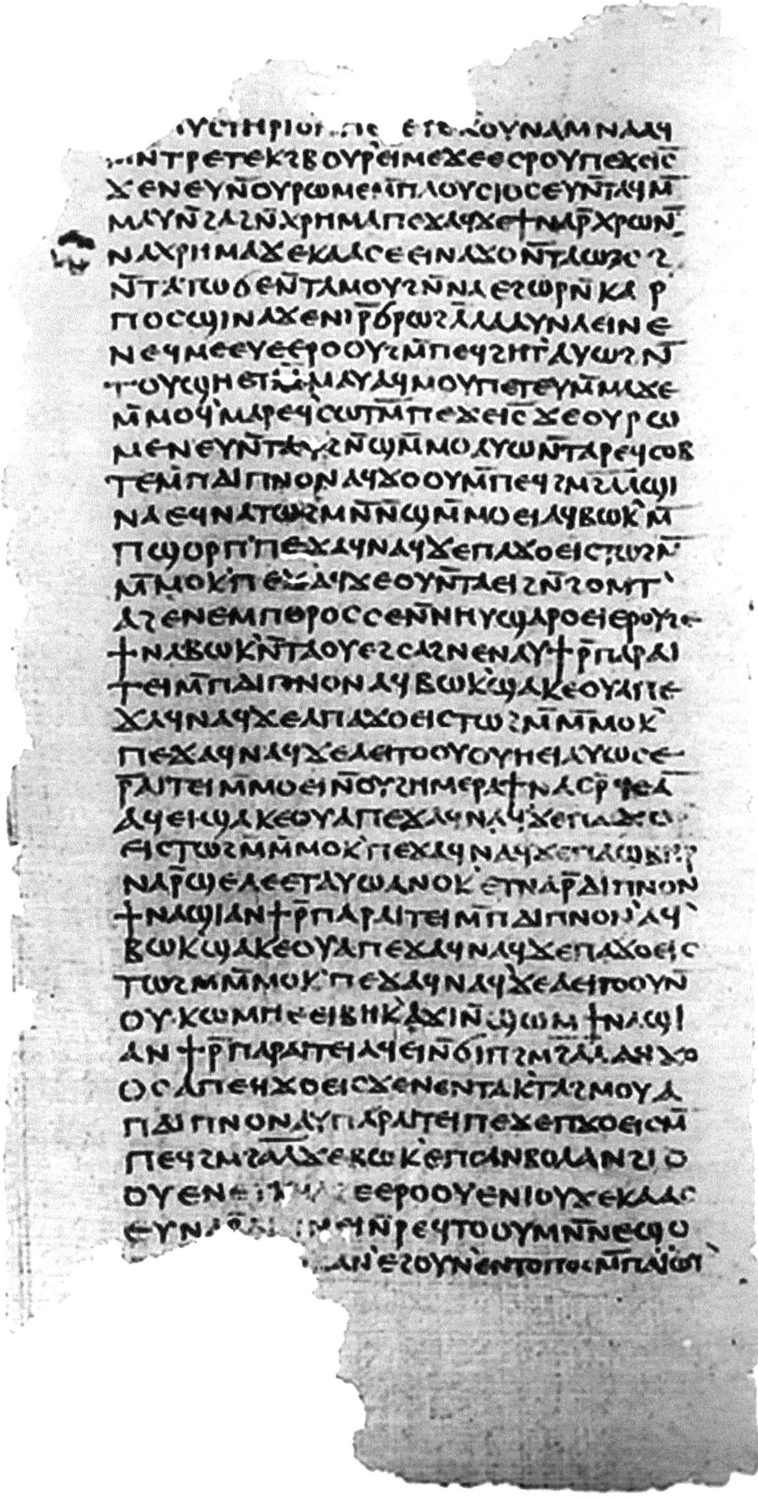

ⲛⲁ]ⲙⲩⲥⲧⲏⲣⲓⲟⲛ ⲡⲉⲧⲉ ⲧⲉⲕⲟⲩⲛⲁⲙ ⲛⲁⲁϥ
ⲙⲛⲧⲣⲉⲧⲉⲕϩⲃⲟⲩⲣ` ⲉⲓⲙⲉ ϫⲉ ⲉⲥⲣ ⲟⲩ (63) ⲡⲉϫⲉ ⲓ̅ⲥ̅
ϫⲉ ⲛⲉⲩⲛ̅ ⲟⲩⲣⲱⲙⲉ ⲙ̅ⲡⲗⲟⲩⲥⲓⲟⲥ ⲉⲩⲛ̅ⲧⲁϥ ⲙ̅
ⲙⲁⲩ ⲛ̅ϩⲁϩ ⲛ̅ⲭⲣⲏⲙⲁ ⲡⲉϫⲁϥ ϫⲉ ϯⲛⲁⲣ̅ⲭⲣⲱ ⲛ̅
ⲛⲁⲭⲣⲏⲙⲁ ϫⲉⲕⲁⲁⲥ ⲉⲉⲓⲛⲁϫⲟ ⲛ̅ⲧⲁⲱⲥϩ
ⲛ̅ⲧⲁⲧⲱϭⲉ ⲛ̅ⲧⲁⲙⲟⲩϩ ⲛ̅ⲛⲁⲉϩⲱⲣ ⲛ̅ⲕⲁⲣ
ⲡⲟⲥ ϣⲓⲛⲁ ϫⲉ ⲛⲓⲣ̅ ϭⲣⲱϩ ⲗ̅ⲗ̅ⲁⲁⲩ ⲛⲁⲉⲓ ⲛⲉ
ⲛⲉϥⲙⲉⲉⲩⲉ ⲉⲣⲟⲟⲩ ϩⲙ̅ ⲡⲉϥϩⲏⲧ` ⲁⲩⲱ ϩⲛ̅
ⲧⲟⲩϣⲏ ⲉⲧⲙ̅ⲙⲁⲩ ⲁϥⲙⲟⲩ ⲡⲉⲧⲉⲩⲙ̅ ⲙⲁⲁϫⲉ
ⲙ̅ⲙⲟϥ· ⲙⲁⲣⲉϥ` ⲥⲱⲧⲙ̅ (64) ⲡⲉϫⲉ ⲓ̅ⲥ̅ ϫⲉ ⲟⲩⲣⲱ
ⲙⲉ ⲛⲉⲩⲛ̅ⲧⲁϥ ϩⲛ̅ϣⲙ̅ⲙⲟ ⲁⲩⲱ ⲛ̅ⲧⲁⲣⲉϥⲥⲟⲃ
ⲧⲉ ⲙ̅ⲡⲇⲓⲡⲛⲟⲛ ⲁϥϫⲟⲟⲩ ⲙ̅ⲡⲉϥϩⲙ̅ϩⲁ̅ⲗ̅ ϣⲓ
ⲛⲁ ⲉϥⲛⲁⲧⲱϩⲙ̅ ⲛ̅ⲛ̅ϣⲙ̅ⲙⲟⲉⲓ ⲁϥⲃⲱⲕ` ⲙ̅
ⲡϣⲟⲣⲡ` ⲡⲉϫⲁϥ ⲛⲁϥ ϫⲉ ⲡⲁϫⲟⲉⲓⲥ ⲧⲱϩⲙ̅
ⲙ̅ⲙⲟⲕ· ⲡⲉϫⲁϥ ϫⲉ ⲟⲩⲛ̅ⲧⲁⲉⲓ ϩⲛ̅ϩⲟⲙⲧ`
ⲁϩⲉⲛⲉⲙⲡⲟⲣⲟⲥ ⲥⲉⲛ̅ⲛⲏⲩ ϣⲁⲣⲟⲉⲓ ⲉⲣⲟⲩϩⲉ
ϯⲛⲁⲃⲱⲕ` ⲛ̅ⲧⲁⲟⲩⲉϩⲥⲁϩⲛⲉ ⲛⲁⲩ ϯⲣ̅ⲡⲁⲣⲁⲓ
ⲧⲉⲓ ⲙ̅ⲡⲇⲓⲡⲛⲟⲛ ⲁϥⲃⲱⲕ` ϣⲁ ⲕⲉⲟⲩⲁ ⲡⲉ
ϫⲁϥ ⲛⲁϥ ϫⲉ ⲁⲡⲁϫⲟⲉⲓⲥ ⲧⲱϩⲙ̅ ⲙ̅ⲙⲟⲕ`
ⲡⲉϫⲁϥ ⲛⲁϥ ϫⲉ ⲁⲉⲓⲧⲟⲟⲩ ⲟⲩⲏⲉⲓ ⲁⲩⲱ ⲥⲉ
ⲣ̅ⲁⲓⲧⲉⲓ ⲙ̅ⲙⲟⲉⲓ ⲛ̅ⲟⲩϩⲏⲙⲉⲣⲁ ϯⲛⲁⲥⲣ̅ϥⲉ ⲁⲛ
ⲁϥⲉⲓ ϣⲁ ⲕⲉⲟⲩⲁ ⲡⲉϫⲁϥ ⲛⲁϥ ϫⲉ ⲡⲁϫⲟ
ⲉⲓⲥ ⲧⲱϩⲙ̅ ⲙ̅ⲙⲟⲕ` ⲡⲉϫⲁϥ ⲛⲁϥ ϫⲉ ⲡⲁϣⲃⲏⲣ
ⲛⲁⲣ̅ ϣⲉⲗⲉⲉⲧ ⲁⲩⲱ ⲁⲛⲟⲕ· ⲉⲧⲛⲁⲣ̅ ⲇⲓⲡⲛⲟⲛ
ϯⲛⲁϣ ⲓ ⲁⲛ ϯⲣ̅ⲡⲁⲣⲁⲓⲧⲉⲓ ⲙ̅ⲡⲇⲓⲡⲛⲟⲛ· ⲁϥ`
ⲃⲱⲕ` ϣⲁ ⲕⲉⲟⲩⲁ ⲡⲉϫⲁϥ ⲛⲁϥ ϫⲉ ⲡⲁϫⲟⲉⲓⲥ
ⲧⲱϩⲙ̅ ⲙ̅ⲙⲟⲕ` ⲡⲉϫⲁϥ ⲛⲁϥ` ϫⲉ ⲁⲉⲓⲧⲟⲟⲩ ⲛ̅
ⲟⲩⲕⲱⲙⲏ ⲉⲉⲓⲃⲏⲕ` ⲁϫⲓ ⲛ̅ϣⲱⲙ ϯⲛⲁϣ ⲓ
ⲁⲛ ϯⲣ̅ⲡⲁⲣⲁⲓⲧⲉⲓ ⲁϥⲉⲓ ⲛ̅ϭⲓ ⲡϩⲙ̅ϩⲁ̅ⲗ̅ ⲁϥϫⲟ
ⲟⲥ ⲁⲡⲉϥϫⲟⲉⲓⲥ ϫⲉ ⲛⲉⲛⲧⲁⲕ`ⲧⲁϩⲙⲟⲩ ⲁ
ⲡⲇⲓⲡⲛⲟⲛ ⲁⲩⲡⲁⲣⲁⲓⲧⲉⲓ ⲡⲉϫⲉ ⲡϫⲟⲉⲓⲥ ⲙ̅
ⲡⲉϥϩⲙ̅ϩⲁ̅ⲗ̅ ϫⲉ ⲃⲱⲕ` ⲉⲡⲥⲁ ⲛⲃⲟⲗ ⲁⲛϩⲓⲟ
ⲟⲩⲉ ⲛⲉⲧⲕⲛⲁϩⲉ ⲉⲣⲟⲟⲩ ⲉⲛⲓⲟⲩ ϫⲉⲕⲁⲁⲥ
ⲉⲩⲛⲁⲣ̅ⲇⲓⲡⲛⲉⲓ ⲛ̅ⲣⲉϥⲧⲟⲟⲩ ⲙⲛ̅ ⲛⲉϣⲟ
[ⲧⲉ ⲉⲩⲛⲁⲃⲱ]ⲕ ⲁⲛ` ⲉϩⲟⲩⲛ` ⲉⲛⲧⲟⲡⲟⲥ ⲙ̅ⲡⲁⲓⲱⲧ`

ⲙⲉ

ⲡⲉϫⲁϥϫⲉⲟⲩⲣⲱⲙⲉⲛⲭⲣⲏ[ⲥⲧⲟ]ⲥⲛⲉⲩⲛ[ⲧⲁϥ]
ⲛⲟⲩⲙⲁⲛⲉⲗⲟⲟⲗⲉⲁϥⲧⲁⲁϥⲛ[ϩⲉⲛ]ⲟⲩⲟⲉⲓⲉ
ϣⲓⲛⲁⲉⲩⲛⲁⲣϩⲱⲃⲉⲣⲟϥⲛϥϫⲓ[ⲙ]ⲡⲉϥⲕⲁⲣ
ⲡⲟⲥⲛⲧⲟⲟⲧⲟⲩⲁϥϫⲟⲟⲩⲙⲡⲉϥϩⲙϩⲁⲗϫⲉ
ⲕⲁⲁⲥⲉⲛⲟⲩⲟⲉⲓⲉⲛⲁϯⲛⲁϥⲙⲡⲕⲁⲣⲡⲟⲥⲙ
ⲡⲙⲁⲛⲉⲗⲟⲟⲗⲉⲁⲩⲉⲙⲁϩⲧⲉⲙⲡⲉϥϩⲙϩⲁⲗ
ⲁⲩϩⲓⲟⲩⲉⲉⲣⲟϥⲛⲉⲕⲉⲕⲟⲩⲉⲓⲡⲉⲛⲥⲉⲙⲟⲟⲩⲧϥ
ⲁⲡϩⲙϩⲁⲗⲃⲱⲕⲁϥϫⲟⲟⲥⲉⲡⲉϥϫⲟⲉⲓⲥⲡⲉ
ϫⲉⲡⲉϥϫⲟⲉⲓⲥϫⲉⲙⲉϣⲁⲕⲙⲡⲉϥⲥⲟⲩⲱ
ⲛⲟⲩⲁϥϫⲟⲟⲩⲛⲕⲉϩⲙϩⲁⲗⲁⲛⲟⲩⲟⲉⲓⲉϩⲓ
ⲟⲩⲉⲉⲡⲕⲉⲟⲩⲁⲧⲟⲧⲉⲁⲡϫⲟⲉⲓⲥϫⲟⲟⲩⲙ
ⲡⲉϥϣⲏⲣⲉⲡⲉϫⲁϥϫⲉⲙⲉϣⲁⲕⲥⲉⲛⲁϣⲓⲡⲉ
ϩⲏⲧϥⲙⲡⲁϣⲏⲣⲉⲁⲛⲟⲩⲟⲉⲓⲉⲉⲧⲙⲙⲁⲩⲉⲡⲉⲓ
ⲥⲉⲥⲟⲟⲩⲛϫⲉⲛⲧⲟϥⲡⲉⲡⲉⲕⲗⲏⲣⲟⲛⲟⲙⲟⲥ
ⲙⲡⲙⲁⲛⲉⲗⲟⲟⲗⲉⲁⲩϭⲟⲡϥⲁⲩⲙⲟⲟⲩⲧϥ
ⲡⲉⲧⲉⲩⲙⲙⲁⲁϫⲉⲙⲙⲟϥⲙⲁⲣⲉϥⲥⲱⲧⲙⲡⲉ
ϫⲉⲓⲥϫⲉⲙⲁⲧⲥⲉⲃⲟⲉⲓⲉⲡⲱⲛⲉⲡⲁⲉⲓⲛⲧⲁⲩ
ⲥⲧⲟϥⲉⲃⲟⲗⲛϭⲓⲛⲉⲧⲕⲱⲧⲛⲧⲟϥⲡⲉⲡⲱⲱ
ⲛⲉⲛⲕⲱϩⲡⲉϫⲉⲓⲥϫⲉⲡⲉⲧⲥⲟⲟⲩⲛⲙⲡⲧⲏⲣϥ
ⲉϥⲣϭⲣⲱϩⲟⲩⲁⲁϥⲣϭⲣⲱϩⲙⲡⲙⲁⲧⲏⲣϥ
ⲡⲉϫⲉⲓⲥϫⲉⲛⲧⲱⲧⲛϩⲙⲙⲁⲕⲁⲣⲓⲟⲥϩⲟⲧⲁ[ⲛ]
ⲉⲩϣⲁⲛⲙⲉⲥⲧⲉⲧⲏⲩⲧⲛⲛⲥⲉⲣⲇⲓⲱⲕⲉⲙ
ⲙⲱⲧⲛⲁⲩⲱⲥⲉⲛⲁϩⲉⲁⲛⲉⲧⲟⲡⲟⲥϩⲙⲡⲙⲁ
ⲉⲛⲧⲁⲩⲇⲓⲱⲕⲉⲙⲙⲱⲧⲛϩⲣⲁⲓⲛϩⲏⲧϥⲡⲉ
ϫⲉⲓⲥϩⲙⲙⲁⲕⲁⲣⲓⲟⲥⲛⲉⲛⲁⲉⲓⲛⲧⲁⲩⲇⲓⲱⲕⲉ
ⲙⲙⲟⲟⲩϩⲣⲁⲓϩⲙⲡⲟⲩϩⲏⲧⲛⲉⲧⲙⲙⲁⲩ
ⲛⲉⲛⲧⲁϩⲥⲟⲩⲱⲛⲡⲉⲓⲱⲧϩⲛⲟⲩⲙⲉϩⲙ
ⲙⲁⲕⲁⲣⲓⲟⲥⲛⲉⲧϩⲕⲁⲉⲓⲧϣⲓⲛⲁⲉⲩⲛⲁ
ⲧⲥⲓⲟⲛⲑⲏⲙⲡⲉⲧⲟⲩⲱϣⲡⲉϫⲉⲓⲥϩⲟ
ⲧⲁⲛⲉⲧⲉⲧⲛϣϫⲡⲉⲡⲏϩⲛⲑⲏⲩⲧⲛⲡⲁⲓ
ⲉⲧⲉⲩⲛⲧⲏⲧⲛϥϥⲛⲁⲧⲟⲩϫⲉⲧⲏⲩⲧⲛⲉϣⲱ
ⲡⲉⲙⲛⲧⲏⲧⲛⲡⲏϩ[ⲛⲑⲏⲩ]ⲧⲛⲡⲁⲉⲓⲉⲧⲉ
ⲙⲛⲧⲏⲧⲛϥϩⲛⲧⲏⲛⲉ[ϥⲛⲁⲙ]ⲟⲩⲧϥⲧⲏⲛⲉ
ⲡⲉϫⲉⲓⲥϫⲉϯⲛⲁϣⲟⲣ[ϣⲣⲙⲡⲉⲉⲓ]ⲏⲉⲓ
ⲁⲩⲱⲙⲛⲗⲁⲁⲩⲛⲁϣⲕⲟⲧϥ

(65) ⲡⲉϫⲁϥ ϫⲉ ⲟⲩⲣⲱⲙⲉ ⲛ̄ⲭⲣⲏ[ⲥⲧ]ⲟⲥ ⲛⲉⲩⲛ[ⲧⲁϥ]
ⲛ̄ⲟⲩⲙⲁ ⲛ̄ⲉⲗⲟⲟⲗⲉ ⲁϥⲧⲁⲁϥ ⲛ̄ϩⲛ̄ⲟⲩⲟⲉⲓⲉ
ϣⲓⲛⲁ ⲉⲩⲛⲁⲣ̄ ϩⲱⲃ` ⲉⲣⲟϥ ⲛ̄ϥϫⲓ ⲙ̄ⲡⲉϥⲕⲁⲣ`
ⲡⲟⲥ ⲛ̄ⲧⲟⲟⲧⲟⲩ ⲁϥϫⲟⲟⲩ ⲙ̄ⲡⲉϥϩⲙ̄ϩⲁⲗ ϫⲉ
ⲕⲁⲁⲥ ⲉⲛⲟⲩⲟⲉⲓⲉ ⲛⲁϯ ⲛⲁϥ` ⲙ̄ⲡⲕⲁⲣⲡⲟⲥ ⲙ̄
ⲡⲙⲁ ⲛ̄ⲉⲗⲟⲟⲗⲉ ⲁⲩⲉⲙⲁϩⲧⲉ ⲙ̄ⲡⲉϥϩⲙ̄ϩⲁⲗ
ⲁⲩϩⲓⲟⲩⲉ ⲉⲣⲟϥ` ⲛⲉⲕⲉⲕⲟⲩⲉⲓ ⲡⲉ ⲛ̄ⲥⲉⲙⲟⲟⲩⲧϥ`
ⲁⲡϩⲙ̄ϩⲁⲗ ⲃⲱⲕ` ⲁϥϫⲟⲟⲥ ⲉⲡⲉϥϫⲟⲉⲓⲥ ⲡⲉ
ϫⲉ ⲡⲉϥϫⲟⲉⲓⲥ ϫⲉ ⲙⲉϣⲁⲕ` ⲙ̄ⲡⲉϥ`ⲥⲟⲩⲱ
ⲛⲟⲩ ⲁϥϫⲟⲟⲩ ⲛ̄ⲕⲉϩⲙ̄ϩⲁⲗ ⲁⲛⲟⲩⲟⲉⲓⲉ ϩⲓ
ⲟⲩⲉ ⲉⲡⲕⲉⲟⲩⲁ ⲧⲟⲧⲉ ⲁⲡϫⲟⲉⲓⲥ ϫⲟⲟⲩ ⲙ̄
ⲡⲉϥϣⲏⲣⲉ ⲡⲉϫⲁϥ` ϫⲉ ⲙⲉϣⲁⲕ` ⲥⲉⲛⲁϣⲓⲡⲉ
ϩⲏⲧϥ` ⲙ̄ⲡⲁϣⲏⲣⲉ ⲁⲛ`ⲟⲩⲟⲉⲓⲉ ⲉⲧⲙ̄ⲙⲁⲩ ⲉⲡⲉⲓ
ⲥⲉⲥⲟⲟⲩⲛ ϫⲉ ⲛ̄ⲧⲟϥ ⲡⲉ ⲡⲉⲕⲗⲏⲣⲟⲛⲟⲙⲟⲥ
ⲙ̄ⲡⲙⲁ ⲛ̄ⲉⲗⲟⲟⲗⲉ ⲁⲩϭⲟⲡϥ` ⲁⲩⲙⲟⲟⲩⲧϥ`
ⲡⲉⲧⲉⲩⲙ̄ ⲙⲁⲁϫⲉ ⲙ̄ⲙⲟϥ` ⲙⲁⲣⲉϥ`ⲥⲱⲧⲙ̄ (66) ⲡⲉ
ϫⲉ ⲓ̄ⲥ̄ ϫⲉ ⲙⲁⲧⲥⲉⲃⲟⲉⲓ ⲉⲡⲱⲛⲉ ⲡⲁⲉⲓ ⲛ̄ⲧⲁⲩ
ⲥⲧⲟϥ` ⲉⲃⲟⲗ` ⲛ̄ϭⲓ ⲛⲉⲧ`ⲕⲱⲧ` ⲛ̄ⲧⲟϥ ⲡⲉ ⲡⲱⲱ
ⲛⲉ ⲛ̄ⲕⲱϩ (67) ⲡⲉϫⲉ ⲓ̄ⲥ̄ ϫⲉ ⲡⲉⲧⲥⲟⲟⲩⲛ ⲙ̄ⲡⲧⲏⲣϥ`
ⲉϥⲣ̄ ϭⲣⲱϩ ⲟⲩⲁⲁϥ ⲣ̄ ϭⲣⲱϩ ⲙ̄ⲡⲙⲁ ⲧⲏⲣϥ`
(68) ⲡⲉϫⲉ ⲓ̄ⲥ̄ ϫⲉ ⲛ̄ⲧⲱⲧⲛ̄ ϩⲙ̄ⲙⲁⲕⲁⲣⲓⲟⲥ ϩⲟⲧⲁⲛ
ⲉⲩϣⲁⲛⲙⲉⲥⲧⲉ ⲧⲏⲩⲧⲛ̄ ⲛ̄ⲥⲉⲣ̄ⲇⲓⲱⲕⲉ ⲙ̄
ⲙⲱⲧⲛ̄ ⲁⲩⲱ ⲥⲉⲛⲁϩⲉ ⲁⲛ ⲉⲧⲟⲡⲟⲥ ϩⲙ̄ ⲡⲙⲁ
ⲉⲛⲧⲁⲩⲇⲓⲱⲕⲉ ⲙ̄ⲙⲱⲧⲛ̄ ϩⲣⲁ̈ⲓ ⲛ̄ϩⲏⲧϥ` (69) ⲡⲉ
ϫⲉ ⲓ̄ⲥ̄ ϩⲙ̄ⲙⲁⲕⲁⲣⲓⲟⲥ ⲛⲉ ⲛⲁⲉⲓ ⲛ̄ⲧⲁⲩⲇⲓⲱⲕⲉ
ⲙ̄ⲙⲟⲟⲩ ϩⲣⲁ̈ⲓ ϩⲙ̄ ⲡⲟⲩϩⲏⲧ` ⲛⲉⲧⲙ̄ⲙⲁⲩ`
ⲛⲉⲛⲧⲁϩⲥⲟⲩⲱⲛ ⲡⲉⲓⲱⲧ` ϩⲛ̄ ⲟⲩⲙⲉ ϩⲙ̄
ⲙⲁⲕⲁⲣⲓⲟⲥ ⲛⲉⲧϩⲕⲁⲉⲓⲧ' ϣⲓⲛⲁ ⲉⲩⲛⲁ
ⲧⲥⲓⲟ ⲛ̄ⲑⲉϩⲏ ⲙ̄ⲡⲉⲧⲟⲩⲱϣ (70) ⲡⲉϫⲉ ⲓ̄ⲥ̄ ϩⲟ
ⲧⲁⲛ ⲉⲧⲉⲧⲛ̄ϣⲁϫⲡⲉ ⲡⲏ ϩⲛ̄ ⲧⲏⲩⲧⲛ̄ ⲡⲁ̈ⲓ
ⲉⲧⲉⲩⲛ̄ⲧⲏⲧⲛ̄ϥ ϥⲛⲁⲧⲟⲩϫⲉ ⲧⲏⲩⲧⲛ̄ ⲉϣⲱ
ⲡⲉ ⲙⲛ̄ⲧⲏⲧⲛ̄ ⲡⲏ ϩⲛ̄ [ⲧⲏⲩ]ⲧⲛ̄ ⲡⲁⲉⲓ ⲉⲧⲉ
ⲙⲛ̄ⲧⲏⲧⲛ̄ϥ ϩⲛ̄ ⲧⲏⲛⲉ ϥ[ⲛⲁⲙ]ⲟⲩⲧ' ⲧⲏⲛⲉ
(71) ⲡⲉϫⲉ ⲓ̄ⲥ̄ ϫⲉ ϯⲛⲁϣⲟⲣ[ϣⲣ ⲙⲡⲉⲉⲓ]ⲏⲉⲓ
ⲁⲩⲱ ⲙⲛ̄ ⲗⲁⲁⲩ· ⲛⲁϣ ⲕⲟⲧϥ [ⲁⲛ ⲛⲕⲉⲥⲟ]ⲡ

[...] ⲙⲁⲉϫⲟⲟⲥ ⲛⲁⲥⲛⲏⲩ
ϣⲓⲛⲁ ⲉⲩⲛ[...]ⲡⲱϣⲉ ⲛ̅ⲛ̅ϩⲛⲁⲁⲩ ⲙ̅ⲡⲁⲉⲓⲱⲧ
ⲛⲙ̅ⲙⲁⲉⲓ ⲡⲉϫⲁϥ ⲛⲁϥ ϫⲉ ⲱ ⲡⲣⲱⲙⲉ ⲛⲓⲙ
ⲡⲉⲛⲧⲁϩⲁⲁⲧ ⲛ̅ⲣⲉϥⲡⲱϣⲉ ⲁϥⲕⲟⲧϥ ⲁ
ⲙ̅ⲋ ⲛⲉϥⲙⲁⲑⲏⲧⲏⲥ ⲡⲉϫⲁϥ ⲛⲁⲩ ϫⲉ ⲙⲏ ⲉⲉⲓ
ϣⲟⲟⲡ ⲛ̅ⲣⲉϥⲡⲱϣⲉ ⲡⲉϫⲉ ⲓ̅ⲥ̅ ϫⲉ ⲡⲱⲣϩ
ⲙⲉⲛ ⲛⲁϣⲱϥ ⲛ̅ⲉⲣⲅⲁⲧⲏⲥ ⲇⲉ ⲥⲟⲃⲕ̅ ⲥⲟⲡⲥ̅
ⲇⲉ ⲙ̅ⲡϫⲟⲉⲓⲥ ϣⲓⲛⲁ ⲉϥⲛⲁⲛⲉϫ ⲉⲣⲅⲁⲧⲏⲥ
ⲉⲃⲟⲗ ⲉⲡⲱϩⲥ̅ ⲡⲉϫⲁϥ ϫⲉ ⲡϫⲟⲉⲓⲥ ⲟⲩⲛ̅
ϩⲁϩ ⲙ̅ⲡⲕⲱⲧⲉ ⲛ̅ⲧϫⲱⲧⲉ ⲙⲛ̅ ⲗⲁⲁⲩ ⲇⲉ ϩⲛ̅
ⲧϣⲱⲛⲉ ⲡⲉϫⲉ ⲓ̅ⲥ̅ ⲟⲩⲛ̅ ϩⲁϩ ⲁϩⲉⲣⲁⲧⲟⲩ
ϩⲓ ⲡ̅ⲣⲟ ⲁⲗⲗⲁ ⲙ̅ⲙⲟⲛⲁⲭⲟⲥ ⲛⲉⲧⲛⲁⲃⲱⲕ
ⲉϩⲟⲩⲛ ⲉⲡⲙⲁ ⲛ̅ϣⲉⲗⲉⲉⲧ ⲡⲉϫⲉ ⲓ̅ⲥ̅ ϫⲉ
ⲧⲙⲛ̅ⲧⲉⲣⲟ ⲙ̅ⲡⲉⲓⲱⲧ ⲉⲥⲧⲛ̅ⲧⲱⲛ ⲁⲩⲣⲱⲙⲉ
ⲛ̅ⲉϣⲱⲧ ⲉⲩⲛ̅ⲧⲁϥ ⲙ̅ⲙⲁⲩ ⲛ̅ⲟⲩⲫⲟⲣⲧⲓ
ⲟⲛ ⲉⲁϥϩⲉ ⲁⲩⲙⲁⲣⲅⲁⲣⲓⲧⲏⲥ ⲡⲉϣⲱⲧ
ⲉⲧⲙ̅ⲙⲁⲩ ⲟⲩⲥⲁⲃⲉ ⲡⲉ ⲁϥϯ ⲡⲉⲫⲟⲣⲧⲓⲟⲛ
ⲉⲃⲟⲗ ⲁϥⲧⲟⲟⲩ ⲛⲁϥ ⲙ̅ⲡⲓⲙⲁⲣⲅⲁⲣⲓⲧⲏⲥ
ⲟⲩⲱⲧ ⲛ̅ⲧⲱⲧⲛ̅ ϩⲱⲧ ⲧⲏⲩⲧⲛ̅ ϣⲓⲛⲉ ⲛ̅
ⲥⲁ ⲡⲉϥⲉϩⲟ ⲉⲙⲁϥⲱϫⲛ̅ ⲉϥⲙⲏⲛ ⲉⲃⲟⲗ
ⲡⲙⲁ ⲉⲙⲁⲣⲉ ϫⲟⲟⲗⲉⲥ ⲧϩⲛⲟ ⲉϩⲟⲩⲛ ⲉⲙⲁⲩ
ⲉⲟⲩⲱⲙ ⲟⲩⲇⲉ ⲙⲁⲣⲉ ϥⲛ̅ⲧ ⲧⲁⲕⲟ ⲡⲉϫⲉ
ⲓ̅ⲥ̅ ϫⲉ ⲁⲛⲟⲕ ⲡⲉ ⲡⲟⲩⲟⲉⲓⲛ ⲡⲁⲉⲓ ⲉⲧϩⲓ
ϫⲱⲟⲩ ⲧⲏⲣⲟⲩ ⲁⲛⲟⲕ ⲡⲉ ⲡⲧⲏⲣϥ̅ ⲛ̅ⲧⲁ
ⲡⲧⲏⲣϥ̅ ⲉⲓ ⲉⲃⲟⲗ ⲛ̅ϩⲏⲧ ⲁⲩⲱ ⲛ̅ⲧⲁ ⲡⲧⲏⲣϥ̅
ⲡⲱϩ ϣⲁⲣⲟⲉⲓ ⲡⲱϩ ⲛ̅ⲟⲩϣⲉ ⲁⲛⲟⲕ
ϯⲙ̅ⲙⲁⲩ ϥⲓ ⲙ̅ⲡⲱⲛⲉ ⲉϩⲣⲁⲓ ⲁⲩⲱ ⲧⲉⲧⲛⲁ
ϩⲉ ⲉⲣⲟⲉⲓ ⲙ̅ⲙⲁⲩ ⲡⲉϫⲉ ⲓ̅ⲥ̅ ϫⲉ ⲉⲧⲃⲉ ⲟⲩ
ⲁⲧⲉⲧⲛ̅ⲉⲓ ⲉⲃⲟⲗ ⲉⲧⲥⲱϣⲉ ⲉⲛⲁⲩ ⲉⲩⲕⲁϣ
ⲉϥⲕⲓⲙ [...] ⲉⲓⲧⲙ̅ ⲡⲧⲏⲩ ⲁⲩⲱ ⲉⲛⲁⲩ
ⲉⲩⲣ[...] ⲛ̅ϣⲧⲏⲛ ⲉⲩϭⲏⲛ ϩⲓⲱⲱϥ
[...]ⲣ̅ⲣⲱⲟⲩ ⲙⲛ̅ ⲛⲉⲧⲙ̅ⲙⲉⲅⲓ

46

(72) [ⲡⲉϫ]ⲉ ⲟ[ⲩⲣⲱⲙⲉ] ⲛⲁϥ ϫⲉ ϫⲟⲟⲥ ⲛⲛⲁⲥⲛⲏⲩ
ϣⲓⲛⲁ ⲉⲩⲛⲁⲡⲱϣⲉ ⲛ̄ⲛ̄ϩⲛⲁⲁⲩ ⲙ̄ⲡⲁⲉⲓⲱⲧ`
ⲛⲙ̄ⲙⲁⲉⲓ ⲡⲉϫⲁϥ ⲛⲁϥ ϫⲉ ⲱ ⲡⲣⲱⲙⲉ ⲛⲓⲙ
ⲡⲉ ⲛ̄ⲧⲁϩⲁⲁⲧ` ⲛ̄ⲣⲉϥⲡⲱϣⲉ ⲁϥⲕⲟⲧϥ̄ ⲁ`
ⲛⲉϥⲙⲁⲑⲏⲧⲏⲥ ⲡⲉϫⲁϥ ⲛⲁⲩ ϫⲉ ⲙⲏ ⲉⲉⲓ
ϣⲟⲟⲡ' ⲛ̄ⲣⲉϥ`ⲡⲱϣⲉ (73) ⲡⲉϫⲉ ⲓ̅ⲥ̅ ϫⲉ ⲡⲱϩⲥ
ⲙⲉⲛ ⲛⲁϣⲱϥ` ⲛ̄ⲉⲣⲅⲁⲧⲏⲥ ⲇⲉ ⲥⲟⲃⲕ` ⲥⲟⲡ̄ⲥ̄
ⲇⲉ ⲙ̄ⲡϫⲟⲉⲓⲥ ϣⲓⲛⲁ ⲉϥⲛⲁⲛⲉϫ` ⲉⲣⲅⲁⲧⲏⲥ
ⲉⲃⲟⲗ' ⲉⲡⲱϩ̄ⲥ̄ (74) ⲡⲉϫⲁϥ ϫⲉ ⲡϫⲟⲉⲓⲥ ⲟⲩⲛ̄
ϩⲁϩ ⲙ̄ⲡⲕⲱⲧⲉ ⲛ̄ⲧϫⲱⲧⲉ ⲙⲛ̄ ⲗⲁⲁⲩ ⲇⲉ ϩⲛ̄
ⲧϣⲱⲧⲉ· (75) ⲡⲉϫⲉ ⲓ̅ⲥ̅ ⲟⲩⲛ ϩⲁϩ ⲁϩⲉⲣⲁⲧⲟⲩ
ϩⲓⲣⲙ̄ ⲡⲣⲟ ⲁⲗⲗⲁ ⲙ̄ⲙⲟⲛⲁⲭⲟⲥ ⲛⲉⲧⲛⲁⲃⲱⲕ`
ⲉϩⲟⲩⲛ ⲉⲡⲙⲁ ⲛ̄ϣⲉⲗⲉⲉⲧ` (76) ⲡⲉϫⲉ ⲓ̅ⲥ̅ ϫⲉ
ⲧⲙⲛ̄ⲧⲉⲣⲟ ⲙ̄ⲡⲉⲓⲱⲧ' ⲉⲥⲧⲛ̄ⲧⲱⲛ ⲁⲩⲣⲱⲙⲉ
ⲛ̄ⲉϣⲱⲱⲧ' ⲉⲩⲛ̄ⲧⲁϥ` ⲙ̄ⲙⲁⲩ ⲛ̄ⲟⲩⲫⲟⲣⲧⲓ
ⲟⲛ ⲉⲁϥϩⲉ ⲁⲩⲙⲁⲣⲅⲁⲣⲓⲧⲏⲥ ⲡⲉϣⲱⲧ`
ⲉⲧⲙ̄ⲙⲁⲩ ⲟⲩⲥⲁⲃⲉ ⲡⲉ ⲁϥϯ ⲡⲉⲫⲟⲣⲧⲓⲟⲛ
ⲉⲃⲟⲗ ⲁϥⲧⲟⲟⲩ ⲛⲁϥ` ⲙ̄ⲡⲓⲙⲁⲣⲅⲁⲣⲓⲧⲏⲥ
ⲟⲩⲱⲧ' ⲛ̄ⲧⲱⲧⲛ̄ ϩⲱⲧ' ⲧⲏⲩⲧⲛ̄ ϣⲓⲛⲉ ⲛ̄
ⲥⲁ ⲡⲉϥⲉϩⲟ ⲉⲙⲁϥⲱϫⲛ̄ ⲉϥⲙⲏⲛ` ⲉⲃⲟⲗ
ⲡⲙⲁ ⲉⲙⲁⲣⲉϫⲟⲟⲗⲉⲥ ⲧϩⲛⲟ ⲉϩⲟⲩⲛ` ⲉⲙⲁⲩ
ⲉⲟⲩⲱⲙ` ⲟⲩⲇⲉ ⲙⲁⲣⲉϥϥⲛ̄ⲧ ⲧⲁⲕⲟ (77) ⲡⲉϫⲉ
ⲓ̅ⲥ̅ ϫⲉ ⲁⲛⲟⲕ ⲡⲉ ⲡⲟⲩⲟⲉⲓⲛ ⲡⲁⲉⲓ ⲉⲧϩⲓ
ϫⲱⲟⲩ ⲧⲏⲣⲟⲩ ⲁⲛⲟⲕ` ⲡⲉ ⲡⲧⲏⲣϥ` ⲛ̄ⲧⲁ
ⲡⲧⲏⲣϥ` ⲉⲓ ⲉⲃⲟⲗ ⲛ̄ϩⲏⲧ· ⲁⲩⲱ ⲛ̄ⲧⲁⲡⲧⲏⲣϥ`
ⲡⲱϩ ϣⲁⲣⲟⲉⲓ ⲡⲱϩ ⲛ̄ⲛⲟⲩϣⲉ ⲁⲛⲟⲕ`
ϯⲙ̄ⲙⲁⲩ ϥⲓ ⲙ̄ⲡⲱⲛⲉ ⲉϩⲣⲁϊ ⲁⲩⲱ ⲧⲉⲧⲛⲁ
ϩⲉ ⲉⲣⲟⲉⲓ ⲙ̄ⲙⲁⲩ (78) ⲡⲉϫⲉ ⲓ̅ⲥ̅ ϫⲉ ⲉⲧⲃⲉ ⲟⲩ
ⲁⲧⲉⲧⲛ̄ⲉⲓ ⲉⲃⲟⲗ ⲉⲧⲥⲱϣⲉ ⲉⲛⲁⲩ ⲉⲩⲕⲁϣ
ⲉϥⲕⲓⲙ ⲉ[ⲃⲟⲗ] ϩⲓⲧⲙ̄ ⲡⲧⲏⲩ ⲁⲩⲱ ⲉⲛⲁⲩ
ⲉⲩⲣ[ⲱⲙⲉ ⲉϩ]ⲛ̄ϣⲧⲏⲛ ⲉⲩϭⲏⲛ ϩⲓⲱⲱⲃ·
[ⲉⲓⲥ ⲛⲛⲉⲧⲛ]ⲣ̄ⲣⲱⲟⲩ ⲙⲛ̄ ⲛⲉⲧⲙ̄ⲙⲉⲅⲓ

ⲥⲧⲁⲛⲟⲥ ⲛⲁⲉⲓ ⲉⲛ[ϣⲧⲏ]ⲛ [ⲉⲧ] ϭⲏⲛ ϩⲓⲱⲟⲩ ⲁⲩⲱ ⲥⲉ[ⲛⲁ]ϣ ⲥⲟⲩⲱⲛ ⲧⲙⲉ ⲁⲛ (79) ⲡⲉϫⲉ ⲟⲩⲥϩⲓⲙⲉ ⲛⲁϥ ϩⲙ̄ ⲡⲙⲏϣⲉ ϫⲉ ⲛⲉⲉⲓⲁⲧ[ⲥ ⲛ]ⲑϩⲏ ⲛ̄ ⲧⲁϩϥⲓ ϩⲁⲣⲟⲕ ⲁⲩⲱ ⲛ̄ⲕⲓⲃⲉ ⲉⲛⲧⲁϩ ⲥⲁϩⲛⲟⲩϣⲕ ⲡⲉϫⲁϥ ⲛⲁⲥ ϫⲉ ⲛⲉ ⲉⲓⲁⲧⲟⲩ ⲛ̄ⲛⲉⲛⲧⲁϩⲥⲱⲧⲙ̄ ⲁ ⲡⲗⲟⲅⲟⲥ ⲙ̄ⲡⲉⲓⲱⲧ ⲁⲩⲁⲣⲉϩ ⲉⲣⲟϥ ϩⲛ̄ ⲟⲩⲙⲉ ⲟⲩⲛ̄ ϩⲛ̄ϩⲟⲟⲩ ⲅⲁⲣ ⲛⲁϣⲱⲡⲉ ⲛ̄ⲧⲉⲧⲛϫⲟⲟⲥ ϫⲉ ⲛⲉⲉⲓⲁⲧⲥ̄ ⲛ̄ⲑϩⲏ ⲧⲁ ⲉⲓ ⲉⲧⲉ ⲙⲡⲥⲱ ⲁⲩⲱ ⲛ̄ⲕⲓⲃⲉ ⲛⲁⲉⲓ ⲉⲙⲡⲟⲩ ϯ ⲉⲣⲱⲧⲉ (80) ⲡⲉϫⲉ ⲓ̄ⲥ̄ ϫⲉ ⲡⲉⲛⲧⲁϩⲥⲟⲩⲱⲛ ⲡⲕⲟⲥⲙⲟⲥ ⲁϥϩⲉ ⲉⲡⲥⲱⲙⲁ ⲡⲉⲛⲧⲁϩϩⲉ ⲇⲉ ⲉⲡⲥⲱⲙⲁ ⲡⲕⲟⲥⲙⲟⲥ ⲙ̄ⲡϣⲁ ⲙ̄ⲙⲟϥ` ⲁⲛ (81) ⲡⲉϫⲉ ⲓ̄ⲥ̄ ϫⲉ ⲡⲉⲛⲧⲁϩⲣ̄ ⲣⲙⲙⲁⲟ ⲙⲁ ⲣⲉϥⲣ̄ ⲣⲣⲟ ⲁⲩⲱ ⲡⲉⲧⲉⲩⲛ̄ⲧⲁϥ ⲛ̄ⲟⲩⲇⲩⲛⲁ ⲙⲓⲥ ⲙⲁⲣⲉϥⲁⲣⲛⲁ (82) ⲡⲉϫⲉ ⲓ̄ⲥ̄ ϫⲉ ⲡⲉⲧϩⲏⲛ ⲉⲣⲟⲉⲓ ⲉϥϩⲏⲛ ⲉⲧⲥⲁⲧⲉ ⲁⲩⲱ ⲡⲉⲧⲟⲩⲏⲩ` ⲙ̄ⲙⲟⲉⲓ ϥⲟⲩⲏⲩ ⲛ̄ⲧⲙⲛ̄ⲧⲉⲣⲟ (83) ⲡⲉϫⲉ ⲓ̄ⲥ̄ ϫⲉ ⲛϩⲓⲕⲱⲛ ⲥⲉⲟⲩⲟⲛϩ ⲉⲃⲟⲗ ⲙ̄ⲡⲣⲱ ⲙⲉ ⲁⲩⲱ ⲡⲟⲩⲟⲉⲓⲛ ⲉⲧⲛ̄ϩⲏⲧⲟⲩ ϥϩⲏⲡ` ϩⲛ̄ ⲑⲓⲕⲱⲛ ⲙ̄ⲡⲟⲩⲟⲉⲓⲛ ⲙ̄ⲡⲉⲓⲱⲧ` ϥⲛⲁ ϭⲱⲗⲡ` ⲉⲃⲟⲗ ⲁⲩⲱ ⲧⲉϥϩⲓⲕⲱⲛ ϩⲏⲡ` ⲉⲃⲟⲗ ϩⲓⲧⲛ̄ ⲡⲉϥ`ⲟⲩⲟⲉⲓⲛ (84) ⲡⲉϫⲉ ⲓ̄ⲥ̄ ⲛ̄ϩⲟ ⲟⲩ ⲉⲧⲉⲧⲛ̄ⲛⲁⲩ ⲉⲡⲉⲧⲛ̄ⲉⲓⲛⲉ ϣⲁⲣⲉⲧⲛ̄ ⲣⲁϣⲉ ϩⲟⲧⲁⲛ ⲇⲉ ⲉⲧⲉⲧⲛ̄ϣⲁⲛⲛⲁⲩ· ⲁⲛⲉⲧⲛ̄ϩⲓⲕⲱⲛ` ⲛ̄ⲧⲁϩϣⲱⲡⲉ ϩⲓ ⲧⲉⲧⲛⲉ ϩⲏ ⲟⲩⲧⲉ ⲙⲁⲩⲙⲟⲩ ⲟⲩⲧⲉ ⲙⲁⲩⲟⲩⲱⲛϩ ⲉⲃⲟⲗ ⲧⲉⲧⲛⲁϥⲓ ϩⲁ ⲟⲩⲏⲣ` (85) ⲡⲉϫⲉ ⲓ̄ⲥ̄ ϫⲉ ⲛ̄ⲧⲁⲁⲇⲁⲙ ϣⲱⲡⲉ ⲉⲃⲟⲗ ϩⲛ̄ⲛ ⲟⲩⲛⲟϭ ⲛ̄ⲇⲩⲛⲁⲙⲓⲥ ⲙⲛ̄ ⲟⲩⲛⲟϭ ⲙ̄ⲙⲛ̄ⲧⲣⲙ̄ⲙⲁ ⲟ ⲁⲩⲱ ⲙ̄ⲡⲉϥϣⲱⲡⲉ ⲉ[ϥⲙⲡ]ϣⲁ ⲙ̄ⲙⲱ ⲧⲛ̄ ⲛⲉⲩⲁⲝⲓⲟⲥ ⲅⲁⲣ ⲡⲉ [ⲛⲉϥⲛⲁϫⲓ ϯ]ⲡ[ⲉ] ⲁⲛ ⲙ̄ⲡⲙⲟⲩ (86) ⲡⲉϫⲉ ⲓ̄ⲥ̄ ϫⲉ [ⲛⲃⲁϣⲟⲣ ⲟⲩ

ⲛⲧⲁ]ⲩ ⲛ[ⲉⲩⲃⲏⲃ] ⲁⲩⲱ ⲛ̄ϩⲁⲗⲁⲧⲉ ⲟⲩⲛ̄ⲧⲁⲩ ⲙ̄ⲙⲁⲩ ⲙ̄[ⲡⲉ]ⲩⲙⲁϩ ⲡϣⲏⲣⲉ ⲇⲉ ⲙ̄ⲡⲣⲱⲙⲉ ⲙⲛ̄ⲧⲁϥ` ⲛⲛ[ⲟⲩ]ⲙⲁ ⲉⲣⲓⲕⲉ' ⲛ̄ⲧⲉϥ'ⲁⲡⲉ ⲛϥ` ⲙ̄ⲧⲟⲛ ⲙ̄[ⲙⲟ]ϥ (87) ⲡⲉϫⲁϥ ⲛ̄ϭⲓ ⲓ̄ⲥ̄ ϫⲉ ⲟⲩⲧⲁⲗⲁⲓ ⲡⲱⲣⲟⲛ ⲡ[ⲉ] ⲡⲥⲱⲙⲁ ⲉⲧⲁϣⲉ ⲛ̄ⲟⲩⲥⲱⲙⲁ` ⲁⲩⲱ ⲟⲩⲧ[ⲁ]ⲗⲁⲓⲡⲱⲣⲟⲥ ⲧⲉ ⲧ'ⲯⲩⲭⲏ ⲉⲧⲁϣⲉ ⲛ̄ⲛⲁⲉⲓ ⲙ̄ⲡⲥⲛⲁⲩ (88) ⲡⲉϫⲉ ⲓ̄ⲥ̄ ϫⲉ ⲛ̄ⲁⲅⲅⲉⲗⲟⲥ ⲛⲏⲩ ϣⲁⲣⲱⲧⲛ̄ ⲙⲛ̄ ⲛ̄ⲡⲣⲟⲫⲏⲧⲏⲥ ⲁⲩⲱ ⲥⲉ ⲛⲁϯ ⲛⲏⲧⲛ̄ ⲛ̄ⲛⲉⲧⲉⲩⲛ̄ⲧⲏⲧⲛ̄ⲥⲉ ⲁⲩⲱ· ⲛ̄ⲧⲱⲧⲛ̄ ϩⲱⲧ ⲧⲏⲩⲧⲛ̄ ⲛⲉⲧⲛ̄ⲧⲟⲧ` ⲧⲏⲛⲉ ⲧⲁⲁⲩ ⲛⲁⲩ ⲛ̄ⲧⲉⲧⲛ̄ϫⲟⲟⲥ ⲛⲏⲧⲛ̄ ϫⲉ ⲁϣ ⲛ̄ ϩⲟⲟⲩ ⲡⲉⲧⲟⲩⲛ̄ⲛⲏⲩ ⲛ̄ⲥⲉϫⲓ ⲡⲉⲧⲉ ⲡⲱⲟⲩ (89) ⲡⲉϫⲉ ⲓ̄ⲥ̄ ϫⲉ ⲉⲧⲃⲉ ⲟⲩ ⲧⲉⲧⲛ̄ⲉⲓⲱⲉ ⲙ̄ⲡⲥⲁ ⲛ ⲃⲟⲗ' ⲙ̄ⲡⲡⲟⲧⲏⲣⲓⲟⲛ ⲧⲉⲧⲛ̄ⲣ̄ⲛⲟⲉⲓ ⲁⲛ ϫⲉ ⲡⲉⲛⲧⲁϩⲧⲁⲙⲓⲟ ⲙ̄ⲡⲥⲁ ⲛ̄ϩⲟⲩⲛ ⲛ̄ⲧⲟϥ ⲟⲛ ⲡⲉⲛⲧⲁϥⲧⲁⲙⲓⲟ ⲙ̄ⲡⲥⲁ ⲛⲃⲟⲗ' (90) ⲡⲉϫⲉ ⲓ̄ⲏ̄ⲥ̄ ϫⲉ ⲁⲙⲏⲉⲓⲧⲛ̄ ϣⲁⲣⲟⲉⲓ' ϫⲉ ⲟⲩⲭⲣⲏⲥⲧⲟⲥ ⲡⲉ ⲡⲁⲛⲁϩⲃ· ⲁⲩⲱ ⲧⲁⲙⲛ̄ⲧϫⲟⲉⲓⲥ ⲟⲩⲣⲙ̄ ⲣⲁϣ ⲧⲉ ⲁⲩⲱ ⲧⲉⲧⲛⲁϩⲉ ⲁⲩⲁⲛⲁⲡⲁⲩⲥⲓⲥ ⲛⲏ ⲧⲛ̄ (91) ⲡⲉϫⲁⲩ ⲛⲁϥ` ϫⲉ ϫⲟⲟⲥ ⲉⲣⲟⲛ ϫⲉ ⲛ̄ⲧⲕ ⲛⲓⲙ ϣⲓⲛⲁ ⲉⲛⲁⲣ̄ⲡⲓⲥⲧⲉⲩⲉ ⲉⲣⲟⲕ` ⲡⲉ ϫⲁϥ ⲛⲁⲩ ϫⲉ ⲧⲉⲧⲛ̄ⲣ̄ⲡⲓⲣⲁⲍⲉ ⲙ̄ⲡϩⲟ ⲛ̄ⲧⲡⲉ ⲙⲛ̄ ⲡⲕⲁϩ ⲁⲩⲱ ⲡⲉⲧⲛ̄ⲡⲉⲧⲛⲙ̄ⲧⲟ ⲉⲃⲟⲗ ⲙ̄ⲡⲉⲧⲛ̄ⲥⲟⲩⲱⲛϥ' ⲁⲩⲱ ⲡⲉⲉⲓⲕⲁⲓⲣⲟⲥ ⲧⲉ ⲧⲛ̄ⲥⲟⲟⲩⲛ ⲁⲛ ⲛ̄ⲣ̄ⲡⲓⲣⲁⲍⲉ ⲙ̄ⲙⲟϥ` (92) ⲡⲉϫⲉ ⲓ̄ⲥ̄ ϫⲉ ϣⲓⲛⲉ ⲁⲩⲱ ⲧⲉⲧⲛⲁϭⲓⲛⲉ ⲁⲗⲗⲁ ⲛⲉ ⲧⲁⲧⲉⲧⲛ̄ϫⲛⲟⲩⲉⲓ ⲉⲣⲟⲟⲩ ⲛ̄ⲛⲓϩⲟⲟⲩ ⲉⲙ̄ⲡⲓ ϫⲟⲟⲩ ⲛⲏⲧⲛ̄ ⲙ̄ⲫⲟⲟⲩ ⲉⲧⲙ̄ⲙⲁⲩ ⲧⲉⲛⲟⲩ ⲉϩⲛⲁï ⲉϫⲟⲟⲩ ⲁⲩⲱ ⲧⲉⲧⲛ̄ϣⲓⲛⲉ ⲁⲛ ⲛ̄ⲥⲱ ⲟⲩ (93) ⲙ̄ⲡⲣ̄ϯ ⲡⲉⲧⲟⲩⲁⲁⲃ ⲛ̄ⲛⲟⲩϩⲟⲟⲣ ϫⲉⲕⲁⲁⲥ ⲛⲟⲩⲛⲟϫⲟⲩ ⲉⲧⲕⲟⲡⲣⲓⲁ ⲙ̄ⲡⲣ̄ⲛⲟⲩϫⲉ ⲛⲙ̄ ⲙⲁⲣⲅⲁⲣⲓⲧ[ⲏⲥ ⲛ]ⲛⲉϣⲁⲩ ϣⲓⲛⲁ ϫⲉ ⲛⲟⲩⲁⲁϥ` [- - - - - - (94) ⲡⲉϫⲉ] ⲓ̄ⲥ̄ ⲡⲉⲧϣⲓⲛⲉ ϥⲛⲁϭⲓⲛⲉ [ⲁⲩⲱ ⲡⲉⲧⲧⲱϩⲙ ⲉ]ϩⲟⲩⲛ ⲥⲉⲛⲁⲟⲩⲱⲛ ⲛⲁϥ` (95)[ ⲡⲉϫⲉ ⲛ̄ϭⲓ ⲓ̄ⲥ̄] ⲉϣⲱⲡⲉ ⲟⲩⲛ̄ⲧⲏⲧⲛ̄ ϩⲟⲙⲧ`

ⲙ̄ⲡⲣ̄ϯ ⲉⲧⲙⲏⲥⲉ ⲁⲗⲗⲁ ϯ[ⲙ̄ⲙⲟϥ] ⲙ̄ⲡⲉ[ⲧⲉ] ⲧⲛⲁϫⲓⲧⲟⲩ ⲁⲛ ⲛ̄ⲧⲟⲟⲧϥ (96) [ⲡⲉϫⲉ] ⲓ̄ⲥ̄ ϫⲉ ⲧⲙⲛ ⲧⲉⲣⲟ ⲙ̄ⲡⲉⲓⲱⲧ ⲉⲥⲧⲛ̄ⲧⲱ[ⲛ ⲁⲩ]ⲥϩⲓⲙⲉ ⲁⲥϫⲓ ⲛ̄ⲟⲩⲕⲟⲩⲉⲓ ⲛ̄ⲥⲁⲉⲓⲣ[ⲉ ⲁⲥϩⲟ]ⲡϥ ϩⲛ̄ ⲟⲩϣⲱⲧⲉ ⲁⲥⲁⲁϥ ⲛ̄ϩⲛ̄ⲛⲟϭ ⲛ̄ⲟⲉⲓⲕ` ⲡⲉⲧⲉⲩⲙ̄ ⲙⲁⲁϫⲉ ⲙ̄ⲙⲟϥ ⲙⲁ[ⲣⲉϥ]ⲥⲱⲧⲙ (97) ⲡⲉϫⲉ ⲓ̄ⲥ̄ ϫⲉ ⲧⲙⲛ̄ⲧⲉⲣⲟ ⲙ̄ⲡ[ⲉⲓⲱⲧ ⲉⲥ]ⲧⲛ̄ ⲧⲱⲛ ⲁⲩⲥϩⲓⲙⲉ ⲉⲥϥⲓ ϩⲁ ⲟⲩϭⲗ[ⲙⲉⲉⲓ] ⲉϥ` ⲙⲉϩ ⲛ̄ⲛⲟⲉⲓⲧ` ⲉⲥⲙⲟⲟϣⲉ [ϩⲛ ⲟⲩ]ϩⲓⲏ· ⲉⲥⲟⲩⲏⲟⲩ ⲁⲡⲙⲁⲁϫⲉ ⲙ̄ⲡϭⲗ̄ⲙ[ⲉⲉⲓ] ⲟⲩ ⲱϭⲡ` ⲁⲡⲛⲟⲉⲓⲧ· ϣⲟⲩⲟ ⲛ̄ⲥⲱⲥ ϩⲓ ⲧⲉϩⲓ ⲏ ⲛⲉⲥⲥⲟⲟⲩⲛ ⲁⲛ ⲡⲉ ⲛⲉⲙ̄ⲡⲉⲥⲉⲓⲙⲉ ⲉϩⲓⲥⲉ ⲛ̄ⲧⲁⲣⲉⲥⲡⲱϩ ⲉϩⲟⲩⲛ ⲉⲡⲉⲥⲏⲉⲓ ⲁⲥⲕⲁ ⲡϭⲗ̄ⲙⲉⲉⲓ ⲁⲡⲉⲥⲏⲧ ⲁⲥϩⲉ ⲉⲣⲟϥ ⲉϥ` ϣⲟⲩⲉⲓⲧ` (98) ⲡⲉϫⲉ ⲓ̄ⲥ̄ ⲧⲙⲛ̄ⲧⲉⲣⲟ ⲙ̄ⲡⲉⲓⲱⲧ` ⲉⲥⲧⲛ̄ⲧⲱⲛ ⲉⲩⲣⲱⲙⲉ ⲉϥⲟⲩⲱϣ ⲉⲙⲟⲩⲧ ⲟⲩⲣⲱⲙⲉ ⲙ̄ⲙⲉⲅⲓⲥⲧⲁⲛⲟⲥ ⲁϥϣⲱⲗⲙ` ⲛ̄ ⲧⲥⲏϥⲉ ϩⲙ̄ ⲡⲉϥⲏⲉⲓ ⲁϥϫⲟⲧⲥ̄ ⲛ̄ⲧϫⲟ ϫⲉ ⲕⲁⲁⲥ ⲉϥⲛⲁⲉⲓⲙⲉ ϫⲉ ⲧⲉϥϭⲓϫ' ⲛⲁⲧⲱⲕ` ⲉϩⲟⲩⲛ ⲧⲟⲧⲉ ⲁϥϩⲱⲧⲃ̄ ⲙ̄ⲡⲙⲉⲅⲓⲥⲧⲁⲛⲟⲥ (99) ⲡⲉϫⲉ ⲙ̄ⲙⲁⲑⲏⲧⲏⲥ ⲛⲁϥ ϫⲉ ⲛⲉⲕⲥⲛⲏⲩ ⲙⲛ̄ ⲧⲉⲕⲙⲁⲁⲩ ⲥⲉⲁϩⲉⲣⲁⲧⲟⲩ ϩⲓ ⲡⲥⲁ ⲛ ⲃⲟⲗ ⲡⲉϫⲁϥ ⲛⲁⲩ ϫⲉ ⲛⲉⲧⲛ̄ⲛⲉⲉⲓⲙⲁ ⲉϯⲣⲉ ⲙ̄ⲡⲟⲩⲱϣ ⲙ̄ⲡⲁⲉⲓⲱⲧ· ⲛⲁⲉⲓ ⲛⲉ ⲛⲁⲥⲛⲏⲩ ⲙⲛ̄ ⲧⲁⲙⲁⲁⲩ ⲛ̄ⲧⲟⲟⲩ ⲡⲉ ⲉⲧⲛⲁ ⲃⲱⲕ` ⲉϩⲟⲩⲛ ⲉⲧⲙⲛ̄ⲧⲉⲣⲟ ⲙ̄ⲡⲁⲉⲓⲱⲧ· (100) ⲁⲩⲧⲥⲉⲃⲉ ⲓ̄ⲥ̄ ⲁⲩⲛⲟⲩⲃ ⲁⲩⲱ ⲡⲉϫⲁⲩ ⲛⲁϥ` ϫⲉ ⲛⲉⲧⲏⲡ· ⲁⲕⲁⲓⲥⲁⲣ` ⲥⲉϣⲓⲧⲉ ⲙ̄ⲙⲟⲛ ⲛ̄ ⲛ̄ϣⲱⲙ` ⲡⲉϫⲁϥ ⲛⲁⲩ ϫⲉ ϯ ⲛⲁ ⲕⲁⲓⲥⲁⲣ` ⲛ̄ⲕⲁⲓⲥⲁⲣ ϯ ⲛⲁ ⲡⲛⲟⲩⲧⲉ ⲙ̄ⲡⲛⲟⲩⲧⲉ ⲁⲩⲱ ⲡⲉⲧⲉ ⲡⲱⲉⲓ ⲡⲉ ⲙⲁⲧⲛ̄ ⲛⲁⲉⲓϥ (101) ⲡⲉⲧⲁⲙⲉⲥⲧⲉ ⲡⲉϥⲉⲓ[ⲱⲧ ⲁ]ⲛ ⲙⲛ̄ ⲧⲉϥ` ⲙⲁⲁⲩ ⲛ̄ⲧⲁϩⲉ ϥⲛⲁϣ ⲣ̄ ⲙ[ⲁⲑⲏⲧⲏ]ⲥ ⲛⲁⲉⲓ ⲁⲛ ⲁⲩⲱ ⲡⲉⲧⲁⲙⲣ̄ⲣⲉ ⲡⲉ[ϥⲉⲓⲱⲧ ⲁⲛ ⲙ]ⲛ̄ ⲧⲉϥ ⲙⲁⲁⲩ ⲛ̄ⲧⲁϩⲉ ϥⲛⲁϣ ⲣ̄ ⲙ[ⲁⲑⲏⲧⲏⲥ ⲛⲁ] ⲉⲓ ⲁⲛ ⲧⲁⲙⲁⲁⲩ ⲅⲁⲣ ⲛ̄ⲧⲁ[ⲥϫⲡⲟ ⲛⲁⲉⲓ

50

ⲉⲃ]ⲟⲗ [ⲧⲁⲙⲁⲁⲩ] ⲇⲉ ⲙ̄ⲙⲉ ⲁⲥϯ ⲛⲁⲉⲓ ⲙ̄ⲡⲱⲛϩ
(102) ⲡⲉϫⲉ ⲓ̅ⲥ̅ [ϫⲉ ⲟ]ⲩⲟⲉⲓ ⲛⲁⲩ ⲙ̄ⲫⲁⲣⲓⲥⲁⲓⲟⲥ ϫⲉ
ⲉⲩⲉⲓⲛⲉ [ⲛ]ⲟⲩⲟⲩϩⲟⲣ· ⲉϥⲛ̄ⲕⲟⲧⲕ` ϩⲓϫⲛ̄ ⲡⲟⲩ
ⲟⲛⲉϥ· ⲛ̄[ϩⲉⲛ]ⲉϩⲟⲟⲩ ϫⲉ ⲟⲩⲧⲉ ϥⲟⲩⲱⲙ ⲁⲛ
ⲟⲩⲧⲉ ϥ[ⲕⲱ ⲁ]ⲛ ⲛ̄ⲛⲉϩⲟⲟⲩ ⲉⲟⲩⲱⲙ (103) ⲡⲉϫⲉ ⲓ̅ⲥ̅
ϫⲉ ⲟⲩⲙ[ⲁⲕⲁ]ⲣⲓⲟⲥ ⲡⲉ ⲡⲣⲱⲙⲉ ⲡⲁⲉⲓ ⲉⲧⲥⲟⲟⲩⲛ
ϫⲉ ϩ[ⲛ ⲁϣ] ⲙ̄ⲙⲉⲣⲟⲥ ⲉⲛⲗⲏⲥⲧⲏⲥ ⲛⲏⲩ ⲉϩⲟⲩⲛ
ϣⲓⲛ[ⲁ ⲉϥⲛ]ⲁⲧⲱⲟⲩⲛ` ⲛ̄ϥⲥⲱⲟⲩϩ ⲛ̄ⲧⲉϥ`
ⲙⲛ̄ⲧ[ⲉⲣⲟ] ⲁⲩⲱ ⲛ̄ϥⲙⲟⲩⲣ ⲙ̄ⲙⲟϥ ⲉϫⲛ̄ ⲧⲉϥ`
ϯⲡⲉ [ϩⲁ] ⲧⲉϩⲏ ⲉⲙⲡⲁⲧⲟⲩⲉⲓ ⲉϩⲟⲩⲛ (104) ⲡⲉ
ϫⲁⲩ [ⲛⲁϥ] ϫⲉ ⲁⲙⲟⲩ ⲛ̄ⲧⲛ̄ϣⲗⲏⲗ` ⲙ̄ⲡⲟⲟⲩ
ⲁⲩⲱ ⲛ̄ⲧⲛ̄ⲣⲛⲏⲥⲧⲉⲩⲉ ⲡⲉϫⲉ ⲓ̅ⲥ̅ ϫⲉ ⲟⲩ ⲅⲁⲣ`
ⲡⲉ ⲡⲛⲟⲃⲉ ⲛ̄ⲧⲁⲉⲓⲁⲁϥ` ⲏ ⲛ̄ⲧⲁⲩϫⲣⲟ ⲉⲣⲟⲉⲓ
ϩⲛ̄ ⲟⲩ ⲁⲗⲗⲁ ϩⲟⲧⲁⲛ ⲉⲣϣⲁⲛⲡⲛⲩⲙⲫⲓⲟⲥ ⲉⲓ
ⲉⲃⲟⲗ ϩⲙ̄ ⲡⲛⲩⲙⲫⲱⲛ ⲧⲟⲧⲉ ⲙⲁⲣⲟⲩⲛⲏ`
ⲥⲧⲉⲩⲉ ⲁⲩⲱ ⲙⲁⲣⲟⲩϣⲗⲏⲗ' (105) ⲡⲉϫⲉ ⲓ̅ⲥ̅ ϫⲉ ⲡⲉ
ⲧⲛⲁⲥⲟⲩⲱⲛ ⲡⲉⲓⲱⲧ ⲙⲛ̄ ⲧⲙⲁⲁⲩ ⲥⲉⲛⲁⲙⲟⲩ
ⲧⲉ ⲉⲣⲟϥ ϫⲉ ⲡϣⲏⲣⲉ ⲙ̄ⲡⲟⲣⲛⲏ (106) ⲡⲉϫⲉ ⲓ̅ⲥ̅ ϫⲉ
ϩⲟⲧⲁⲛ ⲉⲧⲉⲧⲛ̄ϣⲁⲣ̄ ⲡⲥⲛⲁⲩ ⲟⲩⲁ ⲧⲉⲧⲛⲁϣⲱ
ⲡⲉ ⲛ̄ϣⲏⲣⲉ ⲙ̄ⲡⲣⲱⲙⲉ ⲁⲩⲱ ⲉⲧⲉⲧⲛ̄ϣⲁⲛ
ϫⲟⲟⲥ ϫⲉ ⲡⲧⲟⲟⲩ ⲡⲱⲱⲛⲉ ⲉⲃⲟⲗ· ϥⲛⲁ
ⲡⲱⲱⲛⲉ (107) ⲡⲉϫⲉ ⲓ̅ⲥ̅ ϫⲉ ⲧⲙⲛ̄ⲧⲉⲣⲟ ⲉⲥⲧⲛ̄ⲧⲱⲛ
ⲉⲩⲣⲱⲙⲉ ⲛ̄ϣⲱⲥ ⲉⲩⲛ̄ⲧⲁϥ` ⲙ̄ⲙⲁⲩ ⲛ̄ϣⲉ ⲛ̄
ⲉⲥⲟⲟⲩ ⲁⲟⲩⲁ ⲛ̄ϩⲏⲧⲟⲩ ⲥⲱⲣⲙ' ⲉⲡⲛⲟϭ ⲡⲉ
ⲁϥⲕⲱ ⲙ̄ⲡⲥⲧⲉⲯⲓⲧ ⲁϥϣⲓⲛⲉ ⲛ̄ⲥⲁ ⲡⲓⲟⲩⲁ·
ϣⲁⲛⲧⲉϥϩⲉ ⲉⲣⲟϥ· ⲛ̄ⲧⲁⲣⲉϥϩⲓⲥⲉ ⲡⲉϫⲁϥ`
ⲙ̄ⲡⲉⲥⲟⲟⲩ ϫⲉ ϯⲟⲩⲱϣⲕ· ⲡⲁⲣⲁ ⲡⲥⲧⲉⲯⲓⲧ`
(108) ⲡⲉϫⲉ ⲓ̅ⲥ̅ ϫⲉ ⲡⲉⲧⲁⲥⲱ ⲉⲃⲟⲗ ϩⲛ̄ ⲧⲁⲧⲁⲡⲣⲟ
ϥⲛⲁϣⲱⲡⲉ ⲛ̄ⲧⲁϩⲉ ⲁⲛⲟⲕ ϩⲱ ϯⲛⲁϣⲱⲡⲉ
ⲉⲛⲧⲟϥ ⲡⲉ ⲁⲩⲱ ⲛⲉⲑⲏⲡ· ⲛⲁⲟⲩⲱⲛϩ ⲉⲣⲟϥ`
(109) ⲡⲉϫⲉ ⲓ̅ⲥ̅ ϫⲉ ⲧⲙⲛ̄ⲧⲉⲣⲟ ⲉⲥⲧⲛ̄ⲧⲱⲛ ⲉⲩⲣⲱ
ⲙⲉ ⲉⲩⲛ̄ⲧⲁϥ [ⲙⲙ]ⲁⲩ ϩⲛ̄ ⲧⲉϥⲥⲱϣⲉ ⲛ̄ⲛⲟⲩ
ⲉϩⲟ ⲉϥϩ[ⲏⲡ ⲉϥ]ⲟ ⲛ̄ⲁⲧⲥⲟⲟⲩⲛ' ⲉⲣⲟϥ ⲁⲩ
ⲱ ⲙ̄[ⲛⲛⲥⲁ ⲧ]ⲣⲉϥⲙⲟⲩ ⲁϥⲕⲁⲁϥ ⲙ̄ⲡⲉϥ`
[ϣⲏⲣⲉ ⲛⲉⲡ]ϣⲏⲣⲉ ⲥⲟⲟⲩⲛ ⲁⲛ ⲁϥϥⲓ`

ⲠⲈⲨⲀⲄⲄⲈⲖⲒⲞⲚ
ⲠⲔⲀⲦⲀ ⲐⲰⲘⲀⲤ

ⲧⲥⲱϣⲉ ⲉⲧⲙ̅ⲙⲁⲩ ⲁϥⲧⲁⲁ[ϥ ⲉⲃⲟⲗ] ⲁⲩⲱ ⲡⲉⲛ ⲧⲁϩⲧⲟⲟⲩⲥ ⲁϥⲉⲓ ⲉϥⲥⲕⲁⲓ [ⲁϥϩⲉ] ⲁⲡⲉϩⲟ ⲁϥ ⲁⲣⲭⲉⲓ ⲛ̅ϯ ϩⲟⲙⲧ' ⲉⲧⲙⲏⲥⲉ ⲛ[ⲛⲉⲧ]ϥ̅ⲟⲩⲁϣⲟⲩ (110) ⲡⲉϫⲉ ⲓ̅ⲥ̅ ϫⲉ ⲡⲉⲛⲧⲁϩϭⲓⲛⲉ [ⲙⲡ]ⲕⲟⲥⲙⲟⲥ ⲛ̅ϥⲣ̅ ⲣ̅ⲙ̅ⲙⲁⲟ ⲙⲁⲣⲉϥⲁⲣⲛⲁ ⲙⲡⲕⲟⲥⲙⲟⲥ (111) ⲡⲉϫⲉ ⲓ̅ⲥ̅ ϫⲉ ⲙ̅ⲡⲏⲩⲉ ⲛⲁϭⲱⲗ ⲁⲩⲱ ⲡⲕⲁϩ ⲙ̅ⲡⲉⲧⲛ̅ⲙ̅ⲧⲟ ⲉⲃⲟⲗ' ⲁⲩⲱ ⲡⲉⲧⲟⲛϩ ⲉⲃⲟⲗ ϩⲛ̅ ⲡⲉⲧⲟⲛϩ ϥⲛⲁⲛⲁⲩ ⲁⲛ ⲉⲙⲟⲩ ⲟⲩⲭ<ⲉ ⲉϩⲟⲧⲉ> ϩⲟⲧⲓ ⲉⲓ̅ⲥ̅ ϫⲱ ⲙ̅ⲙⲟⲥ ϫⲉ ⲡⲉⲧⲁϩⲉ ⲉⲣⲟϥ' ⲟⲩⲁⲁϥ ⲡⲕⲟⲥ ⲙⲟⲥ ⲙ̅ⲡϣⲁ ⲙ̅ⲙⲟϥ' ⲁⲛ (112) ⲡⲉϫⲉ ⲓ̅ⲥ̅ ϫⲉ ⲟⲩⲟⲉⲓ ⲛ̅ⲧⲥⲁⲣⲝ' ⲧⲁⲉⲓ ⲉⲧⲟϣⲉ ⲛ̅ⲧⲯⲩⲭⲏ ⲟⲩⲟⲉⲓ ⲛ̅ⲧⲯⲩⲭⲏ ⲧⲁⲉⲓ ⲉⲧⲟϣⲉ ⲛ̅ⲧⲥⲁⲣⲝ (113) ⲡⲉϫⲁⲩ ⲛⲁϥ ⲛ̅ϭⲓ ⲛⲉϥⲙⲁⲑⲏⲧⲏⲥ ϫⲉ ⲧⲙⲛ̅ⲧⲉⲣⲟ ⲉⲥⲛ̅ⲛⲏⲩ ⲛ̅ⲁϣ ⲛ̅ϩⲟⲟⲩ ⲉⲥⲛ̅ⲛⲏⲩ ⲁⲛ ϩⲛ̅ ⲟⲩ ϭⲱϣⲧ' ⲉⲃⲟⲗ' ⲉⲩⲛⲁϫⲟⲟⲥ ⲁⲛ ϫⲉ ⲉⲓⲥϩⲏⲏ ⲧⲉ ⲙ̅ⲡⲓⲥⲁ ⲏ ⲉⲓⲥ ϩⲏⲏⲧⲉ ⲧⲏ ⲁⲗⲗⲁ ⲧⲙⲛ̅ⲧⲉⲣⲟ ⲙ̅ⲡⲉⲓⲱⲧ ⲉⲥⲡⲟⲣϣ' ⲉⲃⲟⲗ ϩⲓϫⲙ̅ ⲡⲕⲁϩ ⲁⲩⲱ ⲣ̅ⲣⲱⲙⲉ ⲛⲁⲩ ⲁⲛ ⲉⲣⲟⲥ (114) ⲡⲉϫⲉ ⲥⲓⲙⲱⲛ ⲡⲉⲧⲣⲟⲥ ⲛⲁⲩ ϫⲉ ⲙⲁⲣⲉⲙⲁⲣⲓϩⲁⲙ ⲉⲓ ⲉⲃⲟⲗ ⲛ̅ϩⲏⲧⲛ̅ ϫⲉ ⲛ̅ⲥϩⲓⲟⲙⲉ ⲙ̅ⲡϣⲁ ⲁⲛ' ⲙ̅ⲡⲱⲛϩ ⲡⲉϫⲉ ⲓ̅ⲥ̅ ϫⲉ ⲉⲓⲥ ϩⲏⲏⲧⲉ ⲁⲛⲟⲕ' ϯⲛⲁⲥⲱⲕ' ⲙ̅ⲙⲟⲥ ϫⲉ ⲕⲁⲁⲥ ⲉⲉⲓⲛⲁⲁⲥ ⲛ̅ϩⲟⲟⲩⲧ· ϣⲓⲛⲁ ⲉⲥⲛⲁϣⲱ ⲡⲉ ϩⲱⲱⲥ ⲛ̅ⲟⲩⲡ̅ⲛ̅ⲁ̅ ⲉϥⲟ̅ⲛϩ ⲉϥⲉⲓⲛⲉ ⲙ̅ ⲙⲱⲧⲛ̅ ⲛ̅ϩⲟⲟⲩⲧ ϫⲉ ⲥϩⲓⲙⲉ ⲛⲓⲙ' ⲉⲥⲛⲁⲁⲥ· ⲛ̅ϩⲟⲟⲩⲧ· ⲥⲛⲁⲃⲱⲕ' ⲉϩⲟⲩⲛ̅ ⲉⲧⲙⲛ̅ⲧⲉⲣⲟ ⲛⲙ̅ⲡⲏⲩⲉ <<<<<<<<<<<<<<<<<<<<<<<<<<<<<<<<<<<

ⲡⲉⲩⲁ̅ⲅ̅ⲅ̅ⲉⲗⲓⲟⲛ̅

ⲡⲕⲁ̅ⲧ̅ⲁ̅ⲑⲱ̅ⲙⲁⲥ

도마복음서 번역 및 해설

ⲡⲉⲩⲁⲅⲅⲉⲗⲓⲟⲛ[1]
ⲡⲕⲁⲧⲁ[2]ⲑⲱⲙⲁⲥ

ⲛⲁⲉⲓ ⲛⲉ
ⲛ̄ϣⲁϫⲉ[3] ⲉⲑⲏⲡ`
ⲉⲛⲧⲁⲓ̄ⲥ̄[4] ⲉⲧⲟⲛϩ· ϫⲟⲟⲩ
ⲁⲩⲱ ⲁϥⲥϩⲁⲓ̈ⲥⲟⲩ
ⲛ̄ϭⲓ ⲇⲓⲇⲩⲙⲟⲥ[5]
ⲓ̈ⲟⲩⲇⲁⲥ ⲑⲱⲙⲁⲥ[6]

---

1 ⲉⲩⲁⲅⲅⲉⲗⲓⲟⲛ εὐαγγέλιον 복음

2 ⲕⲁⲧⲁ κατα ~에 의한

3 ϣⲁϫⲉ 이집트 상형문  *s-ḏd* 에서 온 말로서, 단순한 사람의 언어가 아니라 하늘이 발하는 성스럽고 비밀스런 의미를 담은 말을 의미한다.

4 ⲓ̄ⲥ̄ 예수를 지칭하는 Ιησοῦς 의 곱트어 단어 ⲓⲏⲥⲟⲩⲥ의 축약 표기이다.

5 ⲇⲓⲇⲩⲙⲟⲥ Δίδυμος 쌍둥이

6 ⲑⲱⲙⲁⲥ תאמא 히브리어로 쌍둥이란 뜻.

(제목)
토마에 의한 복음서

(여는 글)
이것은
살아계신 예수께서 말씀하신 비밀의 말씀들이며,
쌍둥이[7] 유다 토마가 기록한 것이다.

7 '쌍둥이'라는 명칭은 실제로 한 배에서 난 형제일 수도 있지만 종교적인 이유에서 붙여진 이름일 가능성이 높으며, 신약에서는 도마라는 이름의 뜻을 부연 설명하는 형식으로 등장한다.
Θωμας ὁ λεγόμενος δίδυμος (요11,16; 20,24; 21,2). 그리고, 토마라는 명칭 때문에 이 문서의 시리아 기원이 거론되기도 한다.

(1)

ⲁⲩⲱ ⲡⲉϫⲁϥ ϫⲉ
ⲡⲉⲧⲁϩⲉ ⲉⲑⲉⲣⲙⲏⲛⲉⲓⲁ[8]
ⲛ̄ⲛⲉⲉⲓϣⲁϫⲉ
ϥⲛⲁ ϫⲓ ϯⲡⲉ ⲁⲛ ⲙ̄ⲡⲙⲟⲩ·[9]

(2)

ⲡⲉϫⲉ[10] ⲓ̅ⲥ̅
ⲙⲛ̄ⲧⲣⲉϥ` ⲗⲟ ⲛ̄ϭⲓ ⲡⲉⲧ`ϣⲓⲛⲉ
ⲉϥ`ϣⲓⲛⲉ ϣⲁⲛⲧⲉϥ` ϭⲓⲛⲉ
ⲁⲩⲱ ϩⲟⲧⲁⲛ`[11] ⲉϥϣⲁⲛϭⲓⲛⲉ
ϥⲛⲁ ϣⲧⲣ̄ⲧⲣ̄[12]
ⲁⲩⲱ ⲉϥϣⲁⲛ ϣⲧⲟⲣⲧⲣ̄
ϥⲛⲁⲣ̄ ϣⲡⲏⲣⲉ[13]
ⲁⲩⲱ ϥⲛⲁⲣ̄ ⲣ̄ⲣⲟ[14] ⲉϫⲙ̄ ⲡⲧⲏⲣϥ[15]

---

8 ⲉⲑⲉⲣⲙⲏⲛⲉⲓⲁ ἑρμηνία 경전에 담긴 숨은 뜻.

9 ⲙⲟⲩ 죽다, 또는 죽음을 의미하는 이집트 상형문  *mwt* 에서 유래.

10 ⲡⲉϫⲉ  *pꜣḏd* '선포된 말씀이 이러하다' 라는 의미를 담고 있음.

11 ϩⲟⲧⲁⲛ ὅταν ~할 때

12 ϣⲧⲣ̄ⲧⲣ̄ 특이한 영적 경험에 의해 몸을 떠는 행위로 이해되고 있지만, 그러한 경험의 결과로 신비한 영적 메세지가 흘러 나오거나 그러한 영적 메세지를 전달하는 모습을 그리는 특수 용어이다. 곧, 영적 깨달음으로 인하여 계시나 예언의 은사를 드러내는 단계로 이해될 수도 있다. 참고로, ϣⲧⲣⲧⲓⲣ는 προπετής 곧, 특이한 영적 기운에 힘입어 예언을 행하는 예언자를 의미한다.

13 ⲣ̄ ϣⲡⲏⲣⲉ 일반적으로 '놀라다'라는 관용어로 이해되고 있으나, 문자 그대로 해석하면 '이적을 행하다'라는 뜻을 지니고 있다.

14 ⲣ̄ ⲣ̄ⲣⲟ 문자 그대로 해석하면, '왕 노릇하다'이나, 무언가를 지배하고 다스린다는 의미로 해석되고 있다.

15 ⲡⲧⲏⲣϥ '모든 것', '온 세상', '우주'를 의미하는 곱트어의 독특한 표현.

(1)

또한, 다음과 같이 말씀하셨다.
"누구든지 이 말씀 속에 있는 비밀의 뜻을 깨닫는 자[16],
그는 죽음[17]을 맛보지 아니하리라."[18]

(2)

예수께서 말씀하셨다.
"찾는 자[19]는 발견하기까지
찾기를 멈추지 말라.[20]
만일 발견하게 되면,
그는 크게 떨며 예언을 할 것이며,
떨며 예언을 하게 될 때,
그는 이적을 행할 것이며.
그리고 온 세상[21]을 지배할 것이다."[22]

---

16 '말씀 속에 숨어있는 비밀의 뜻을 발견하는 자' 라고도 번역할 수 있다.

17 고대 이집트 사상 속에서의 죽음은, 이 세상에서의 영생이 아닌, 죽고 난 이후 오시리스 법정에서의 죽음과 삶을 말한다. 곧 사후에도 인간은 부활 재생의 길을 가느냐 아니면 영혼이 멸망하느냐의 갈림길에 직면하게 된다.

18 요 8,52

19 도마복음서에서의 예수는 '믿음'이 아니라 '찾을 것'을 요구하는 것이 특이하다. 말씀 속에 숨겨져 있는 비밀의 뜻은 믿는 자가 아닌 찾는 자에게 발견되고, 구하는 자는 얻게 될 것이며, 두드리는 자에게 열리는 대상이다.(마7,7-8; 눅11,9-10)

20 이 구절의 일반적 해석은 다음과 같다. "찾는 자는 발견하기까지 찾기를 멈추지 말라. 만일 발견하게 되면, 그는 크게 동요할 것이며, 동요할 시 그는 크게 놀랄 것이다. 그리고 온 우주를 지배할 것이다". 하지만 이 부분에서 우리는 예수의 가르침을 따르는 사람들에게 요구되는 네가지 영적 발전 단계를 엿 볼 수 있는 데, 진리를 찾아 탐문하는 구도자의 단계에서부터 출발하여, 무언가를 발견하는 각성자의 단계와 그 깨달음이 깊어짐에 따라 영적 경외감으로 충만하는 외경의 단계 내지 예언을 말하거나 특별한 영적 메세지를 선포하는 단계를 거친 후, 이적을 행하는 단계를 넘어 최종적으로는 세상을 초탈하여 관조하는 해탈의 단계에까지 이르는 일련의 구조가 요구된다.

21 '모든 것', '온 세상', '우주'를 의미하는 곱트어의 독특한 표현. 이곳에서는 세상을 벗어나 그것을 위에서 내려다보며 관조하는, 소위 초탈과 초월의 개념을 강조하는 중이다.

22 '모든 것 위에서 왕 노릇 하리라'는 고전적 표현이기도 하다.

(3)

ⲡⲉϫⲉ ⲓ̅ⲥ̅ ϫⲉ

ⲉⲩϣⲁ ϫⲟⲟⲥ ⲛⲏⲧⲛ̅

ⲛ̅ϭⲓ ⲛⲉⲧ`ⲥⲱⲕ ϩⲏⲧ`[23] ⲧⲏⲩⲧⲛ̅ ϫⲉ

ⲉⲓⲥ ϩⲏⲏⲧⲉ ⲉⲧ`ⲙⲛ̅ⲧⲉⲣⲟ[24] ϩⲛ̅ ⲧⲡⲉ

ⲉⲉⲓⲉ ⲛ̅ϩⲁⲗⲏⲧ`

ⲛⲁⲣ̅ ϣⲟⲣⲡ` ⲉⲣⲱⲧⲛ̅ ⲛ̅ⲧⲉ ⲧⲡⲉ

ⲉⲩϣⲁⲛϫⲟⲟⲥ ⲛⲏⲧⲛ̅ ϫⲉ

ⲥϩⲛ̅ ⲑⲁⲗⲁⲥⲥⲁ[25]

ⲉⲉⲓⲉ ⲛ̅ⲧⲃⲧ`

ⲛⲁⲣ̅ ϣⲟⲣ̅ⲡ` ⲉⲣⲱⲧⲛ̅

ⲁⲗⲗⲁ[26] ⲧⲙⲛ̅ⲧⲉⲣⲟ ⲥⲙ̅ⲡⲉⲧⲛ̅ϩⲟⲩⲛ`

ⲁⲩⲱ ⲥⲙ̅ⲡⲉⲧⲛ̅ⲃⲁⲗ`

ϩⲟⲧⲁⲛ[27] ⲉⲧⲉⲧⲛ̅ϣⲁⲛ ⲥⲟⲩⲱⲛ ⲧⲏⲩⲧⲛ̅

ⲧⲟⲧⲉ ⲥⲉⲛⲁⲥⲟⲩⲱ̅ ⲧⲏⲛⲉ

ⲁⲩⲱ ⲧⲉⲧⲛⲁⲉⲓⲙⲉ ϫⲉ

ⲛ̅ⲧⲱⲧⲛ̅ ⲡⲉ ⲛ̅ϣⲏⲣⲉ ⲙ̅ⲡⲉⲓⲱⲧ` ⲉⲧⲟⲛϩ

ⲉϣⲱⲡⲉ ⲇⲉ[28] ⲧⲉⲧⲛⲁⲥⲟⲩⲱⲛ ⲧⲏⲩⲧⲛ̅ ⲁⲛ

ⲉⲉⲓⲉ ⲧⲉⲧⲛ̅ ϣⲟⲟⲡ` ϩⲛ̅

ⲟⲩⲙⲛ̅ⲧϩⲏⲕⲉ[29]

ⲁⲩⲱ ⲛ̅ⲧⲱⲧⲛ̅ ⲡⲉ ⲧⲙⲛ̅ⲧϩⲏⲕⲉ

---

23 **ⲥⲱⲕ ϩⲏⲧ** 마음을 끌어내다. 곧, 긍정적인 '영적 인도'라기 보다는 잘못된 가르침으로 사람을 인도하는 '유혹'의 의미로 쓰이고 있다.

24 **ⲙⲛ̅ⲧⲉⲣⲟ** '왕국'으로 해석. **ⲙⲛ̅ⲧ**는 추상형 명사를 만드는 역할을 한다고 알려져 있으나, 이의 이집트 상형문 어원  *md.t.* '말씀'에서 보듯이, 왕국은 왕국이로되 눈에 보이는 것으로서가 아닌 진리의 말씀에 연관된 왕국의 성격을 지니고 있다.

25 **ⲑⲁⲗⲁⲥⲥⲁ** θάλλασσα 바다.

26 **ⲁⲗⲗⲁ** ἀλλά 하지만, 그러나.

27 **ϩⲟⲧⲁⲛ** ὅταν (만일) ~하다면. 이곳에서는 '가정'의 의미를 지닌다.

28 **ⲇⲉ** δέ 그런데, 하지만.

29 **ϩⲏⲕⲉ**  *ḥḳr* 굶주린 자, 갈급한 자, 가난한 자. 이 용어 역시 앞에서 처럼, 말씀이나 진리에 연관된 빈곤을 말한다.

(3)

예수께서 말씀하셨다.
"만일 너희의 영적 인도자[30]들이 말하기를,
보라, 왕국[31]이 하늘에 있다고 한다면,
공중의 새들이
너희보다 먼저 그곳에 들어가리라.
그리고 그들이 또다시 말하기를,
왕국이 바다에 있다고 한다면,
물고기들이
너희보다 먼저 들어가리라.
하지만, 왕국은 너희의 내면에 있으며
동시에 너희의 바깥에 존재하느니라.[32]

(그러한 것을) 너희 자신들이 알게될 때
너희들이 누구인지 드러나게 되고[33]
너희들은
살아계신 아버지의 아들들임을 깨달을 것이다.[34]
하지만, (그러한 것을) 너희 자신들이 알지 못한다면
너희는 빈곤 속에 처하게 되고
너희 자신이 곧 빈곤 그 자체이니라"[35]

---

30 '영적 인도자'란, 옳은 길로 인도하는 영적인 지도자가 아니라, 소경이 소경을 인도하듯이, 달콤한 말로 사람들의 마음을 앗아 잘못된 길로 인도하는 종교 지도자들을 지칭한다.

31 '왕국'이란 하나님의 왕국을 의미하며, 장차 도래할 '하나님의 나라' 또는 '천국'을 의미한다. 이 하나님의 나라가 언제 도래할 것인지에 대한 질문이 로기온 113에 나오며, 신약에서도 그 평행 구절이 나타난다. (눅17,20-21)

32 눈에 보이는 가시적인 왕국이 아니라, 말씀의 연장선에 있는 왕국이라면, 그것은 우리들의 밖으로부터 다가와, 우리들의 안에 거하는 성격의 왕국이다.

33 곱트어의 수동태 문장이다.

34 구약 시대 말미에 등장한 예수의 말씀에 의해 자신이 누구인가를 발견하고 자각하는 이들은, 어느새 자신들이 하나님과의 관계성에서 심각한 변화가 있었음을 알게 된다. 구약 내내 하나님은 우리 인간들에게 창조주이자 '주인'으로 다가오셨건만, 예수 이후부터는 우리 인간들은 더 이상 하나님의 '종'이 아닌 하나님의 '아들'이 될 수 있는 길이 열렸음을 깨닫게 되었고, 그러한 기쁜 소식을 전하는 것이 바로 복음이기도 하다.

35 하나님을 아버지로 부를 수 있는 이들은 하나님의 아들들이요, 그 아들들에게는 천지를 지으신 하나님께서 모든 것을 상속해 주시니 궁핍과 결핍은 더 이상 없고 오직 부요할 따름이다. 자신이 하나님의 아들임을 깨닫지 못하고 아직도 종의 신분에 갇히어 하나님을 아빠, 아버지라 부르는 대신 주인님이라고 부르는 사람들은 자신들이 바로 빈곤 그 자체이다.

(4)

ⲡⲉϫⲉ ⲓ̅ⲥ̅
ϥⲛⲁϫⲛⲁⲩ ⲁⲛ
ⲛ̅ϭⲓ ⲡⲣⲱⲙⲉ ⲛ̅ϩⲗ̅ⲗⲟ ϩⲛ̅ ⲛⲉϥϩⲟⲟⲩ
ⲉϫⲛⲉ ⲟⲩⲕⲟⲩⲉⲓ ⲛ̅ϣⲏⲣⲉ[36] ϣⲏⲙ
ⲉϥϩⲛ̅ ⲥⲁϣϥ̅ ⲛ̅ϩⲟⲟⲩ
ⲉⲧⲃⲉ ⲡⲧⲟⲡⲟⲥ[37] ⲙ̅ⲡⲱⲛϩ
ⲁⲩⲱ ϥⲛⲁⲱⲛϩ
ϫⲉ ⲟⲩⲛ̅ ϩⲁϩ ⲛ̅ϣⲟⲣⲡ` ⲛⲁⲣ̅ ϩⲁⲉ
ⲁⲩⲱ ⲛ̅ⲥⲉ[38]ϣⲱⲡⲉ ⲟⲩⲁ[39] ⲟⲩⲱⲧ

(5)

ⲡⲉϫⲉ ⲓ̅ⲥ̅
ⲥⲟⲩⲱⲛ ⲡⲉⲧⲙ̅ⲡⲙ̅ⲧⲟ[40] ⲙ̅ⲡⲉⲕϩⲟ[41] ⲉⲃⲟⲗ`[42]
ⲁⲩⲱ ⲡⲉⲑⲏⲡ· ⲉⲣⲟⲕ·
ϥⲛⲁϭⲱⲗⲡ· ⲉⲃⲟⲗ ⲛⲁⲕ·
ⲙⲛ̅ ⲗⲁⲁⲩ ⲅⲁⲣ[43] ⲉϥϩⲏⲡ·
ⲉϥⲛⲁⲟⲩⲱⲛϩ ⲉⲃⲟⲗ ⲁⲛ

---

36 ϣⲏⲣⲉ  *šrỉ* 어린 아이

37 ⲧⲟⲡⲟⲥ τόπος 장소

38 ⲛ̅ⲥⲉ 접속법 3인칭 복수.

39 ⲟⲩⲁ  *wꜥ* 하나.

40 ⲙ̅ⲡⲙ̅ⲧⲟ ⲉⲃⲟⲗ -의 앞에

41 ϩⲟ  *ḥr* 얼굴

42 ⲙ̅ⲡⲙ̅ⲧⲟ ⲙ̅ⲡⲉⲕϩⲟ ⲉⲃⲟⲗ 얼굴 앞 또는 ~의 면전.

43 ⲅⲁⲣ γάρ 왜냐하면.

(4)

예수께서 말씀하셨다.
"그의 산 날이 오래된 늙은이들은
태어난지 이레밖에 아니 된 아기에게[44]
생명의 처소에 관해 질문하기를
망설이지 말아야 한다.
그리함으로 그는 살아날 것은,
많은 앞선 자들이 뒤쳐질 것이기 때문인데,[45]
그리고 그들은 오로지 하나의 상태가 될 것이다."

(5)

예수께서 말씀하셨다.
"너의 면전에 있는 것[46]을 알라.[47]
그러면 너에게 감추인 것이
너에게 드러나리라.
그 어느 것도 숨기어져
드러나지 않을 것이 없느니라."

---

44 어린 아이에게서 이상적인 순수함과 아무 흠이 없는 원초성을 발견하고 그것을 강조하는 도마복음의 여러 구절 중 하나이다 (로기아 22, 37, 46, 48, 106). 그리고 어린 아이가 순수성을 견지하는 가장 중요한 요인은 바로 연이어 강조되는 말씀처럼 '하나'의 상태이기 때문이고, 이는 다시 말해 순수성을 상실한 요인 역시 하나가 둘 또는 그 이상으로 분열했기 때문이라 할 수 있으며, 둘의 상태에서 하나로 회귀하는 문제는 도마복음 전반에 나타나는 중요한 주제이다 (로기아 11, 22, 30, 106).

45 복음서에서는, 하나가 된다는 주제는 생략된 반면 앞선 자가 뒤쳐진다는 주제는 남아있다. 초기 성경 집성과 편집 과정에서 의도적으로 생략했을 가능성이 있겠다 (마19,30; 막10,31; 눅13,30).

46 면전에 있는 것이 무엇일까? 이 세상에 오셔서 진리의 말씀을 전하신 예수를 지칭하는 것으로 보는 것이 일반적인 견해이다. 복음서에서는 "네 얼굴 앞에 있는 이를 알라"는 예수의 권고가 있고 (마10,26; 막4,22; 눅8,17; 12,2), 도마복음서에도 "너희 앞에 살아있는 이는 무시하고 죽은 자에 대해서만 말하는도다" 라고 지적하는 말씀이 있기 때문이다 (로기온 52; 91). 하지만, 도마복음서가 신약복음서보다 더욱 앞선 원 복음서의 성격을 지니고 있다는 것을 감안하여 이곳에서는 달리 해석해 보고자 한다. 이집트 상형문에서 무언가의 앞을 나타내는 단어는 다음과 같은데,  *imt-sn hꜣt* 문자적으로는 '그들의 앞에 있는 존재'라는 뜻이지만, 실제로는 '그들의 기원' 또는 '근원'을 의미하는 표현이다. 그러므로, 눈 앞에 있는 것이 예수와 같은 어떤 사람인가 아니면 모든 인류가 회복해야만 하는 기원으로서의 태초의 원형을 말하는 가의 선택은 이 구절을 읽는 독자들의 몫이다.

47 **COYWN** '알다'라는 단어는 영지주의에서 매우 중요한 역할을 한다. 도마복음서에서만 25회 이상 나오고 있다.

(6)

ⲁⲩϫⲛⲟⲩϥ ⲛ̄ϭⲓ ⲛⲉϥ`ⲙⲁⲑⲏⲧⲏⲥ[48]
ⲡⲉϫⲁⲩ ⲛⲁϥ ϫⲉ
ⲕ`ⲟⲩⲱϣ ⲉⲧⲣⲛ̄ⲣ̄ⲛⲏⲥⲧⲉⲩⲉ[49]
ⲁⲩⲱ ⲉϣ ⲧⲉ ⲑⲉ ⲉⲛⲁϣⲗⲏⲗ
ⲉⲛⲁϯ ⲉⲗⲉⲏⲙⲟⲥⲩⲛⲏ[50]
ⲁⲩⲱ ⲉⲛⲁⲣ̄ⲡⲁⲣⲁⲧⲏⲣⲉⲓ[51] ⲉⲟⲩ ⲛ̄ϭⲓⲟⲩⲱⲙ`
ⲡⲉϫⲉ ⲓ̅ⲥ̅ ϫⲉ
ⲙ̄ⲡⲣ̄ϫⲉ ϭⲟⲗ
ⲁⲩⲱ ⲡⲉⲧⲉⲧⲙ̄ⲙⲟⲥⲧⲉ ⲙ̄ⲙⲟϥ` ⲙ̄ⲡⲣ̄ⲁⲁϥ
ϫⲉ ⲥⲉϭⲟⲗⲡ` ⲧⲏⲣⲟⲩ ⲉⲃⲟⲗ
ⲙ̄ⲡⲉⲙⲧⲟ ⲉⲃⲟⲗ ⲛ̄ⲧⲡⲉ
ⲙⲛ̄ ⲗⲁⲁⲩ ⲅⲁⲣ[52] ⲉϥϩⲏⲡ·
ⲉϥⲛⲁⲟⲩⲱⲛϩ ⲉⲃⲟⲗ ⲁⲛ
ⲁⲩⲱ ⲙⲛ̄ ⲗⲁⲁⲩ ⲉϥϩⲟⲃ̅ⲥ̅
ⲉⲩⲛⲁϭⲱ ⲟⲩⲉϣ ⲛ̄ ϭⲟⲗⲡϥ`

48 **ⲙⲁⲑⲏⲧⲏⲥ** μαθητής 제자.

49 **ⲛⲏⲥⲧⲉⲩⲉ** νηστεύειν 금식하다.

50 **ⲉⲗⲉⲏⲙⲟⲥⲩⲛⲏ** ἐλεημοσύνη 자선을 베풀다, 보시하다.

51 **ⲡⲁⲣⲁⲧⲏⲣⲉⲓ** παρατηρεῖν 지키다, 구분하다.

52 **ⲅⲁⲣ** γάρ 왜냐하면.

(6)
제자들이 질문하며 예수께 묻기를,
"당신은 우리들이 금식하기를 원하나이까?[53]
그리고 기도는 어떻게 해야 하나이까?[54]
이웃에게 보시하여야 하나이까?
또한 음식은 반드시 가려 먹어야 하나이까?"
예수께서 말씀하셨다.
"거짓을 말하지 말고
너 자신이 싫어하는 것을 행치 않도록 하라.
왜냐하면, 하늘 앞에서는 모든 것이 드러나고
그 어느 것 하나도 숨겨지는 것이 없느니라.
드러나지 않은 상태로 남아있는 것은
아무것도 없느니라."[55]

---

53 금식의 필요성과 방법을 묻는 질문이다.

54 기도를 어떻게 해야 하는지에 대한 질문은 오늘 우리 시대의 질문이기도 하다. 신약에서는 분명히 대중 앞에서 큰 소리로 드러나게 하지 말고 골방에서 혼자 하라는 예수의 권고가 실려 있건만, 오늘날까지 그것을 지키는 교회나 기독교인을 보기 힘들다. 기도라는 곱트어의 이집트 상형문 어원을 참고할 필요가 있겠다.  *šrr* '기도하다'라는 뜻인데, 발음을 우리말로 굳이 옮긴다면, 샤르르... 조용하게 살살하라는 말로 들리지 않는가?

55 하늘 앞에서 우리 인간들의 모든 생각과 행위는 숨김없이 드러나며, 또한, 하늘은 우리들의 모든 행위를 아시고 우리들이 원하는 것을 기도로 아뢰기도 전에 다 아신다. 기도와 자선의 불필요성까지 암시하는 말씀이건만, 오늘 이 순간까지 회중 기도 소리 요란하고 자선가들의 이름을 강단에서 낭독하는 목회자들의 소리 역시 높고 길기만 하다.

(7)

ⲡⲉϫⲉ ⲓ̅ⲥ̅

ⲟⲩⲙⲁⲕⲁⲣⲓⲟⲥ[56] ⲡⲉ

ⲡⲙⲟⲩⲉⲓ[57] ⲡⲁⲉⲓ ⲉⲧⲉ ⲡⲣⲱⲙⲉ ⲛⲁⲟⲩⲟⲙϥ[58]

ⲁⲩⲱ ⲛ̅ⲧⲉⲡⲙⲟⲩⲉⲓ ϣⲱⲡⲉ[59] ⲣ̅ⲣⲱⲙⲉ[60]

ⲁⲩⲱ ϥⲃⲏⲧ·[61] ⲛ̅ϭⲓⲡⲣⲱⲙⲉ ⲡⲁⲉⲓ ⲉⲧⲉ ⲡⲙⲟⲩⲉⲓ ⲛⲁⲟⲩⲟⲙϥ

ⲁⲩⲱ ⲡⲙⲟⲩⲉⲓ ⲛⲁϣⲱⲡⲉ ⲣ̅ⲣⲱⲙⲉ

---

56 ⲙⲁⲕⲁⲣⲓⲟⲥ μακάριος 복이 있나니.

57 ⲙⲟⲩⲉⲓ  *mꜣy* 사자.

58 ⲟⲩⲟⲙϥ  *wnm* 먹다, 물다.

59 ϣⲱⲡⲉ  *ḫpr* 존재하다, 되다, 일어나다, 거주하다, 동거하다.

60 ⲣ̅ⲣⲱⲙⲉ vieux copte에서는 ⲛ̅ 이 ⲣ̅ 앞에서 ⲣ̅ 로 변함.

61 ⲃⲱⲧⲉ, ⲃⲉⲧ-, ⲃⲟⲧ⸗, ⲃⲏⲧ† 오염시키다, 미워하다.

(7)

예수께서 말씀하셨다.

"사람이 잡아먹는 사자는 복이 있나니,[62]

그 사자가 사람이 될 것임이라.[63]

또한 사자가 잡아먹는 사람은 화가 있으리니,[64]

사자가 사람이 될 것임이라."[65]

62 사람에게 먹히거나 사람을 먹는 사자라는 동물이 가진 상징성은 악한 영과 마귀 또는 사탄과 연결됨을 신약은 보여준다. 믿는 자를 실족시키거나 영적인 죽음에 이르게 하는 위험한 존재임을 알리는 사도 바울의 경고도 찾아 볼 수 있다. 그러한 사자에게 먹히지 않고 오히려 그 사자를 잡아먹는 승리하는 신앙인은 복된 존재일 것이다.

63 사자가 사람이 될 수 있음은, 그 사자를 사람이 먹고 소화했기 때문이리라. 사탄의 공격에 굴하지 않고 능히 극복하는 사람은 이전보다 더욱 강한 신앙인이 될 것이다.

64 악한 영이나 사탄으로 상징되는 사자에게 먹히는 사람은 화가 임한 존재이니, 더 이상 이전과 같은 아름다운 모습을 상실한 채 추악한 모습을 드러낼 것이다.

65 사자가 사람이 된다 함은 무엇을 의미하는가? 게다가 앞선 문장에 이어 연속해서 거듭 사자가 사람이 된다 함으로써 모든 연구자들을 고민하게 만드는 난해한 구절이다. 사람이 사자를 먹어서 사자가 사람이 되었다면, 역으로 사자가 사람을 먹으면 사람이 사자가 되어야 논리적으로 앞뒤가 맞건만, 연속해서 사자가 사람이 된다 하기에, 대부분의 연구자들은 이 부분의 문장이 잘못 기록된 것으로 처리하는 중이기도 하다. 하지만, 영지주의적 관점에서는 본문의 문장은 잘못 기록된 것이 아니라 매우 정확하다. 왜냐하면, 앞의 사자와 뒤에 나오는 사자가 서로 다른 성격의 사자이기 때문이고, 또한 앞의 사람과 뒤에 나오는 사람 역시 다른 성격의 사람이기 때문이다. 다시 말해, 사람에게 먹힌 사자와 사람을 먹은 사자가 당연히 다르겠고, 사자를 먹은 사람은 여전히 사람이지만, 사자에게 먹힌 사람은 더 이상 사람이 아니라 사람의 탈을 쓴 사자가 된다는 극한 표현을 쓰고 있는 중이다. 사자에게 정복당하여 사자와 같은 사람이 된 이들이 세상에는 많지 않은가?

(8)

ⲁⲩⲱ ⲡⲉϫⲁϥ ϫⲉ
ⲉⲡⲣⲱⲙⲉ[66] ⲧⲛ̄ⲧⲱⲛ ⲁⲩⲟⲩⲱϩⲉ ⲣ̄ⲣⲙ̄ⲛ̄ϩⲏⲧ`
ⲡⲁⲉⲓ ⲛ̄ⲧⲁϩⲛⲟⲩϫⲉ[67] ⲛ̄ⲧⲉϥⲁⲃⲱ ⲉⲑⲁⲗⲁⲥⲥⲁ[68]
ⲁϥⲥⲱⲕ ⲙ̄ⲙⲟⲥ ⲉϩⲣⲁⲓ̈ ϩⲛ̄ ⲑⲁⲗⲁⲥⲥⲁ
ⲉⲥⲙⲉϩ ⲛ̄ⲧⲃ̄ⲧ· ⲛ̄ⲕⲟⲩⲉⲓ ⲛ̄ϩⲣⲁⲓ̈ ⲛ̄ϩⲏⲧⲟⲩ
ⲁϥϩⲉ ⲁⲩⲛⲟϭ ⲛ̄ⲧⲃ̄ⲧ ⲉⲛⲁⲛⲟⲩϥ` ⲛ̄ϭⲓ ⲡⲟⲩⲱϩⲉ ⲣ̄ⲣⲙ̄ⲛ̄ϩⲏⲧ`
ⲁϥⲛⲟⲩϫⲉ ⲛ̄ⲛ̄ⲕⲟⲩⲉⲓ ⲧⲏⲣⲟⲩ ⲛ̄ⲧⲃ̄ⲧ` ⲉⲃⲟⲗ ⲉ[ⲡⲉ]ⲥⲏⲧ ⲉⲑⲁⲗⲁⲥⲥⲁ
ⲁϥⲥⲱⲧⲡ·[69] ⲙ̄ⲡⲛⲟϭ ⲛ̄ⲧⲃ̄ⲧ ⲭⲱⲣⲓⲥ[70] ϩⲓⲥⲉ
ⲡⲉⲧⲉ ⲟⲩⲛ̄ ⲙⲁⲁϫⲉ ⲙ̄ⲙⲟϥ
ⲉⲥⲱⲧⲙ̄[71] ⲙⲁⲣⲉϥ`ⲥⲱⲧⲙ̄

---

66 ⲣⲱⲙⲉ  *rmṯ* 사람.

67 ⲛⲟⲩϫⲉ  *sṯꜣ* 그물을 끌다.

68 ⲑⲁⲗⲁⲥⲥⲁ θάλλασσα 바다.

69 ⲥⲱⲧⲡ  *stp* 선택하다, 고르다.

70 ⲭⲱⲣⲓⲥ χωρίς ~없이

71 ⲥⲱⲧⲙ̄  *sḏm* 듣다.

(8)

또한 말씀하셨다.

"사람[72]은 바다에 그물을 던져 자그마한 고기들로 가득찬 망을 들어올린
지혜로운 어부 같도다.
이 지혜로운 어부는 그 가운데서 크고 좋은 물고기를 발견하매
작은 것들은 바다 속으로 다시 던지고
큰 것들만 힘들이지 않고 골랐느니라.[73]
들을 귀가 있는 자들은 들을지어다."

---

72 이곳에서 우리는 신약에 나오는 유명한 가라지 비유와 씨를 뿌리는 '인자'에 대한 비유 말씀의 연장선과 유사한 구절을 만난다. 신약에서는 '인자'란 표현을 자주 쓰는데 비해 이곳에서는 그냥 '사람'이라는 말로 표현하고 있는데, 이 두 가지 표현이 사실은 서로 긴밀하게 연결되어 있다. 사람을 의미하는 곱트어 ⲣⲱⲙⲉ의 이집트 상형문 어원을 앞면 원문 주석에서 자세히 보면 드러나지만, 우리말 '사람'에서의 '람'의 발음이 담겨있음을 알 수 있다. 그렇다면 사람의 앞부분인 '사'는 어디로 갔으며 무엇일까? 고대 이집트어에서 '사'는 다음과 같이 표기하고 그 뜻은 '아들'이다.  *s3* 아들. 결국, 우리말 사+람의 표기 순서대로 상형문을 나열해보면 *s3-rmṯ*가 되어, 그 뜻은 바로 '사람의 아들', 곧 '인자'(人子)가 됨을 알 수 있다. 결국, 우리말 '사람'은 곧 '인자'이다.

73 그물에 걸려 올라 온 수많은 물고기 중에서 도마복음서는 큰 물고기만 선택하고 나머지는 바다로 되돌려 보내는 사람에 중점을 둔다. 그리고, 양 보다는 질을 강조하고 있다. 반면에 신약복음서의 동일한 비유에서는(마13,47-48) 양을 강조할 뿐 아니라 물고기를 가득히 잡은 그물에 무게를 두며 그 그물이 천국과 같다는 내용을 전개한다. 많은 사람들을 불러 모아야 하는 교회의 역할이 강조된 결과이리라.

(9)

ⲡⲉϫⲉ ⲓ̅ⲥ̅ ϫⲉ
ⲉⲓⲥ ϩⲏⲏⲧⲉ ⲁϥⲉⲓ ⲉⲃⲟⲗ ⲛ̅ϭⲓ ⲡⲉⲧ`ⲥⲓⲧⲉ
ⲁϥⲙⲉϩ ⲧⲟⲟⲧϥ̅ ⲁϥⲛⲟⲩϫⲉ
ⲁϩⲟⲉⲓⲛⲉ ⲙⲉⲛ[74] ϩⲉ ⲉϫⲛ̅ ⲧⲉϩⲓⲏ`
ⲁⲩⲉⲓ ⲛ̅ϭⲓ ⲛ̅ϩⲁⲗⲁⲧⲉ ⲁⲩⲕⲁⲧϥⲟⲩ
ϩⲛ̅ⲕⲟⲟⲩⲉ ⲁⲩϩⲉ ⲉϫⲛ̅ ⲧⲡⲉⲧⲣⲁ[75]
ⲁⲩⲱ ⲙ̅ⲡⲟⲩϫⲉ ⲛⲟⲩⲛⲉ ⲉⲡⲉⲥⲏⲧ` ⲉⲡⲕⲁϩ
ⲁⲩⲱ ⲙ̅ⲡⲟⲩⲧⲉⲩⲉ ϩⲙ̅ⲥ̅ ⲉϩⲣⲁï ⲉⲧⲡⲉ
ⲁⲩⲱ ϩⲛⲕⲟⲟⲩⲉ ⲁⲩϩⲉ ⲉϫⲛ̅ ⲛ̅ϣⲟⲛⲧⲉ
ⲁⲩⲱϭⲧ` ⲙ̅ⲡⲉϭⲣⲟϭ ⲁⲩⲱ ⲁⲡϥⲛ̅ⲧ̅ ⲟⲩⲟⲙⲟⲩ
ⲁⲩⲱ ⲁϩⲛ̅ⲕⲟⲟⲩⲉ ϩⲉ ⲉϫⲛ̅ ⲡⲕⲁϩ ⲉⲧⲛⲁⲛⲟⲩϥ·
ⲁⲩⲱ ⲁϥϯ ⲕⲁⲣⲡⲟⲥ[76] ⲉϩⲣⲁï ⲉⲧⲡⲉ ⲉⲛⲁⲛⲟⲩϥ·
ⲁϥⲉⲓ ⲛ̅ⲥⲉ ⲉⲥⲟⲧⲉ ⲁⲩⲱ ϣⲉ ϫⲟⲩⲱⲧ· ⲉⲥⲟⲧⲉ

(10)

ⲡⲉϫⲉ ⲓ̅ⲥ̅ ϫⲉ
ⲁⲉⲓⲛⲟⲩϫⲉ ⲛ̅ⲟⲩⲕⲱϩ̅ⲧ·[77]
ⲉϫⲛ̅ ⲡⲕⲟⲥⲙⲟⲥ[78]
ⲁⲩⲱ ⲉⲓⲥ ϩⲏⲏⲧⲉ
ϯⲁⲣⲉϩ ⲉⲣⲟϥ`[79] ϣⲁⲛⲧⲉϥϫⲉⲣⲟ[80]

74 **ⲙⲉⲛ** μέν 한편으로는, 참으로.

75 **ⲡⲉⲧⲣⲁ** πέτρα 바위.

76 **ⲕⲁⲣⲡⲟⲥ** καρπός 열매.

77 **ⲕⲱϩ̅ⲧ** 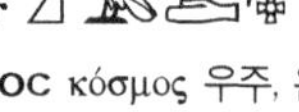 *ḳ3hd* 불, 불을 붙이다.

78 **ⲕⲟⲥⲙⲟⲥ** κόσμος 우주, 온 세상.

79 **ⲁⲣⲉϩ ⲉⲣⲟϥ** 가만히 서서 지켜보거나 예의 주시하는 것을 의미한다.

80 **ϫⲉⲣⲟ** 불이 붙다. 불길이 일어나다. 이 곱트어의 후반부는 사람의 입을 의미하는 단어가 붙었는데, 예수의 입에서 나온 진리의 말씀이 곧 불이라는 것과 우연히 만난다.

(9)

예수께서 말씀하셨다.
"보라 씨 뿌리는 자가 나왔노라.[81]
그가 손에 가득 씨를 갖고서는 뿌렸으니,
더러는 길에 떨어지니 새들이 와서 먹었고,
어떤 것은 바위 위에 떨어져 뿌리를 깊이 땅에 내리지 못함으로
싹을 하늘을 향해 낼 수 없었느니라.
또한 어떤 것들은 가시덤불에 떨어짐에
숨이 막힌 채 벌레들이 먹어버렸느니라.
하지만, 어떤 것들은 좋은 토양에 떨어져
참으로 실한 열매를 맺기를
육십 배와 백이십 배의 결실을 맺었느니라."

(10)

예수께서 말씀하셨다.
내가 세상에 불을 던졌노라.[82]
보라, 그 불이 번지기까지
내가 그것을 지켜보리라."[83]

81 씨뿌리는 자의 비유는 신약을 통해서 우리가 잘 알고 있는 비유 말씀이다 (마13,3-9; 막4,3-9; 눅8,5-8). 씨앗은 말씀을 의미하겠고, 네 가지 유형의 밭은 말씀 앞에 선 네 가지 유형의 인간의 마음 밭일 수 있겠다. 하지만, 말씀의 씨알이 떨어져 자라나는 인간의 마음 밭이 어떠한 가를 논할 수도 있지만, 그 마음밭 자체를 보다 더 나은 토양으로 바꾸게 도와주는 비료와도 같은 말씀도 하늘은 내려주시지 않을까?

82 불에 관한 비유도 신약에서 만날 수 있다 (눅12,49). 세상에 불을 던졌다 함은, 거짓된 세상에 진리를 전하고 죽은 영혼을 살리는 생명의 말씀을 전한 것을 의미하는데, 하늘이 발하는 진리의 말씀은 불과 같아, 온 세상을 능히 태울만한 능력을 지녔다.

83 불이 붙지않아 아쉬워하는 내용을 담은 신약 성구와도 연관되는 부분이다. 지켜보는 이유는 불이 붙는데 시간이 걸리기에 그러하겠고, 하늘은 마냥 기다리는 것이 아니라 주어진 일정한 기간이 있어 이를 두고 예수는 하늘이 '권고하는 기간'이라 표현하신 적 있다 (눅19,41-44). 하늘이 미리 정하신 이 기간 내에 만일 불이 붙지않으면 그 불은 살리는 불이 아니라 죽이는 불이 될 수도 있다.

(11)

ⲡⲉϫⲉ ⲓ̅ⲥ̅ ϫⲉ
ⲧⲉⲉⲓ ⲡⲉ ⲛⲁⲣ̅ⲡⲁⲣⲁⲅⲉ[84]
ⲁⲩⲱ ⲧⲉⲧⲛ̅ⲧⲡⲉ[85] ⲙ̅ⲙⲟⲥ ⲛⲁⲣ̅ⲡⲁⲣⲁⲅⲉ
ⲁⲩⲱ ⲛⲉⲧⲙⲟⲟⲩⲧ ⲥⲉⲟⲛϩ ⲁⲛ
ⲁⲩⲱ ⲛⲉⲧⲟⲛϩ ⲥⲉⲛⲁⲙⲟⲩ ⲁⲛ
ⲛ̅ϩⲟⲟⲩ ⲛⲉⲧⲉⲧⲛ̅ⲟⲩⲱⲙ` ⲙ̅ⲡⲉⲧⲙⲟⲟⲩⲧ`
ⲛⲉⲧⲉⲧⲛ̅ⲉⲓⲣⲉ ⲙ̅ⲙⲟϥ ⲙ̅ⲡⲉⲧⲟⲛϩ
ϩⲟⲧⲁⲛ[86] ⲉⲧⲉⲧⲛ̅ϣⲁⲛϣⲱⲡⲉ ϩⲙ̅ ⲡⲟⲩⲟⲉⲓⲛ
ⲟⲩ ⲡⲉⲧⲉⲧⲛⲁⲁⲁϥ
ϩⲙ̅ⲫⲟⲟⲩ ⲉⲧⲉⲧⲛ̅ⲟ ⲛ̅ⲟⲩⲁ ⲁⲧⲉⲧⲛ̅ⲉⲓⲣⲉ ⲙ̅ⲡⲥⲛⲁⲩ
ϩⲟⲧⲁⲛ ⲇⲉ[87] ⲉⲧⲉⲧⲛ̅ϣⲁϣⲱⲡⲉ ⲛ̅ⲥⲛⲁⲩ
ⲟⲩ ⲡⲉ ⲉⲧⲉⲧⲛ̅ⲛⲁⲁⲁϥ`

(12)

ⲡⲉϫⲉ ⲙ̅ⲙⲁⲑⲏⲧⲏⲥ[88] ⲛ̅ⲓ̅ⲥ̅ ϫⲉ
ⲧⲛ̅ⲥⲟⲟⲩⲛ ϫⲉ ⲕⲛⲁⲃⲱⲕ ⲛⲧⲟⲟⲧⲛ̅
ⲛⲓⲙ` ⲡⲉ ⲉⲧⲛⲁⲣ̅ ⲛⲟϭ ⲉϩⲣⲁⲓ̈ ⲉϫⲱⲛ
ⲡⲉϫⲉ ⲓ̅ⲥ̅ ⲛⲁⲩ ϫⲉ
ⲡⲙⲁ ⲛ̅ⲧⲁⲧⲉⲧⲛ̅ⲉⲓ ⲙ̅ⲙⲁⲩ
ⲉⲧⲉⲧⲛⲁⲃⲱⲕ` ϣⲁ ⲓ̈ⲁⲕⲱⲃⲟⲥ ⲡⲇⲓⲕⲁⲓⲟⲥ[89]
ⲡⲁⲉⲓ ⲛ̅ⲧⲁⲧⲡⲉ ⲙⲛ̅ ⲡⲕⲁϩ ϣⲱⲡⲉ ⲉⲧⲃⲏⲧϥ̅

---

84 ⲣ̅ⲡⲁⲣⲁⲅⲉ παράγειν 스쳐 지나가다.

85 ⲧⲉⲧⲛ̅ⲧⲡⲉ 하늘에 속한 것 (ⲧ + ⲉⲧ + ⲛ̅ + ⲧ + ⲡⲉ)

86 ϩⲟⲧⲁⲛ ὅταν (만일) ~하다면, ~할 때.

87 ⲇⲉ δέ 그런데.

88 ⲙⲁⲑⲏⲧⲏⲥ μαθητής 제자.

89 ⲇⲓⲕⲁⲓⲟⲥ δίκαιος 의인.

(11)
예수께서 말씀하셨다.
"이 하늘이 지나갈 것이요,
거기에 속한 것도 지나갈 것이다.[90]
죽은 자는 되살아나지 않을 것이요
산 자는 죽지 않으리라.
너희들이 죽은 것을 먹던 날
죽은 것이 살아났었다.
너희들이 한 번 빛 가운데 거하였다면
너희들이 무엇을 해야만 할까?
너희들이 하나였던 날
너희들은 둘이 되었다.[91]
그렇게 이미 둘이 되었다면
너희들이 무엇을 하여야 할까?"

(12)
제자들이 예수께 물었다.
"당신이 우리들 곁을 떠나실 것을 압니다.
우리 가운데 누가 가장 큰 자가 되오리까?"[92]
예수께서 그들에게 말씀하셨다.
"너희들이 어디에 가든지 간에
의인 야곱[93]에게로 갈지어다.
하늘과 땅이 그로 인하여 창조되었기 때문이다."[94]

---

90 신약복음서와의 평행을 여기서 읽을 수 있지만, 그곳에서 강조하는 '율법'이나(마5,18) '주의 말씀'(눅21,33)과 연관시키지는 않고 있다. 게다가 도마복음에서는 복음서에서 누누이 강조하는 '종말'이나 '세상의 끝날'에 대한 강조도 없다.

91 단독자로서의 '하나'와 모든 것을 아우르는 총체적 존재로서의 '하나'를 구분할 수 있고, 하나의 상태를 향해 가야만 하는 분리 상태의 '둘'과 완전한 합일 상태의 '둘', 곧 '쌍'이 또한 서로 다른 개념인데, 이 문제에 관해서는 더욱 많은 연구가 필요하다.

92 이 질문을 통해 우리는 초대교회에서의 수장 자리를 놓고 일어난 다툼 뿐 아니라 그보다 더욱 이른 시기인 예수 생존시부터 이미 대두되던 제자들 간의 갈등을 엿볼 수 있다. 신약은 여러 명의 사도들이 선후를 다투는 흔적을 보여주고 있고 도마복음서 역시 의인 야고보와 도마 사도 그리고 심지어는 여성인 마리아까지 최승 제자 자리를 놓고 다투었음을 보여준다.

93 '의인 야곱'이 누구를 지칭하는 지에 대한 정확한 결론은 없다. 예수의 친형제이자 초대 예루살렘 교회 주교로 알려진 야곱일 것이라는 추측만 하고 있으며, 바로 그 이유로 도마복음서의 예루살렘 기원설의 근거가 되는 구절이 이 로기온이다.

94 하늘과 땅이 그를 위해 창조된 자라는 말은 과도한 표현이기는 하지만, 동시에 언젠가는 지나갈 존재로서의 하늘과 땅이라는 한시적인 지위를 나타내기도 한다.

(13)

ⲡⲉϫⲉ ⲓ̅ⲥ̅ ⲛⲛⲉϥⲙⲁⲑⲏⲧⲏⲥ[95] ϫⲉ
ⲧⲛ̄ⲧⲱⲛⲧ` ⲛ̄ⲧⲉⲧⲛ̄ ϫⲟⲟⲥ ⲛⲁⲉⲓ ϫⲉ ⲉⲉⲓⲛⲉ[96] ⲛ̄ⲛⲓⲙ
ⲡⲉϫⲁϥ ⲛⲁϥ ⲛ̄ϭⲓ ⲥⲓⲙⲱⲛ ⲡⲉⲧⲣⲟⲥ ϫⲉ
ⲉⲕⲉⲓⲛⲉ ⲛ̄ⲟⲩⲁⲅ`ⲅⲉⲗⲟⲥ ⲛ̄ⲇⲓⲕⲁⲓⲟⲥ[97]
ⲡⲉϫⲁϥ ⲛⲁϥ ⲛ̄ϭⲓ ⲙⲁⲑ`ⲑⲁⲓⲟⲥ ϫⲉ
ⲉⲕⲉⲓⲛⲉ ⲛ̄ⲟⲩⲣⲱⲙⲉ ⲙ̄ⲫⲓⲗⲟⲥⲟⲫⲟⲥ ⲛ̄ⲣⲙ̄ⲛ̄ϩⲏⲧ`
ⲡⲉϫⲁϥ ⲛⲁϥ ⲛ̄ϭⲓ ⲑⲱⲙⲁⲥ ϫⲉ
ⲡⲥⲁϩ ϩⲟⲗⲱⲥ ⲧⲁⲧⲁⲡⲣⲟ ⲛⲁϣⲁⲡϥ` ⲁⲛ
ⲉⲧⲣⲁϫⲟⲟⲥ ϫⲉ ⲉⲕⲉⲓⲛⲉ ⲛ̄ⲛⲓⲙ·
ⲡⲉϫⲉ ⲓ̅ⲏ̅ⲥ̅ ϫⲉ
ⲁⲛⲟⲕ` ⲡⲉⲕ`ⲥⲁϩ ⲁⲛ
ⲉⲡⲉⲓ[98] ⲁⲕⲥⲱ ⲁⲕϯϩⲉ ⲉⲃⲟⲗ ϩⲛ̄ ⲧⲡⲏⲅⲏ[99] ⲉⲧⲃⲣ̄ⲃⲣ
ⲉⲧⲁⲉⲓ ⲁⲛⲟⲕ` ⲛ̄ⲧⲁⲉⲓϣⲓⲧⲥ̄
ⲁⲩⲱ ⲁϥϫⲓⲧϥ̄ ⲁϥⲁⲛⲁⲭⲱⲣⲉⲓ[100]
ⲁϥϫⲱ ⲛⲁϥ ⲛ̄ϣⲟⲙⲧ` ⲛ̄ϣⲁϫⲉ
ⲛ̄ⲧⲁⲣⲉⲑⲱⲙⲁⲥ ⲇⲉ[101] ⲉⲓ ϣⲁ ⲛⲉϥ`ϣⲃⲉⲉⲣ`
ⲁⲩϫⲛⲟⲩϥ` ϫⲉ ⲛ̄ⲧⲁⲓ̅ⲥ̅ ϫⲟⲟⲥ ϫⲉ ⲟⲩ ⲛⲁⲕ`
ⲡⲉϫⲁϥ` ⲛⲁⲩ ⲛ̄ϭⲓ ⲑⲱⲙⲁⲥ ϫⲉ
ⲉⲓϣⲁⲛ`ϫⲱ ⲛⲏⲧⲛ̄ ⲟⲩⲁ ϩⲛ̄ ⲛ̄ϣⲁϫⲉ ⲛ̄ⲧⲁϥϫⲟⲟⲩ ⲛⲁⲉⲓ
ⲧⲉⲧⲛⲁϥⲓ ⲱⲛⲉ ⲛ̄ⲧⲉⲧⲛ̄ⲛⲟⲩϫⲉ ⲉⲣⲟⲉⲓ
ⲁⲩⲱ ⲛ̄ⲧⲉⲟⲩⲕⲱϩⲧ` ⲉⲓ ⲉⲃⲟⲗ ϩⲛ̄ ⲛ̄ⲱⲛⲉ
ⲛ̄ⲥⲉⲣⲱϩⲕ` ⲙ̄ⲙⲱⲧⲛ̄

95 **ⲙⲁⲑⲏⲧⲏⲥ** μαθητής 제자.

96 **ⲉⲉⲓⲛⲉ** 닮다라는 뜻으로, 원래는 **ⲉ ⲉⲓ ⲉⲓⲛⲉ** 가 올바른 형이다.

97 **ⲇⲓⲕⲁⲓⲟⲥ** δίκαιος 의인.

98 **ⲉⲡⲉⲓ** ἐπεί 왜냐하면.

99 **ⲡⲏⲅⲏ** πηγή 샘물.

100 **ⲁⲛⲁⲭⲱⲣⲉⲓ** ἀναχωρεῖν 물러나다, 거리를 두고 멀어지다.

101 **ⲇⲉ** δέ 그리고 난 후.

(13)
예수께서 제자들에게 말씀하시기를,
"비교하여 내게 말하라. 내가 누구와 유사한가?"[102]
시몬 베드로가 그에게 말하기를,
"당신은 의의 천사와 같나이다."
마태가 그에게 답하기를,
"당신은 지혜의 철인(哲人)과 같나이다."
또한 도마가 그에게 답하기를,
"선생이여, 당신이 누구와 흡사한지를 말하기에는
나의 입술이 전혀 합당치 않을 뿐입니다."
예수께서 말씀하셨다.
"나는 더 이상 너의 선생이 아니다.
왜냐하면, 너는 내가 만든 샘의 거품이 이는 샘물을 마셨고 또 취했기 때문이다."
그리고 예수께서 도마를 따로 곁으로 불러내시어
그에게 세 마디 말씀을 주셨다.[103]
도마가 동료들에게 되돌아오자 그들은 도마에게 말하기를,
"예수께서 네게 무엇을 말하였는가?"[104]
도마가 그들에게 말하기를,
"그가 내게 한 말씀의 한가지라도 너희에게 말한다면,
너희는 돌을 들어 내게로 던질 것이요,
그러면, 돌에서 불이 나와 너희를 태울 것이다."

102 마16,13.

103 앞선 구절에서는 의인 야곱이 특별한 제자의 지위에 지목된 반면에 이곳에서는 도마의 특이한 지위가 강조된다. 양자 간에 모순을 발견하기 보다는 두 가지의 전승이 한데 모여진 것으로 이해된다. 즉, 예수 이후의 교회의 수장으로서의 의인 야곱과 그와 동시에 예수의 숨겨진 비밀 전승 측면에서의 독특한 말씀 계승자로 도마가 지목되고 있다.

104 예수께서 도마에게 특별히 말씀하신 내용이 무엇인지는 아무도 모른다. 다만 도마의 답변으로 미루어 보건대, 다른 제자들이 역정을 내며 크게 반발할 내용인 듯 하니, 아마도 예수의 영적 형제, 영적 동반자 내지는 쌍둥이 역할에 관한 비밀의 말씀이 오갔을 가능성이 있다고 본다. 신약복음서가 전하고 있는 베드로의 고백문은, 누가 교회의 수장인가에 대한 초대 교회의 의견이 투영된 후기 첨가문일 가능성이 크다.

(14)

ⲡⲉϫⲉ ⲓ̅ⲥ̅ ⲛⲁⲩ ϫⲉ
ⲉⲧⲉⲧⲛ̅ϣⲁⲛⲣ̅ⲛⲏⲥⲧⲉⲩⲉ[105]
ⲧⲉⲧⲛⲁϫⲡⲟ ⲛⲏⲧⲛ̅ ⲛ̅ⲛⲟⲩⲛⲟⲃⲉ
ⲁⲩⲱ ⲉⲧⲉⲧⲛ̅ϣⲁⲛϣⲗⲏⲗ`
ⲥⲉⲛⲁⲣ̅ⲕⲁⲧⲁⲕⲣⲓⲛⲉ[106] ⲙ̅ⲙⲱⲧⲛ̅
ⲁⲩⲱ ⲉⲧⲉⲧⲛ̅ϣⲁⲛϯ ⲉⲗⲉⲏⲙⲟⲥⲩⲛⲏ[107]
ⲉⲧⲉⲧⲛⲁⲉⲓⲣⲉ ⲛ̅ⲟⲩⲕⲁⲕⲟⲛ[108] ⲛ̅ⲛⲉⲧⲙ̅ⲡ̅ⲛ̅ⲁ̅[109]
ⲁⲩⲱ ⲉⲧⲉⲧⲛ̅ϣⲁⲛⲃⲱⲕ` ⲉϩⲟⲩⲛ ⲉⲕⲁϩ ⲛⲓⲙ
ⲁⲩⲱ ⲛ̅ⲧⲉⲧⲙ̅ ⲙⲟⲟϣⲉ ϩⲛ̅ ⲛ̅ⲭⲱⲣⲁ[110]
ⲉⲩϣⲁⲣ̅ⲡⲁⲣⲁⲇⲉⲭⲉ[111] ⲙ̅ⲙⲱⲧⲛ̅
ⲡⲉⲧⲟⲩⲛⲁⲕⲁⲁϥ ϩⲁⲣⲱⲧⲛ̅ ⲟⲩⲟⲙϥ̅
ⲛⲉⲧϣⲱⲛⲉ ⲛ̅ϩⲏⲧⲟⲩ ⲉⲣⲓⲑⲉⲣⲁⲡⲉⲩⲉ[112] ⲙ̅ⲙⲟⲟⲩ
ⲡⲉⲧⲛⲁⲃⲱⲕ ⲅⲁⲣ`[113] ⲉϩⲟⲩⲛ ϩⲛ̅ ⲧⲉⲧⲛ̅ⲧⲁⲡⲣⲟ
ϥⲛⲁϫⲱϩⲙ̅ ⲧⲏⲩⲧⲛ̅ ⲁⲛ`
ⲁⲗⲗⲁ[114] ⲡⲉⲧⲛⲁⲛⲏⲩ ⲉⲃⲟⲗ` ϩⲛ̅ ⲧⲉⲧⲛ̅ⲧⲁⲡⲣⲟ
ⲛ̅ⲧⲟϥ ⲡⲉⲧⲛⲁϫⲁϩⲙ̅ ⲧⲏⲩⲧⲛ̅

(15)

ⲡⲉϫⲉ ⲓ̅ⲥ̅ ϫⲉ
ϩⲟⲧⲁⲛ[115] ⲉⲧⲉⲧⲛ̅ϣⲁⲛⲛⲁⲩ
ⲉⲡⲉⲧⲉ ⲙ̅ⲡⲟⲩϫⲡⲟϥ` ⲉⲃⲟⲗ ϩⲛ̅ ⲧⲥϩⲓⲙⲉ
ⲡⲉϩⲧ` ⲧⲏⲩⲧⲛ̅ ⲉϫⲙ̅ ⲡⲉⲧⲛ̅ϩⲟ ⲛ̅ⲧⲉⲧⲛ̅ ⲟⲩⲱϣⲧ ⲛⲁϥ`
ⲡⲉⲧⲙ̅ⲙⲁⲩ ⲡⲉ ⲡⲉⲧⲛ̅ⲉⲓⲱⲧ`

---

105 ⲛⲏⲥⲧⲉⲩⲉ ⲛⲏⲥⲧⲉⲩ̈ⲉⲓⲛ 금식하다.

106 ⲕⲁⲧⲁⲕⲣⲓⲛⲉ κατακρίνειν 심판하다.

107 ⲉⲗⲉⲏⲙⲟⲥⲩⲛⲏ ἐλεημοσύνη 자선을 베풀다, 보시하다.

108 ⲕⲁⲕⲟⲛ κακόν 악, 사악.

109 ⲡ̅ⲛ̅ⲁ̅ πνεῦμα 성령.

110 ⲭⲱⲣⲁ χώρα 전원, 지방, 시골.

111 ⲡⲁⲣⲁⲇⲉⲭⲉ παραδέχεσθαι 대접하다.

112 ⲑⲉⲣⲁⲡⲉⲩⲉ θεραπεύειν 치료하다, 병을 고치다.

113 ⲅⲁⲣ γάρ 왜냐하면.

114 ⲁⲗⲗⲁ ἀλλά 하지만, 그러나.

115 ϩⲟⲧⲁⲛ ὅταν (만일) ~하다면, ~할 때.

(14)
예수께서 그들에게 말씀하셨다.
"너희가 만일 금식을 한다면
너희는 자기 자신에게 죄를 짓는 것이 되고,[116]
기도를 함으로
심판을 초래하게 되며,[117]
또한 남을 구제함으로
자기 영혼을 속이게 된다.[118]
너희가 장차 어느 나라 어느 마을에든 들어가
사람들이 너희를 대접할 때
너희 앞에 놓인 것을 먹고
그들 가운데 있는 병자들을 돌보라.
입으로 들어가는 것이
너희를 더럽히지는 않는다.
다만 입에서 나오는
그것이 너희를 더럽게 하느니라."

(15)
예수께서 말씀하셨다.
"너희는 여인의 몸을 통해 나지 않은 자[119]를 보거든
엎드려 그를 경배하고 찬양하라.
그는 너희의 아버지[120]니라."

116 신약복음서에 기초한 전통적 윤리와는 다른 그리스도의 가르침이 이곳에서 연속 제시되고 있다. 기독교인들이 자랑하는 '금식'의 미덕은 예수에 의해 강하게 비판받고 있으며, 금식이 자기 자신에게 죄를 짓는다는 예수의 지적은, 방언이 자신에게만 유익할 뿐이라는 바울 사도의 지적을 상기시킨다.

117 '기도' 역시 마찬가지이다. 기도 이외에는 이러한 능력이 나오지 않는다는 신약복음서에서의 강조는 그리스도의 원판 가르침이 아닐 가능성이 크다.

118 '구제'의 미덕이 이처럼 심한 비난에 직면한 적이 없을 것이다. 세상에 편만한 가난은 구제로 해결되지 않는다는 것을 보여주고, 그럼에도 구제의 미덕을 드러내고 싶은 사람은 자기 영혼을 속이는 행위라는 지적을 바로 이해하는 사람이 얼마나 될지 매우 난해한 가르침이다. 구제가 은밀하게 이루어지기를, 한 손이 하는 일을 다른 손이 모르도록 하라는 그리스도의 권고를 깨닫기 위해서는 근 2천년의 세월이 인류에게는 필요했었다.

119 '여인의 몸을 통해 나지 않은 자'는 신약의 언어인 그리스어로는 '모노게네스'(μονογενής) 라고 하며, 이를 두고 '독생자'라고 신약에서는 번역하고 있으나, 본래의 뜻은 단순한 하나님의 외아들임을 넘어 '스스로 태어난 자', 곧 여인의 몸을 통해 태어나지 않은 사람을 말한다. 그리고, 구약 전통의 시각으로 보면, 원죄로 부터 자유한 상태를 의미하며 (욥14,1), '여인의 몸을 통해 난 사람'은 그 원죄 속에서 태어난 우리 모든 인간을 지칭한다 (마11,11 ; 눅7,28).

120 여인의 몸을 통해 태어나야만 하는 모든 인간의 운명에서 벗어나 있거나, 장차 벗어나야 하는 신적인 상태를 두고 이곳에서는 '아버지'로 표현하고 있다.

(16)

ⲡⲉϫⲉ ⲓ̅ⲥ̅ ϫⲉ
ⲧⲁⲭⲁ[121] ⲉⲩⲙⲉⲉⲩⲉ ⲛ̅ϭⲓ ⲡ̅ⲣⲱⲙⲉ ϫⲉ
ⲛ̅ⲧⲁⲉⲓⲉⲓ ⲉⲛⲟⲩϫⲉ ⲛ̅ⲟⲩⲉⲓⲣⲏⲛⲏ[122] ⲉϫⲙ̅ ⲡⲕⲟⲥⲙⲟⲥ[123]
ⲁⲩⲱ ⲥⲉⲥⲟⲟⲩⲛ ⲁⲛ ϫⲉ
ⲛ̅ⲧⲁⲉⲓⲉⲓ ⲁⲛⲟⲩϫⲉ ⲛ̅ϩⲛ̅ⲡⲱⲣϫ` ⲉϫⲙ̅ ⲡⲕⲁϩ
ⲟⲩⲕⲱϩⲧ· ⲟⲩⲥⲏϥⲉ` ⲟⲩⲡⲟⲗⲉⲙⲟⲥ[124]
ⲟⲩⲛ̅ ϯⲟⲩ ⲅⲁⲣ[125] ⲛⲁϣⲱⲡ[ⲉ] ϩⲛ̅ ⲟⲩⲏⲉⲓ
ⲟⲩⲛ̅ ϣⲟⲙⲧ ⲛⲁϣⲱⲡⲉ ⲉϫⲛ̅ ⲥⲛⲁⲩ
ⲁⲩⲱ ⲥⲛⲁⲩ ⲉϫⲛ̅ ϣⲟⲙⲧ·
ⲡⲉⲓⲱⲧ` ⲉϫⲙ̅ ⲡϣⲏⲣⲉ ⲁⲩⲱ ⲡϣⲏⲣⲉ ⲉϫⲙ̅ ⲡⲉⲓⲱⲧ
ⲁⲩⲱ ⲥⲉⲛⲁⲱϩⲉ ⲉⲣⲁⲧⲟⲩ ⲉⲩⲟ ⲙ̅ⲙⲟⲛⲁⲭⲟⲥ[126]

(17)

ⲡⲉϫⲉ ⲓ̅ⲥ̅ ϫⲉ
ϯⲛⲁϯ ⲛⲏⲧⲛ̅ ⲙ̅ⲡⲉⲧⲉ ⲙ̅ⲡⲉⲃⲁⲗ[127] ⲛⲁⲩ ⲉⲣⲟϥ
ⲁⲩⲱ ⲡⲉⲧⲉ ⲙ̅ⲡⲉⲙⲁⲁϫⲉ[128] ⲥⲟⲧⲙⲉϥ·
ⲁⲩⲱ ⲡⲉⲧⲉ ⲙ̅ⲡⲉϭⲓϫ[129] ϭⲙ̅ϭⲱⲙϥ̅·
ⲁⲩⲱ ⲙ̅ⲡⲉϥⲉⲓ ⲉϩⲣⲁï ϩⲓ ⲫⲏⲧ`[130] ⲣ̅ⲣⲱⲙⲉ

---

121 **ⲧⲁⲭⲁ** τάχα 아마도.

122 **ⲉⲓⲣⲏⲛⲏ** εἰρήνη 평화.

123 **ⲕⲟⲥⲙⲟⲥ** κόσμος 우주, 온 세상.

124 **ⲡⲟⲗⲉⲙⲟⲥ** πόλεμος 다툼, 분쟁, 전쟁.

125 **ⲅⲁⲣ** γάρ 왜냐하면.

126 **ⲙⲟⲛⲁⲭⲟⲥ** μοναχός 단독자, 고립되어 홀로 사는 사람.

127 **ⲃⲁⲗ** 눈.

128 **ⲙⲁⲁϫⲉ** 귀.

129 **ϭⲓϫ** 손.

130 **ⲫⲏⲧ** = **ⲡ**+**ϩⲏⲧ** 마음.

(16)

예수께서 말씀하시기를,

"사람들은 아마도 내가 세상에 평화를 전파하러 왔다고만 생각하고
내가 분열과 불과 칼과 전쟁을 던지러 왔다는 것을 모른다.[131]
한 집안에 다섯이 있다면,
둘이 셋을 대적하고 셋이 둘을 대적할 것이며,
아비가 아들을 그리고 아들이 아비를 대적함으로
각기 단독자로[132] 서리라."

(17)

예수께서 말씀하셨다.

"너희 눈으로 본 적이 없고,
귀로 들은 적도 없으며,
손으로 만져 본 적도 없고,
마음에 일어난 적 없는 그러한 것들을
내가 이제 너희에게 주리라."[133]

---

131 신약에서 평행이 발견되는 유명한 구절이다 (마10,34-36 ; 눅12,51-53). 예수가 선사하는 분열과 갈등의 요체로서의 칼은 '하나님의 말씀'이기도 하다 (히4,12).

132 말씀의 검으로 인해, 죄악이 침범하여 이분화된 우리 영혼과 인간 사회 전반은 분리 수술의 고통을 거침으로써 타락 이전의 원초적인 인간 상태인 '단독자'가 된다.

133 이러한 표현은 도마복음서 이전부터 이미 널리 퍼져있던 유명한 문구였는 듯. 신약은 물론이요 (고전2,9) 멀리 중국 돈황에서 발굴된 마니교 문서에도 나오고 있다(Tourfan M,789). 하지만 예수가 우리들에게 주고자 하시는 그것이 무엇인지는 불분명하나, 예수의 출현 이후 우리가 몸담은 이 세계는 이전과는 전혀 다른 '새로운 법'(렘 33,33)에 의해 전혀 새로운 경지가 열려 나간 것은 분명하다.

(18)

ⲡⲉϫⲉ ⲙ̄ⲙⲁⲑⲏⲧⲏⲥ[134] ⲛ̄ⲓ̄ⲥ̄ ϫⲉ
ϫⲟⲟⲥ ⲉⲣⲟⲛ ϫⲉ ⲧⲛ̄ϩⲁⲏ ⲉⲥⲛⲁϣⲱⲡⲉ ⲛ̄ ⲁϣ ⲛ̄ϩⲉ
ⲡⲉϫⲉ ⲓ̄ⲥ̄
ⲁⲧⲉⲧⲛ̄ϭⲱⲗⲡ̀ ⲅⲁⲣ[135] ⲉⲃⲟⲗ ⲛ̄ⲧⲁⲣⲭⲏ[136]
ϫⲉⲕⲁⲁⲥ ⲉⲧⲉⲧⲛⲁϣⲓⲛⲉ ⲛ̄ⲥⲁ ⲑⲁϩⲏ
ϫⲉ ϩⲙ̄ ⲡⲙⲁ ⲉⲧⲉ ⲧⲁⲣⲭⲏ ⲙ̄ⲙⲁⲩ ⲉⲑⲁϩⲏ ⲛⲁϣⲱⲡⲉ ⲙ̄ⲙⲁⲩ
ⲟⲩⲙⲁⲕⲁⲣⲓⲟⲥ[137] ⲡⲉⲧⲛⲁⲱϩⲉ ⲉⲣⲁⲧϥ ϩⲛ̄ ⲧⲁⲣⲭⲏ
ⲁⲩⲱ ϥⲛⲁⲥⲟⲩⲱⲛ ⲑϩⲁⲏ
ⲁⲩⲱ ϥⲛⲁϫⲓ ϯⲡⲉ ⲁⲛ ⲙ̄ⲙⲟⲩ

134 **ⲙⲁⲑⲏⲧⲏⲥ** μαθητής 제자.

135 **ⲅⲁⲣ** γάρ 왜냐하면.

136 **ⲁⲣⲭⲏ** ἀρχή 시작, 기원, 태초.

137 **ⲙⲁⲕⲁⲣⲓⲟⲥ** μακάριος 복이 있나니.

(18)

제자들이 예수께 물었다.

"우리들의 끝이 어떠할지 말씀해 주소서."

예수께서 말씀하셨다.

"시작에 관해 알았기에 이제 너희가 끝에 관해서도 묻노니,

이는 시작이 있는 그 곳에 끝도 있기 때문이라.[138]

시작 위에 굳게 서 있는 자 복 있나니 끝을 알 것이요

또한 죽음을 맛보지 아니하리라."[139]

---

138 '끝'에 관한 두 가지 관점이 이곳에서는 대비되는 중이다. 기독교의 전통적인 직선적 사관에 입각한 종말관과 그와는 다른 영원 회귀의 순환적 사관이 서로 엇갈리고 있다. 예수가 강조하는 순환적 사관에 의하면 시작과 끝은 서로 만나지고 이어지기에 시작이 있는 그 곳에는 끝이 있고, 끝은 또 다른 시작일 뿐이다. 이것이 만일 예수 가르침의 원형이라면, 신약 전편에 걸친 유일회적 종말관은 어디에서 비롯된 것일까? 유일하게 순환적 시원과 종말이 함께 함을 다룬 구절이 요한복음의 서두에 나오는데 (요1,1-4), 역사의 알파라고 할 수 있는 '태초'에 역사의 오메가이신 '말씀'이 함께 있었다는 서술이 그것이다.

139 복음서에서도 여러번 등장하는 낯익은 구절이지만 (마16,28 ; 막9,1 ; 눅9,27) 실제 인간의 육신이 사멸하지 않고 영생한다는 것은 예수의 근본 가르침과 거리가 있건만, 사도 바울조차도 그의 서신에서 영생과 부활에 관한 소망을 드러내고 있는데 (고전4,15), 서신 속에서 바울은 그리스도 부활 시까지 우리들 산 자들이 죽지 않고 주를 맞이하리라는 소망을 담고 있기 때문이다.

(19)

ⲡⲉϫⲉ ⲓ̅ⲥ̅ ϫⲉ

ⲟⲩⲙⲁⲕⲁⲣⲓⲟⲥ[140] ⲡⲉⲛ̅ⲧⲁϩϣⲱⲡⲉ

ϩⲁⲧⲉϩⲏ ⲉⲙⲡⲁⲧⲉϥ ϣⲱⲡⲉ

ⲉⲧⲉⲧⲛ̅ϣⲁⲛϣⲱⲡⲉ ⲛⲁⲉⲓ ⲙ̅ⲙⲁⲑⲏⲧⲏⲥ[141]

ⲛ̅ⲧⲉⲧⲛ̅ⲥⲱⲧⲙ̅ ⲁⲛⲁϣⲁϫⲉ

ⲛⲉⲉⲓⲱⲛⲉ ⲛⲁⲣ̅ⲇⲓⲁⲕⲟⲛⲉⲓ[142] ⲛⲏⲧⲛ̅

ⲟⲩⲛ̅ⲧⲏⲧⲛ̅ ⲅⲁⲣ[143] ⲙ̅ⲙⲁⲩ ⲛ̅ϯⲟⲩ ⲛ̅ϣⲏⲛ ϩⲙ̅ ⲡⲁⲣⲁ`ⲇⲓⲥⲟⲥ[144]

ⲉⲥⲉⲕⲓⲙ ⲁⲛ ⲛ̅ϣⲱⲙ` ⲙ̅ⲡⲣⲱ

ⲁⲩⲱ ⲙⲁⲣⲉⲛⲟⲩϭⲱⲃⲉ ϩⲉ ⲉⲃⲟⲗ

ⲡⲉⲧ·ⲛⲁⲥⲟⲩⲱⲛⲟⲩ ϥⲛⲁϫⲓ ϯⲡⲉ ⲁⲛ` ⲙ̅ⲙⲟⲩ

---

140 **ⲙⲁⲕⲁⲣⲓⲟⲥ** μακάριος 복이 있나니.

141 **ⲙⲁⲑⲏⲧⲏⲥ** μαθητής 제자.

142 **ⲇⲓⲁⲕⲟⲛⲉⲓ** διακονεῖν 시중들다, 섬기다.

143 **ⲅⲁⲣ** γάρ 왜냐하면.

144 **ⲡⲁⲣⲁⲇⲓⲥⲟⲥ** παράδεισος 낙원.

(19)

예수께서 말씀하셨다.

"자신의 존재 이전에 이미 존재한 자에게 복이 있나니,[145]
너희들이 만일 내 제자가 되고
내 말을 듣는다면,
이 돌들이 너희를 섬길 것이다.
너희는 낙원에 여름이나 겨울이나 굳건히 서 있는
다섯 그루의 나무[146]를 소유하게 될 것이요,
그 나뭇잎들은 떨어지지 않는다.
그 사실을 아는 자는 누구든지 죽음을 맛보지 않을 것이다."

---

145 자신의 시작과 근원을 아는 자는 자신의 과거 뿐 아니라 현재와 미래까지도 알게된다. 아브라함 이전에 자신이 이미 있었노라는 그리스도의 언급을 복음서는 전한다 (요8,57-58).

146 다섯 그루의 나무가 정확히 무엇을 지칭하는 지는 불확실하나, 신약에 나오는 '생명의 나무' (계22,2)라든가 여러 영지주의 외경들에 나타나는 '광명의 다섯 나무' 또는 '낙원의 다섯 나무' 등에서 유사형을 발견할 수 있고, 토마스 행전 27장에서는 좀더 세부적으로 그것이 '정신', '생각', '사색', '지혜'와 '이성'이라고 나열하고 있음을 볼 수 있다.
그리고, 후대 마니교 전승 속에서도 세부적인 설명을 찾아 볼 수 있는 데, '마니교 시편' (Manichaean Psalm-book) 91,17-19에서는 **ⲚϢⲎⲚ ⲈⲦⲢⲀⲨⲦ ⲈⲦϨⲞⲨⲢⲈϢⲢⲈϢ ⲈⲦⲘⲎϨ ⲚⲔⲀⲢⲠⲞⲤ ⲀЇⲦⲈⲒⲦⲞⲨ ⲚⲈⲔ ⲠⲀⲞⲨⲀЇⲈ ⲈⲦⲈ ⲚⲦⲀⲨ ⲚⲈ ⲠϢⲖⲎⲖ ⲦⲚⲎⲤⲦⲒⲀ ⲦⲘⲚⲦⲚⲀⲈ ⲦⲀⲄⲀⲠⲎ ϢⲀⲚⲈ...** "이 나무들은 나날이 자라나 꽃을 피우고 많은 열매를 맺는데, 내가 너에게 준 그 열매들은 기도와 금식과 자선과 사랑이니..." 라는 구절이 나온다. 또한 중국 돈황 석굴에서 발견된 마니교 경전 '파사교잔경'(波斯教殘經)에서도, 광명에 속한 다섯가지 나무를 명상(明相), 명심(明心), 명념(明念), 명력(明力), 명의(明意)라고 열거하고 있음을 볼 수 있다.

(20)

ⲡⲉϫⲉ ⲙ̄ⲙⲁⲑⲏⲧⲏⲥ[147] ⲛ̄ⲓ̄ⲥ̄ ϫⲉ

ϫⲟⲟⲥ ⲉⲣⲟⲛ ϫⲉ ⲧⲙⲛ̄ⲧⲉⲣⲟ ⲛ̄ⲙ̄ⲡⲏⲩⲉ ⲉⲥ ⲧⲛ̄ⲧⲱⲛ ⲉⲛⲓⲙ

ⲡⲉϫⲁϥ ⲛⲁⲩ ϫⲉ

ⲉⲥⲧⲛ̄ⲧⲱⲛ ⲁⲩⲃⲗ̄ⲃⲓⲗⲉ ⲛ̄ϣⲗ̄ⲧⲁⲙ

ⲥⲟⲃ̄ⲕ̄ ⲡⲁⲣⲁ[148] ⲛ̄ϭⲣⲟϭ ⲧⲏⲣⲟⲩ

ϩⲟⲧⲁⲛ[149] ⲇⲉ[150] ⲉⲥϣⲁⲛϩⲉ ⲉϫⲙ̄ ⲡⲕⲁϩ ⲉⲧⲟⲩⲣ̄ ϩⲱⲃ ⲉⲣⲟϥ

ϣⲁϥⲧⲉⲩⲟ ⲉⲃⲟⲗ ⲛ̄ⲛⲟⲩⲛⲟϭ ⲛ̄ⲧⲁⲣ

ⲛ̄ϥϣⲱⲡⲉ ⲛ̄ⲥⲕⲉⲡⲏ[151] ⲛ̄ϩⲁⲗⲁⲧⲉ ⲛ̄ⲧⲡⲉ

---

147 **ⲙⲁⲑⲏⲧⲏⲥ** μαθητής 제자.

148 **ⲡⲁⲣⲁ** παρά ~로 부터, ~을 향해, ~을 넘어.

149 **ϩⲟⲧⲁⲛ** ὅταν (만일) ~하다면, ~할 때.

150 **ⲇⲉ** δέ 그런데, 하지만.

151 **ⲥⲕⲉⲡⲏ** σκέπη 거소, 은신처, 보금자리.

(20)
제자들이 예수께 말했다.
"천국이 무엇과 같은지 우리에게 말씀해 주십시오."[152]
예수께서 그들에게 말씀하셨다.
"천국은 겨자씨와도 같아
모든 씨 중에 가장 작지만,
그것이 경작한 밭에 떨어지매[153]
장차 큰 가지를 내어
하늘의 새들에게 보금자리를 만들어 준다."

152 신약에서 낯익은 천국에 관한 겨자씨 비유이다 (마13,31-32; 막4,30-32; 눅13,18-19). 그리고 이 비유는 구약에서 비롯된다 (에스겔17,23; 단4,8-9).

153 복음서에서와는 달리, 이곳에서는 '경작된 밭'이라는 표현을 씀으로서, 천국은 그 심어진 장소로서의 인간 세상과 개개인의 내적 조건도 중요함을 드러낸다.

(21)

ⲡⲉϫⲉ ⲙⲁⲣⲓϩⲁⲙ ⲛ̅ⲓ̅ⲥ̅ ϫⲉ

ⲛⲉⲕⲙⲁⲑⲏⲧⲏⲥ[154] ⲉⲓⲛⲉ ⲛ̅ⲛ̅ⲓⲙ

ⲡⲉϫⲁϥ ϫⲉ

ⲉⲩⲉⲓⲛⲉ ⲛ̅ϩⲛ̅ϣⲏⲣⲉ ϣⲏⲙ ⲉⲩ[ϭ]ⲉⲗⲓⲧ ⲁⲩⲥⲱϣⲉ ⲉⲧⲱⲟⲩ ⲁⲛ ⲧⲉ

ϩⲟⲧⲁⲛ[155] ⲉⲩϣⲁⲉⲓ ⲛ̅ϭⲓ ⲛ̅ϫⲟⲉⲓⲥ ⲛ̅ⲧⲥⲱϣⲉ

ⲥⲉⲛⲁϫⲟⲟⲥ ϫⲉ ⲕⲉ ⲧⲛ̅ⲥⲱϣⲉ ⲉⲃⲟⲗ ⲛⲁⲛ

ⲛ̅ⲧⲟⲟⲩ ⲥⲉⲕⲁⲕ ⲁϩⲏⲩ ⲙ̅ⲡⲟⲩⲙ̅ⲧⲟ ⲉⲃⲟⲗ

ⲉⲧⲣⲟⲩⲕⲁⲁⲥ ⲉⲃⲟⲗ ⲛⲁⲩ ⲛ̅ⲥⲉϯ ⲧⲟⲩⲥⲱϣⲉ ⲛⲁⲩ

ⲇⲓⲁ ⲧⲟⲩⲧⲟ[156] ϯϫⲱ ⲙ̅ⲙⲟⲥ ϫⲉ

ⲉϥ`ϣⲁⲉⲓⲙⲉ ⲛ̅ϭⲓ ⲡϫⲟⲉⲓⲥ ⲛ̅ⲏⲉⲓ ϫⲉ

ϥⲛⲏⲩ ⲛ̅ϭⲓ ⲡⲣⲉϥϫⲓⲟⲩⲉ ϥⲛⲁⲣⲟⲉⲓⲥ ⲉⲙⲡⲁⲧⲉϥ`ⲉⲓ

ⲛ̅ϥⲧⲙ̅ⲕⲁⲁϥ· ⲉϣⲟϫⲧ· ⲉϩⲟⲩⲛ ⲉⲡⲉϥⲏⲉⲓ ⲛ̅ⲧⲉ ⲧⲉϥ`ⲙ̅ⲛ̅ⲧⲉⲣⲟ

ⲉⲧⲣⲉϥϥⲓ ⲛ̅ⲛ̅ⲉϥ`ⲥⲕⲉⲩⲟⲥ[157]

ⲛ̅ⲧⲱⲧⲛ̅ ⲇⲉ[158] ⲣⲟⲉⲓⲥ ϩⲁⲧⲉϩⲏ ⲙ̅ⲡⲕⲟⲥⲙⲟⲥ[159]

ⲙⲟⲩⲣ ⲙ̅ⲙⲱⲧⲛ̅ ⲉϫⲛ̅ ⲛⲉⲧⲛ̅ϯⲡⲉ ϩⲛ̅ⲛ̅ ⲟⲩⲛⲟϭ ⲛ̅ⲇⲩⲛⲁⲙⲓⲥ[160]

ϣⲓⲛⲁ[161] ϫⲉ ⲛⲉⲛⲗⲏⲥⲧⲏⲥ[162] ϩⲉ ⲉϩⲓⲏ ⲉⲉⲓϣⲁⲣⲱⲧⲛ̅

ⲉⲡⲉⲓ[163] ⲧⲉⲭⲣⲉⲓⲁ[164] ⲉⲧⲉⲧⲛ̅ ϭⲱϣⲧ` ⲉⲃⲟⲗ ϩⲏⲧⲥ̅ ⲥⲉⲛⲁϩⲉ ⲉⲣⲟⲥ

ⲙⲁⲣⲉϥϣⲱⲡⲉ ϩⲛ̅ ⲧⲉⲧⲛ̅ⲙⲏⲧⲉ ⲛ̅ϭⲓ ⲟⲩⲣⲱⲙⲉ ⲛ̅ⲉⲡⲓⲥⲧⲏⲙⲱⲛ[165]

ⲛ̅ⲧⲁⲣⲉⲡⲕⲁⲣⲡⲟⲥ[166] ⲡⲱϩ

ⲁϥⲉⲓ ϩⲛ̅ⲛ̅ ⲟⲩϭⲉⲡⲏ ⲉⲡⲉϥⲁⲥϩ ϩⲛ̅ ⲧⲉϥϭⲓϫ ⲁϥϩⲁⲥϥ

ⲡⲉⲧⲉ ⲟⲩⲛ̅ ⲙⲁⲁϫⲉ ⲙ̅ⲙⲟϥ` ⲉⲥⲱⲧⲙ̅ ⲙⲁⲣⲉϥⲥⲱⲧⲙ̅

---

154 **ⲙⲁⲑⲏⲧⲏⲥ** μαθητής 제자.

155 **ϩⲟⲧⲁⲛ** ὅταν (만일) ~하다면, ~할 때.

156 **ⲇⲓⲁ ⲧⲟⲩⲧⲟ** δια τοῦτο 그러한 이유로.

157 **ⲥⲕⲉⲩⲟⲥ** σκεῦος 재산, 도구.

158 **ⲇⲉ** δέ 그런데, 하지만.

159 **ⲕⲟⲥⲙⲟⲥ** κόσμος 우주, 온 세상.

160 **ⲇⲩⲛⲁⲙⲓⲥ** δῦναμις 힘.

161 **ϣⲓⲛⲁ** ἵνα ~하기 위해, ~않도록, ~않게끔, 요구하다.

162 **ⲗⲏⲥⲧⲏⲥ** ληστής m. 강도, 도둑.

163 **ⲉⲡⲉⲓ** ἐπεί 왜냐하면.

164 **ⲭⲣⲉⲓⲁ** χρεία 필요성.

165 **ⲉⲡⲓⲥⲧⲏⲙⲱⲛ** ἐπιστήμων 지혜로운, 신중한.

166 **ⲕⲁⲣⲡⲟⲥ** καρπός 열매.

(21)

마리아가 예수께 말했다.[167]
"당신의 제자들을 무엇에 비유할 수 있나요?"
예수께서 말씀하셨다.
"그들은 자기 소유가 아닌 땅에 서 있는 어린아이들과 같다.
땅 주인들이 돌아와서 그들에게 말한다.
'이 땅은 우리 것이니 우리에게 되돌리라.'[168]
그들은 즉각 모든 것을 다 빼앗기고 주인들에게 그 땅은 되돌려진다.
그러므로 이제 나는 말한다.
만일 집 주인이 도둑이 오리라는 것을 알면 도둑이 오기 전에 깨어 있어
그로 하여금 집 안에 들어와 물건을 가져가지 못하도록 할 것이다.[169]
그러므로 너희들은 세상을 잘 살펴 긴장의 허리띠를 조임으로
불현듯 도둑같이 너희에게 임함이 없도록 하여야 할 것은,
너희들이 소중히 여기는 그것을 통해 임하기 때문이다.
너희 가운데 이 모든 것을 다 아는 자가 있어,
곡식이 무르익으매 손에 낫을 들고 이미 왔노라.
들을 귀 있는 자들은 들을지어다."

---

167 제자들에 관한 질문자가 여성이라는 점에서 이중의 함축성을 담고 있는 구절이다. 곧, 여성의 특별한 지위를 드러내고, 다른 남성 제자들과는 차원이 다른 깨달음의 경지에 여성인 마리아가 서 있었음을 보여준다.

168 이 말을 하는 자들이 제자들인지 아니면 주인들인지가 불분명하기에 계속적인 연구가 필요한 부분이다. 이곳에서는 주인들이 요구하는 것으로 처리하였으나 독자들의 판단은 다를 수도 있겠다.

169 복음서에 나오는, 도둑처럼 임하는 인자의 비유 (마24,43-44; 눅12,39-40)에 성격적으로 조금 다른 또 하나의 비유가 선행되는 이유가 무엇일까? 자기 소유가 아닌 땅에 서 있다가 소유권 반환을 청구하는 주인에게 내어주어야만 하는 제자들로서 빼앗기지 않고 지켜야만 하는 것은 무엇일까?

(22)

ⲁⲓ̅ⲥ̅ ⲛⲁⲩ ⲁϩⲛ̅ⲕⲟⲩⲉⲓ ⲉⲩϫⲓ ⲉⲣⲱⲧⲉ

ⲡⲉϫⲁϥ ⲛ̅ⲛⲉϥⲙⲁⲑⲏⲧⲏⲥ[170] ϫⲉ

ⲛⲉⲉⲓⲕⲟⲩⲉⲓ ⲉⲧϫⲓ ⲉⲣⲱⲧⲉ

ⲉⲩⲧⲛ̅ⲧⲱⲛ ⲁⲛⲉⲧⲃⲏⲕ· ⲉϩⲟⲩⲛ ⲁⲧⲙⲛ̅ⲧⲉⲣⲟ

ⲡⲉϫⲁⲩ ⲛⲁϥ ϫⲉ

ⲉⲉⲓ ⲉⲛⲟ ⲛ̅ⲕⲟⲩⲉⲓ ⲧⲛⲛⲁⲃⲱⲕ` ⲉϩⲟⲩⲛ ⲉⲧⲙⲛ̅ⲧⲉⲣⲟ

ⲡⲉϫⲉ ⲓ̅ⲏ̅ⲥ̅ ⲛⲁⲩ ϫⲉ

ϩⲟⲧⲁⲛ[171] ⲉⲧⲉⲧⲛ̅ϣⲁⲣ̅ ⲡⲥⲛⲁⲩ ⲟⲩⲁ

ⲁⲩⲱ ⲉⲧⲉⲧⲛ̅ϣⲁⲣ̅ ⲡⲥⲁ ⲛϩⲟⲩⲛ ⲛ̅ⲑⲉ ⲙ̅ⲡⲥⲁ ⲛⲃⲟⲗ

ⲁⲩⲱ ⲡⲥⲁ ⲛⲃⲟⲗ ⲛ̅ⲑⲉ ⲙ̅ⲡⲥⲁ ⲛϩⲟⲩⲛ

ⲁⲩⲱ ⲡⲥⲁⲛⲧⲡⲉ ⲛ̅ⲑⲉ ⲙ̅ⲡⲥⲁ ⲙⲡⲓⲧⲛ̅

ⲁⲩⲱ ϣⲓⲛⲁ[172] ⲉⲧⲉ ⲧⲛⲁⲉⲓⲣⲉ ⲙ̅ⲫⲟ·ⲟⲩⲧ· ⲙⲛ̅ ⲧⲥϩⲓⲙⲉ ⲙ̅ⲡⲓⲟⲩⲁⲟⲩⲱⲧ

ϫⲉⲕⲁⲁⲥ ⲛⲉⲫⲟⲟⲩⲧ· ⲣ̅ ϩⲟⲟⲩⲧ· ⲛ̅ⲧⲉ ⲧⲥϩⲓⲙⲉ ⲣ̅ ⲥϩⲓⲙⲉ

ϩⲟⲧⲁⲛ ⲉⲧⲉⲧⲛ̅ϣⲁⲉⲓⲣⲉ ⲛ̅ϩⲛ̅ⲃⲁⲗ ⲉⲡⲙⲁ ⲛ̅ⲟⲩⲃⲁⲗ·

ⲁⲩⲱ ⲟⲩϭⲓϫ` ⲉⲡⲙⲁ ⲛ̅ⲛⲟⲩϭⲓϫ·

ⲁⲩⲱ ⲟⲩⲉⲣⲏⲧⲉ ⲉⲡⲙⲁ ⲛ̅ⲟⲩⲉⲣⲏⲧⲉ

ⲟⲩϩⲓⲕⲱⲛ·[173] ⲉⲡⲙⲁ ⲛ̅ⲟⲩϩⲓⲕⲱⲛ

ⲧⲟⲧⲉ ⲧⲉⲧⲛⲁⲃⲱⲕ` ⲉϩⲟⲩⲛ [ⲉⲧⲙⲛ̅ⲧⲉⲣⲟ]

(23)

ⲡⲉϫⲉ ⲓ̅ⲥ̅ ϫⲉ

ϯⲛⲁⲥⲉⲧⲡ[174] ⲧⲏⲛⲉ ⲟⲩⲁ ⲉⲃⲟⲗ ϩⲛ̅ ϣⲟ[175]

ⲁⲩⲱ ⲥⲛⲁⲩ ⲉⲃⲟⲗ ϩⲛ̅ ⲧⲃⲁ[176]

ⲁⲩⲱ ⲥⲉⲛⲁⲱϩⲉ ⲉⲣⲁⲧⲟⲩ ⲉⲩⲟ ⲟⲩⲁ ⲟⲩⲱⲧ·

---

170 ⲙⲁⲑⲏⲧⲏⲥ μαθητής 제자.

171 ϩⲟⲧⲁⲛ ὅταν (만일) ~하다면, ~할 때.

172 ϣⲓⲛⲁ ἵνα ~하기 위해, ~않도록, ~않게끔, 요구하다.

173 ϩⲓⲕⲱⲛ, ⲑⲓⲕⲱⲛ εἰκών 형상.

174 ⲥⲱⲧⲡ, ⲥⲉⲧⲡ-, ⲥⲟⲧⲡ⸗, ⲥⲟⲧⲡ† 선택하다. 이집트 상형문  *stp* 에서 유래한다.

175 ϣⲟ 천.

176 ⲧⲃⲁ 만.

(22)

예수께서 젖을 먹는 어린아이들을 보고
제자들에게 말씀하셨다.[177]
"젖을 먹고 있는 이 어린아이들은
천국에 들어가는 자들과 같다."
그들이 예수께 말했다.
"천국에 들어가는 어린아이들같이 되려면 어떻게 해야 합니까?"
예수께서 말씀하셨다.
"너희가 둘을 하나로 만들 때,
안을 바깥처럼, 밖을 안처럼,
또 위를 아래처럼 할 때,
그리고 너희가 남자와 여자를 단일하게 만들어
남자로 남자가 되지 않고 여자로 여자가 되지 않게 할 때,
두 눈이 한 눈의 역할을 하고, 손이 손에게, 발이 발에게,
형상이 또 다른 형상의 역할을 할 때,
그때 너희는 천국에 들어가게 될 것이다."

(23)

예수께서 말씀하셨다.
"내가 너희를 택하되, 천 명 중에서 하나를,
만 명 중에서 둘을 택할 것이다.[178]
그리하여 그들이 하나로 설 것이다"[179]

---

177 종말론적 천국을 기대하는 제자들과는 달리 예수는 항상 일상생활의 현실 속에서 천국을 설명하며, 현실 가운데서도 특히 인간 조건의 변화 속에서 서서히 이루어져 가는 천국을 제시하신다.

178 천명과 만명에서 한 두 명만 선택한다는 말이니, 신약복음서에서 말하는 개인적이고 집단적인 선택관과는 다른 선택을 말씀하신다. 여기에서 우리는 차라리 jeux des mots (언어유희) 곧, 한 단어 속에 내재하는 구성요소를 놓고 논하는 화법의 가능성을 본다. 곱트어 원문 주석에 나오는 선택하다는 단어를 보노라면, 첫 부분 cω-는 1000을 의미하는 ϣo와 유사하고, 뒷부분인 -тп는 10000을 의미하는 -тбa와 유사함으로, 이 둘을 함께 합침으로서 선택이 완성된다 하겠다.

179 둘이 합하여 그들이 하나로 '서다'라는 말은, 곱트어 원문 주석에 나오는 이집트 상형문을 보노라면, 발음이 stop, 곧 '서다'와 유사하고, '선택하다'라는 뜻이 된다. 이 역시 일종의 언어유희에 속한다.

(24)

ⲡⲉϫⲉ ⲛⲉϥⲙⲁⲑⲏⲧⲏⲥ[180] ϫⲉ
ⲙⲁⲧⲥⲉⲃⲟⲛ· ⲉⲡⲧⲟⲡⲟⲥ[181] ⲉⲧⲕⲙ̄ⲙⲁⲩ ⲉⲡⲉⲓ[182]
ⲧⲁⲛⲁⲅⲕⲏ[183] ⲉⲣⲟⲛ ⲧⲉ ⲉⲧⲣⲛ̄ϣⲓⲛⲉ ⲛ̄ⲥⲱϥ`
ⲡⲉϫⲁϥ ⲛⲁⲩ ϫⲉ
ⲡⲉⲧⲉⲩⲛ̄ ⲙⲁⲁϫⲉ ⲙ̄ⲙⲟϥ ⲙⲁⲣⲉϥ· ⲥⲱⲧⲙ̄
ⲟⲩⲛ̄ ⲟⲩⲟⲉⲓⲛ` ϣⲟⲟⲡ ⲙ̄ⲫⲟⲩⲛ ⲛ̄ⲛⲟⲩⲣⲙ̄ⲟⲩⲟⲉⲓⲛ
ⲁⲩⲱ ϥⲣ̄ ⲟⲩⲟⲉⲓⲛ ⲉⲡⲕⲟⲥⲙⲟⲥ[184] ⲧⲏⲣϥ`
ⲉϥⲧⲙ̄ ⲣ̄ ⲟⲩⲟⲉⲓⲛ· ⲟⲩⲕⲁⲕⲉ ⲡⲉ

(25)

ⲡⲉϫⲉ ⲓ̅ⲥ̅ ϫⲉ
ⲙⲉⲣⲉ ⲡⲉⲕⲥⲟⲛ[185] ⲛ̄ⲑⲉ ⲛ̄ⲧⲉⲕ`ⲯⲩⲭⲏ[186]
ⲉⲣⲓⲧⲏⲣⲉⲓ[187] ⲙ̄ⲙⲟϥ ⲛ̄ⲑⲉ ⲛ̄ⲧⲉⲗⲟⲩ[188] ⲙ̄ⲡⲉⲕ`ⲃⲁⲗ`[189]

(26)

ⲡⲉϫⲉ ⲓ̅ⲥ̅ ϫⲉ
ⲡϫⲏ ⲉⲧϩⲙ̄ ⲡⲃⲁⲗ ⲙ̄ⲡⲉⲕ`ⲥⲟⲛ ⲕⲛⲁⲩ ⲉⲣⲟϥ`
ⲡⲥⲟⲉⲓ ⲇⲉ[190] ⲉⲧϩⲙ̄ ⲡⲉⲕⲃⲁⲗ ⲕⲛⲁⲩ ⲁⲛ ⲉⲣⲟϥ`
ϩⲟⲧⲁⲛ[191] ⲉⲕϣⲁⲛ ⲛⲟⲩϫⲉ ⲙ̄ⲡⲥⲟⲉⲓ ⲉⲃⲟⲗ ϩⲙ̄ ⲡⲉⲕ`ⲃⲁⲗ
ⲧⲟⲧⲉ ⲕⲛⲁⲛⲁⲩ ⲉⲃⲟⲗ ⲉⲛⲟⲩϫⲉ ⲙ̄ⲡϫⲏ ⲉⲃⲟⲗ ϩⲙ̄ ⲡⲃⲁⲗ ⲙ̄ⲡⲉⲕⲥⲟⲛ

---

180 ⲙⲁⲑⲏⲧⲏⲥ μαθητής 제자.

181 ⲧⲟⲡⲟⲥ τόπος 장소

182 ⲉⲡⲉⲓ ἐπεί 왜냐하면.

183 ⲁⲛⲁⲅⲕⲏ ἀνάγκη 필요성.

184 ⲕⲟⲥⲙⲟⲥ κόσμος 우주, 온 세상.

185 ⲥⲟⲛ  *sn* 형제.

186 ⲯⲩⲭⲏ ψυχή 목숨, 영혼.

187 ⲧⲏⲣⲉⲓ τηρεῖν 보살피다.

188 ⲉⲗⲟⲩ, ⲁⲗⲟⲩ 눈동자, 어린아기.

189 ⲡⲉⲕ`ⲃⲁⲗ` '너의 눈'이라는 뜻이지만, '너로부터 유출된'으로 이해할 수도 있다.

190 ⲇⲉ δέ 그런데, 하지만.

191 ϩⲟⲧⲁⲛ ὅταν (만일) ~하다면, ~할 때.

(24)

제자들이 말했다.
"당신이 계신 곳을 알려주소서,
저희도 그 곳을 찾고자 합니다."[192]
그가 제자들에게 말씀하셨다.
"귀가 있는 자들은 들을지어다.
빛의 사람 안에 빛이 있으니
그가 온 세상을 비춘다.
그가 빛을 비추지 않는다면 그것은 어둠이다."[193]

(25)

예수께서 말씀하셨다.
"네 형제[194]를 너의 영혼처럼 사랑하고,
그를 네 몸에서 난 자식[195]처럼 여기라."[196]

(26)

예수께서 말씀하셨다.
"너희는 너희 형제의 눈에 있는 티는 보면서
너희 자신의 눈 속에 있는 들보는 보지 못한다.
너희가 너희의 눈 속에 있는 들보를 빼내어야 밝히 보고
형제의 눈 속에 있는 티를 없앨 수 있을 것이다."[197]

---

192 항상 가까이 있건만 새삼스레 스승이 계신 곳을 묻는 제자들에게, 예수는 이중의 존재임을 드러내는 구절이다. 필립의 질문에 대한 예수의 답변을 통해서는 (요14,8-10), 예수의 원형이 하나님이었음을 우리는 상기해야만 한다.

193 예수의 원형이 있는 그 곳은 빛의 세계이고, 그곳에 근원을 가진 사람은 '빛의 사람'이다. 빛의 사람은 세상을 향해 빛을 발하나, 자신의 내면에 빛을 가지지 못한 이들은 빛을 볼 수도 없고 어두움 속에 여전히 머물면서 근원의 세계를 찾아 헤메인다.

194 이집트 상형문 발음에서, 영어의 son 발음이 나타난다. 형제와 자식은 어원적으로 밀접한 관련을 갖고 있기 때문이다.

195 곱트어 원문 주석에서 보듯이, **ⲁⲗⲟⲩ**에는 '눈동자'라는 뜻 외에도 '어린 아기'라는 뜻도 있으며, 눈동자가 어린 아기와 동일한 의미를 가지는 현상은 한자 눈동자에서의 瞳子에서도 볼 수 있듯이 전 세계 거의 모든 고대어에 나타나는 신비한 공통된 현상이기도 하다. 그러므로, 형제를 자기의 눈동자처럼 잘 보호하라는 의미가 현재 모든 학자들의 일반적 해석이기는 하나, 이곳에서는 **Bⲁⲗ**을 **ⲉBOⲗ**의 변형으로 보고 '네 몸에서 난 자식'이라는 식으로 달리 해석하고자 한다.

196 구약에서 평행 구절을 발견할 수 있다 (신6,5; 레19,18).

197 이 구절은 신약복음서에서 도덕적으로 크게 증폭 발전시켜 나갔다 (마7,1-5; 눅6,37-38; 41-42).

(27)

ⲉⲧⲉⲧⲙ̄ⲣ̄ⲛⲏⲥⲧⲉⲩⲉ[198] ⲉⲡⲕⲟⲥⲙⲟⲥ[199]
ⲧⲉⲧⲛⲁϩⲉ ⲁⲛ ⲉⲧⲙⲛ̄ⲧⲉⲣⲟ
ⲉⲧⲉⲧⲛ̄ⲧⲙ̄ⲉⲓⲣⲉ ⲙ̄ⲡⲥⲁⲙⲃⲁⲧⲟⲛ[200] ⲛ̄ⲥⲁⲃ`ⲃⲁⲧⲟⲛ
ⲛ̄ⲧⲉⲧⲛⲁⲛⲁⲩ ⲁⲛ ⲉⲡⲉⲓⲱⲧ'

(28)

ⲡⲉϫⲉ ⲓ̅ⲥ̅ ϫⲉ
ⲁⲉⲓⲱϩⲉ ⲉⲣⲁⲧ· ϩⲛ̄ ⲧⲙⲏⲧⲉ ⲙ̄ⲡⲕⲟⲥⲙⲟⲥ
ⲁⲩⲱ ⲁⲉⲓⲟⲩⲱⲛϩ ⲉⲃⲟⲗ ⲛⲁⲩ ϩⲛ̄ ⲥⲁⲣⲝ[201]
ⲁⲉⲓϩⲉ ⲉⲣⲟⲟⲩ ⲧⲏⲣⲟⲩ ⲉⲩⲧⲁϩⲉ
ⲙ̄ⲡⲓϩⲉ ⲉⲗⲁ ⲁⲩ ⲛ̄ϩⲏⲧⲟⲩ ⲉϥⲟⲃⲉ
ⲁⲩⲱ ⲁⲧⲁⲯⲩⲭⲏ[202] † ⲧⲕⲁⲥ ⲉϫⲛ̄[203] ⲛ̄ϣⲏⲣⲉ ⲛ̄ⲣⲣⲱⲙⲉ
ϫⲉ ϩⲛ̄ ⲃⲗ̄ⲗⲉⲉⲩⲉ ⲛⲉ ϩⲙ̄ ⲡⲟⲩϩⲏⲧ·
ⲁⲩⲱ ⲥⲉⲛⲁⲩ ⲉⲃⲟⲗ ⲁⲛ ϫⲉ ⲛ̄ⲧⲁⲩⲉⲓ ⲉⲡⲕⲟⲥⲙⲟⲥ ⲉⲩϣⲟⲩⲉⲓⲧ`
ⲉⲩ`ϣⲓⲛⲉ ⲟⲛ ⲉⲧⲣⲟⲩⲉⲓ ⲉⲃⲟⲗ ϩⲙ̄ ⲡⲕⲟⲥⲙⲟⲥ ⲉⲩϣⲟⲩⲉⲓⲧ
ⲡⲗⲏⲛ[204] ⲧⲉⲛⲟⲩ ⲥⲉⲧⲟϩⲉ
ϩⲟⲧⲁⲛ[205] ⲉⲩϣⲁⲛⲛⲉϩ ⲡⲟⲩⲏⲣⲡ`
ⲧⲟⲧⲉ ⲥⲉⲛⲁⲣ̄ ⲙⲉⲧⲁⲛⲟⲉⲓ[206]

---

198 **ⲛⲏⲥⲧⲉⲩⲉ** νηστεύειν 금식하다.

199 **ⲕⲟⲥⲙⲟⲥ** κόσμος 우주, 온 세상.

200 **ⲥⲁⲃⲃⲁⲧⲟⲛ** σάββατον 안식일.

201 **ⲥⲁⲣⲝ** σάρξ 육, 살.

202 **ⲯⲩⲭⲏ** ψυχή 목숨, 영혼.

203 **ⲉϫⲛ̄** ~위에, ~로 인하여.

204 **ⲡⲗⲏⲛ** πλήν 하지만.

205 **ϩⲟⲧⲁⲛ** ὅταν (만일) ~하다면, ~할 때.

206 **ⲙⲉⲧⲁⲛⲟⲉⲓ** μετανοεῖν 개심하다.

(27)
〈예수께서 말씀하셨다.〉
"너희가 세상으로부터 금식하지 않는다면
너희는 천국을 발견하지 못할 것이다.[207]
너희가 안식일 자체를 안식하지 않는 한[208]
아버지를 뵐 수 없다."

(28)
예수께서 말씀하셨다.
"내가 세상 가운데 발을 디뎠고
몸을 입고 사람들에게 나타났으나
그들은 모두 취해 있어
그들 중에 갈급한 자를 하나도 찾지 못했다.
내 영혼이 인자됨의 연고로 고통을 받았나니,[209]
그들이 마음으로 눈멀었기 때문이요,
공허한 세상에 왔음을 모르고
공허한 세상으로부터 떠나고자 할 뿐이다.
그러나 그들은 지금 취해 있다.
곧 그들이 술에서 깨어날 터인데
그때 그들은 회개하게 될 것이다."

---

207 '세상으로부터 금식하다'라는 표현은 세상을 부정하고 멀리하는 것이 아니라, 지금 이곳 자신이 선 자리에서 자신의 근원에 대해 알아가는 '영지'를 얻는 것을 말한다. 알렉산드리아의 클레멘트의 저서에서도 동일한 표현이 보인다 (Stromates III,15,99).

208 '안식일을 안식하다'라는 표현 역시, 져스틴과 터툴리안 등 초대 교부들의 여러 저서에서 나타난다.

209 ⲉⲭⲛ̄을 어떻게 이해하느냐에 따라 해석이 달라질 수 있다. '사람들의 아들들 때문에' 예수의 영혼이 고통을 받은 것으로 일반적으로 해석하는 중이나, 이곳에서는 '인자됨의 연고로'라고 해석하고자 한다.

(29)

ⲡⲉϫⲉ ⲓ̅ⲥ̅
ⲉϣϫⲉ ⲛ̅ⲧⲁⲧⲥⲁⲣⲝ`[210] ϣⲱⲡⲉ ⲉⲧⲃⲉ ⲡⲛ̅ⲁ̅[211]
ⲟⲩϣⲡⲏⲣⲉ ⲧⲉ ⲉϣϫⲉ ⲡⲛ̅ⲁ̅ ⲇⲉ[212] ⲉⲧⲃⲉ ⲡⲥⲱⲙⲁ[213]
ⲟⲩϣⲡⲏⲣⲉ ⲛ̅ϣⲡⲏⲣⲉ ⲡⲉ·
ⲁⲗⲗⲁ[214] ⲁⲛⲟⲕ` ϯⲣ̅ ϣⲡⲏⲣⲉ ⲙⲡⲁⲉⲓ ϫⲉ
ⲡⲱ[ⲥ[215] ⲁⲧⲉ]ⲉⲓ ⲛⲟϭ ⲙ̅ⲙⲛ̅ⲧⲣ̅ⲙ̅ⲙⲁⲟ
ⲁⲥⲟⲩⲱϩ ϩⲛ̅ ⲧⲉⲉⲓⲙⲛ̅ⲧϩⲏⲕⲉ

(30)

ⲡⲉϫⲉ ⲓ̅ⲥ̅ ϫⲉ
ⲡⲙⲁ ⲉⲩⲛ̅ ϣⲟⲙⲧ[216] ⲛ̅ⲛⲟⲩⲧⲉ ⲙ̅ⲙⲁⲩ ϩⲛ̅ⲛⲟⲩⲧⲉ ⲛⲉ
ⲡⲙⲁ ⲉⲩⲛ̅ ⲥⲛⲁⲩ ⲏ[217] ⲟⲩⲁ ⲁⲛⲟⲕ ϯϣⲟⲟⲡ· ⲛⲙⲙⲁϥ·

(31)

ⲡⲉϫⲉ ⲓ̅ⲥ̅
ⲙⲛ̅ ⲡⲣⲟⲫⲏⲧⲏⲥ[218] ϣⲏⲡ· ϩⲙ̅ ⲡⲉϥϯⲙⲉ
ⲙⲁⲣⲉⲥⲟⲉⲓⲛ ⲣ̅ⲑⲉⲣⲁⲡⲉⲩⲉ[219] ⲛ̅ⲛⲉⲧ·ⲥⲟⲟⲩⲛ ⲙ̅ⲙⲟϥ`

---

210 ⲥⲁⲣⲝ σάρξ 육, 살.

211 ⲡⲛ̅ⲁ̅ πνεῦμα 성령.

212 ⲇⲉ δέ 그런데, 하지만.

213 ⲥⲱⲙⲁ σῶμα 몸, 육체.

214 ⲁⲗⲗⲁ ἀλλά 하지만, 그러나.

215 ⲡⲱⲥ πῶς 어떻게?.

216 앞서 주석에서 언급한 마니교 시편에 다음과 같은 문구가 나온다. ⲟⲩⲉ ⲥⲛⲉⲩ ϣⲁⲙⲧ ⲧⲉⲓ̈ ⲧⲉ ⲧⲉⲕⲕⲗⲏⲥⲓⲁ ⲉⲧϫⲉⲕ 하나 둘 셋, 이는 완전한 교회라...(마니교 시편162,9; 171,13).

217 ⲏ ἤ 또는.

218 ⲡⲣⲟⲫⲏⲧⲏⲥ προφήτης 예언자.

219 ⲑⲉⲣⲁⲡⲉⲩⲉ θεραπεύειν 치료하다, 병을 고치다.

(29)
예수께서 말씀하셨다.
"육이 영으로 인해 존재한다면 놀라운 일이요,[220]
영이 육신에 의해 그러하다면 놀라움 중에 놀라움이라.[221]
하지만 나는 어떻게 이렇게 큰 부요가
빈궁 속에 거할 수 있는지 놀라울 뿐이다."

(30)
예수께서 말씀하셨다.
"세 영이 합하는 곳에 완전한 신이 형성되나니,
둘이 하나 되는 그곳에 내가 함께 하리라."[222]

(31)
예수께서 말씀하셨다.
"선지자는 자기 고향에서 환영받지 못하고
의사는 자기를 알고 있는 사람들을 치료하지 못한다."[223]

---

220 육신이 영혼으로 인해 존재가 가능하다는 사실이 놀랍다는 긍정적 언급이다.

221 반면에, 영혼이 또한 육신과 연결되어 존재하고 있다면, 그것은 더더욱 놀라운 일이자, 이 역시 긍정적인 언급에 속한다. 전통적인 해석에 의하면, 이곳에서 영지주의자들의 이원론적 성격이 가장 극명하게 드러나는 것으로 이해하고 있으나, 실제로는 그와 정반대의 의미로 해석할 수 있다. 하나님의 나라는 이 땅과 이 세계 속으로 전진하고 있으나 사람들이 다만 그것을 모르고 있을 뿐이요, 분열된 상태의 인간 개체가 영적 지혜인 영지로 인해 자신의 근원을 이해하고 완전 합일에 이르른다면 하나님이 자신 속에 거하신다는 것을 강조하는 영지주의자들의 가르침은, 영육을 엄격하게 분리하는 이원론으로 결코 다 설명할 수 없는 고도의 철학에 속한다. 위의 구절들은 영육을 분리히고 육신세계를 부정하고 있는 것이 아니라 오히려 그 양자가 공존할 수 있음에 깊은 감탄과 놀라움을 전하는 중이니, 이원론으로 영지주의를 규정하는 전통적인 부정적인 견해는 재고할 필요가 있다.

222 번역이 매우 난해한 곳이다. 일반적인 번역은 "세 신이 있는 곳에 신들이 형성된다"는 정도로 이해하고 있으나, 마니교 시편에 의거하여 이곳에서는 위와 같이 해석한다. 마태복음에 평행 구절이 있다.(마 18,20)

223 복음서의 여러 평행 구절들에서는, 상기 로기온의 전반부만 인용하고 후반부는 생략하고 있다. (마 13,57-58; 막6,4-5; 눅4,24). 하지만 전후반부 전체가 함께 성서 편집 시기까지 전승된 것이 분명한데, 그 이유는 누가가 4장 23절에서 후반부인 의사 문제를 도마복음서와는 다른 각도에서 활용하고 있기 때문이다.

(32)

ⲡⲉϫⲉ ⲓ̅ⲥ̅ ϫⲉ
ⲟⲩⲡⲟⲗⲓⲥ[224] ⲉⲩⲕⲱⲧ ⲙ̅ⲙⲟⲥ ϩⲓϫⲛ̅ ⲟⲩⲧⲟ ⲟⲩ ⲉϥϫⲟⲥⲉ
ⲉⲥⲧⲁϫⲣⲏⲩ ⲙⲛ̅ ϭⲟⲙ ⲛ̅ⲥϩⲉ ⲟⲩⲇⲉ[225] ⲥⲛⲁϣ ϩⲱⲡ` ⲁⲛ

(33)

ⲡⲉϫⲉ ⲓ̅ⲥ̅
ⲡⲉⲧ`ⲕⲛⲁⲥⲱⲧⲙ̅ ⲉⲣⲟϥ ϩⲙ̅ ⲡⲉⲕ`ⲙⲁⲁϫⲉ
ϩⲙ̅ ⲡⲕⲉⲙⲁⲁϫⲉ
ⲧⲁϣⲉⲟⲉⲓϣ` ⲙ̅ⲙⲟϥ ϩⲓϫⲛ̅ ⲛⲉⲧⲛ̅ϫⲉⲛⲉⲡⲱⲣ
ⲙⲁⲣⲉⲗⲁⲁⲩ` ⲅⲁⲣ[226] ϫⲉⲣⲉ ϩⲏⲃ̅ⲥ̅ ⲛ̅ϥ`ⲕⲁⲁϥ· ϩⲁ ⲙⲁⲁϫⲉ
ⲟⲩⲇⲉ ⲙⲁϥⲕⲁⲁϥ· ϩⲙ̅ ⲙⲁ ⲉϥϩⲏⲡ·
ⲁⲗⲗⲁ[227] ⲉϣⲁⲣⲉϥⲕⲁⲁϥ ϩⲓϫⲛ̅ ⲧⲗⲩⲭⲛⲓⲁ[228]
ϫⲉⲕⲁⲁⲥ ⲟⲩⲟⲛ ⲛⲓⲙ` ⲉⲧⲃⲏⲕ` ⲉϩⲟⲩⲛ ⲁⲩⲱ ⲉⲧⲛ̅ⲛⲏⲩ ⲉⲃⲟⲗ
ⲉⲩⲛⲁⲛⲁⲩ ⲁⲡⲉϥⲟⲩⲟⲉⲓⲛ

(34)

ⲡⲉϫⲉ ⲓ̅ⲥ̅ ϫⲉ
ⲟⲩⲃⲗ̅ⲗⲉ ⲉϥϣⲁⲛ̅ⲥⲱⲕϩⲏⲧϥ` ⲛ̅ⲛⲟⲩⲃⲗ̅ⲗⲉ
ϣⲁⲩϩⲉ ⲙ̅ⲡⲉⲥⲛⲁⲩ ⲉⲡⲉⲥⲏⲧ· ⲉⲩϩⲓⲉⲓⲧ·[229]

---

224 **ⲡⲟⲗⲓⲥ** πόλις 도시.

225 **ⲟⲩⲇⲉ** οὐδέ 그리고 ~않은, ~또한 아닌.

226 **ⲅⲁⲣ** γάρ 왜냐하면.

227 **ⲁⲗⲗⲁ** ἀλλά 하지만, 그러나.

228 **ⲗⲩⲭⲛⲓⲁ** λυχνία 등잔.

229 **ϩⲓⲉⲓⲧ**  *ḥ3d* 함정, 덫, 구덩이. 상형문 어원에 입각하면, 단순한 구덩이가 아니라, 죽은 자들이 무서워하며 통과해야만 하는 곳으로서, 그 아래로는 불이 활활타고 있는 그러한 구덩이를 말한다.

(32)

예수께서 말씀하셨다.
"높은 산 위에 세워져 요새화된 성읍은
무너지지도 않고 숨겨지지도 않는다."[230]

(33)

예수께서 말씀하셨다.
"너희가 너희 귀로 듣는 것을
다른 사람의 귀에 너희 지붕 꼭대기에서 선포하라.[231]
왜냐하면 아무도 등을 켜서 발 아래나 구석진 곳에 두지 않고
그것을 등경 위에 두어 들어오고 나가는 자 마다
그 빛을 볼 수 있게 하기 때문이다."[232]

(34)

예수께서 말씀하셨다.
"소경이 소경을 인도하면
둘 다 웅덩이[233]에 빠지게 된다."[234]

230 복음서에서는, 이 로기온이 전하는 내용 앞에 세상의 빛된 존재로서의 제자들을 덧붙인다 (마5,14). 하지만 예수 제자들 가운데서 이러한 칭찬을 받기에 적합한 인물은 과연 얼마나 될까? 뒷면에 나오는 다른 로기온에서는 그 빛된 존재가 누구인지를 확실하게 지적하고 있다 (로기온77).

231 마10,27.

232 마5,15; 막4,21; 눅8,16;11,33.

233 앞서 곱트어 원문 주석에서도 설명했듯이, 소경들이 빠지는 ϩιειт라는 구덩이는 단순한 구덩이가 아니라, 죽은 자들이 장차 두려움으로 통과해야만 하는 불구덩이를 의미한다. 이미 도래한 하나님의 나라에 관해 잘못된 가르침을 베푸는 자나 그것을 맹목적으로 따라가는 이들은 모두 소경들이며, 그들의 잘못은 이생을 넘어 저편에까지 이어지기에 그것에 대한 예수의 안타까움이 상당함을 드러내는 구절이다.

234 마태는 이 구절 앞에 예수의 직접 화법을 삽입하였고 (마15,14), 누가는 이것을 비유의 말씀으로 소개함과 동시에 의문문으로 대치하였다 (눅6,39).

(35)

ⲡⲉϫⲉ ⲓ̅ⲥ̅
ⲙⲛ̅ ϭⲟⲙ ⲛ̅ⲧⲉⲟⲩⲁ ⲃⲱⲕ` ⲉϩⲟⲩⲛ ⲉⲡⲏⲉⲓ ⲙ̅ⲡϫⲱⲱⲣⲉ
ⲛ̅ϥϫⲓⲧϥ` ⲛ̅ϫⲛⲁϩ ⲉⲓⲙⲏⲧⲓ[235] ⲛ̅ϥⲙⲟⲩⲣ ⲛ̅ⲛⲉϥϭⲓϫ`
ⲧⲟⲧⲉ ϥⲛⲁⲡⲱⲱⲛⲉ ⲉⲃⲟⲗ ⲙ̅ⲡⲉϥⲏⲉⲓ

(36)

ⲡⲉϫⲉ ⲓ̅ⲥ̅
ⲙⲛ̅ϥⲓ ⲣⲟⲟⲩϣ ϫⲓⲛ ϩⲧⲟⲟⲩⲉ ϣⲁ ⲣⲟⲩϩⲉ[236]
ⲁⲩⲱ ϫⲓⲛ ϩⲓⲣⲟⲩϩⲉ[237] ϣⲁ ϩⲧⲟⲟⲩⲉ
ϫⲉ ⲟⲩ ⲡⲉ ⲉⲧⲛⲁⲧⲁⲁϥ ϩⲓⲱⲧ` ⲧⲏⲩⲧⲛ̅

(37)

ⲡⲉϫⲉ ⲛⲉϥⲙⲁⲑⲏⲧⲏⲥ[238] ϫⲉ
ⲁϣ ⲛ̅ϩⲟⲟⲩ ⲉⲕⲛⲁⲟⲩⲱⲛϩ ⲉⲃⲟⲗ ⲛⲁⲛ
ⲁⲩⲱ ⲁϣ ⲛ̅ϩⲟⲟⲩ ⲉⲛⲁⲛⲁⲩ ⲉⲣⲟⲕ`
ⲡⲉϫⲉ ⲓ̅ⲥ̅ ϫⲉ
ϩⲟⲧⲁⲛ[239] ⲉⲧⲉⲧⲛ̅ϣⲁⲕⲉⲕ ⲧⲏⲩⲧⲛ̅ ⲉϩⲏⲩ ⲙ̅ⲡⲉⲧⲛ̅ϣⲓⲡⲉ[240]
ⲁⲩⲱ ⲛ̅ⲧⲉⲧⲛ̅ϥⲓ ⲛ̅ⲛⲉⲧⲛ̅ϣⲧⲏⲛ
ⲛ̅ⲧⲉⲧⲛ̅ⲕⲁⲁⲩ ϩⲁ ⲡⲉⲥⲏⲧ` ⲛ̅ⲛⲉⲧⲛ̅ⲟⲩⲉⲣⲏⲧⲉ
ⲛ̅ⲑⲉ ⲛ̅ⲛⲓⲕⲟⲩⲉⲓ ⲛ̅ϣⲏⲣⲉ ϣⲏⲙ`
ⲛ̅ⲧⲉⲧⲛ̅ϫⲟⲡϫⲡ̅ ⲙ̅ⲙⲟⲟⲩ
ⲧⲟⲧ[ⲉ ⲧⲉⲧⲛⲁⲛⲁⲩ ⲁ]ⲡϣⲏⲣⲉ ⲙ̅ⲡⲉⲧⲟⲛϩ
ⲁⲩⲱ ⲧⲉⲧⲛⲁⲣ̅ ϩⲟⲧⲉ ⲁⲛ

---

235 ⲉⲓⲙⲏⲧⲓ εἰ μήτι ...을 제외하고.

236 ⲣⲟⲩϩⲉ 저녁.

237 ϩⲓⲣⲟⲩϩⲉ 늦게.

238 ⲙⲁⲑⲏⲧⲏⲥ μαθητής 제자.

239 ϩⲟⲧⲁⲛ ὅταν (만일) ~하다면, ~할 때.

240 ϣⲓⲡⲉ 부끄러움, 체면.

(35)
예수께서 말씀하셨다.
"누구든지 강한 자의 손을 결박하지 않고서는
그의 집에 들어가 어느 것도 취할 수 없으니
그를 결박하고서야 그의 집을 약탈할 수 있다."[241]

(36)
예수께서 말씀하셨다.
"새벽부터 저녁까지
그리고 늦은 시각부터 새벽까지
너희들이 무엇을 몸에 걸칠지 근심하지 마라."[242]

(37)
제자들이 말했다.
"언제 우리에게 당신을 나타내실 것이며
언제 우리가 당신을 뵐 수 있겠습니까?"[243]
예수께서 말씀하셨다.
"너희가 부끄러움의 옷을 벗어던지고
어린아이들처럼 그것들을 발 밑에 두고 밟을 때[244]
너희들은 살아계신 아들을 뵐 것이고
더 이상 두려워함도 없을 것이다."

---

241 마12,29; 막3,27; 눅11,2-22 에서 평행을 볼 수 있다. 집 지키는 주제의 로기온이 도마복음서에서는 세 번에 걸쳐 나오는 데 (21, 35, 98), 내용의 방향에 있어서는 일치하지 않으며, 이러한 불일치는 예수의 가르침에 대한 편집자의 이해 부족일 수도 있지만, 말씀이 선포된 싯점과 후기 경전 집성 시기 간의 시간적 차이와 그로 인한 이해관계의 변화 때문일 수 있다.

242 간단한 격언 형식의 예수의 말이, 마태와 누가에 이르러 어떻게 발전하는 지를 신약복음서는 선명하게 보여주고 있다 (마6,25-34; 눅12,22-31). 본래 길고 긴 격언을 도마복음서에서 간략하게 줄였을 가능성은 희박하며, 일반적으로 짧은 것이 더욱 원형에 가까운 법이다.

243 예수 속에 내재한 또는 배경이 되는 저편의 또 하나의 형상이 나타나는 것으로 보는 견해가 지배적이나, 이 로기온의 자리는 예수의 사후 그가 다시 온다는 약속, 곧 재림과 연관된 말씀일 가능성이 크다.

244 부끄러움의 표면에 걸친 것을 땅에 내던지고 그것을 발로 밟는다는 표현은 기독교권 외에서도 널리 퍼져있던 표현이며, 이것은 단순히 가식의 옷을 벗고 어린아이처럼 맨몸이 된다는 것을 넘어서서, 마니교 문서에 나오는 내용에 의하자면(마니교 시편 p.19, 59, 99), 인간이 이 생에서 쓰고있는 육신을 의미함과 동시에 그것을 벗는다는 것은 곧바로 죽음을 의미하게 된다. 따라서, 위 로기온에 나오는 시기는 가식을 벗어버리는 도덕적 달성의 시기가 아니라 죽어 육신을 벗고 하늘나라로 갔을 때를 말하는 것으로 이해할 수 있다. 그렇다면 여기에서 한가지 중요한 내용이 드러나는 데, 주의 재림 시기에 대한 복음서의 답변은 '속히 오리라' 또는 '너희들이 이스라엘 동리를 다 돌기도 전에 오리라'는 식의 항상 가까운 장래를 말한 반면, 도마복음서에서의 재림 시기에 관한 답변은 위 로기온에 의하자면, 우리들이 죽어서만이 도달할 수 있는 시기라는 사실이다. 다시 말해, 재림을 제자들이 대망하지만 살아서 그 날을 볼 수는 없는 먼 장래임을 도마복음서는 전하고 있다.

(38)

ⲡⲉϫⲉ ⲓ̅ⲥ̅ ϫⲉ
ϩⲁϩ ⲛ̅ⲥⲟⲡ ⲁⲧⲉⲧⲛ̅ ⲣ̅ⲉⲡⲓⲑⲩⲙⲉⲓ[245] ⲉⲥⲱⲧⲙ̅
ⲁⲛⲉⲉⲓϣⲁϫⲉ[246] ⲛⲁⲉⲓ ⲉϯϫⲱ ⲙ̅ⲙⲟⲟⲩ ⲛⲏⲧⲛ̅
ⲁⲩⲱ ⲙⲛ̅ⲧⲏⲧⲛ̅ ⲕⲉⲟⲩⲁ ⲉⲥⲟⲧⲙⲟⲩ ⲛ̅ⲧⲟⲟⲧϥ̅
ⲟⲩⲛ̅ ϩⲛ̅ϩⲟⲟⲩ ⲛⲁϣⲱⲡⲉ ⲛ̅ⲧⲉⲧⲛ̅ϣⲓⲛⲉ ⲛ̅ⲥⲱⲉⲓ
ⲧⲉⲧⲛⲁϩⲉ ⲁⲛ` ⲉⲣⲟⲉⲓ·

(39)

ⲡⲉϫⲉ ⲓ̅ⲥ̅ ϫⲉ
ⲙ̅ⲫⲁⲣⲓⲥⲁⲓⲟⲥ[247] ⲙⲛ̅ ⲛ̅ⲅⲣⲁⲙⲙⲁⲧⲉⲩⲥ[248]
ⲁⲩϫⲓ ⲛ̅ϣⲁϣⲧ` ⲛ̅ⲧⲅⲛⲱⲥⲓⲥ[249] ⲁⲩϩⲟⲡⲟⲩ
ⲟⲩⲧⲉ[250] ⲙ̅ⲡⲟⲩⲃⲱⲕ ⲉϩⲟⲩⲛ
ⲁⲩⲱ ⲛⲉⲧⲟⲩⲱϣ ⲉⲃⲱⲕ` ⲉϩⲟⲩⲛ ⲙ̅ⲡⲟⲩⲕⲁⲁⲩ
ⲛ̅ⲧⲱⲧⲛ̅ ⲇⲉ[251] ϣⲱⲡⲉ ⲙ̅ⲫⲣⲟⲛⲓⲙⲟⲥ[252] ⲛ̅ⲑⲉ ⲛ̅ⲛ̅ϩⲟϥ`
ⲁⲩⲱ ⲛ̅ⲁⲕⲉⲣⲁⲓ̈ⲟⲥ[253] ⲛ̅ⲑⲉ ⲛ̅ⲛ̅ϭⲣⲟⲙ`ⲡⲉ

---

245 ⲉⲡⲓⲑⲩⲙⲉⲓ ἐπιθυμεῖν 원하다.

246 ϣⲁϫⲉ  *s-ḏd* 말씀. 이 단어는, '말하다'라는 의미의  *ḏd* 에 사역형 조사인  *s* 이 붙은 형태이다. 곧, 말씀은 우리 인간이 발성하는 것이 아닌, 누군가의 도움에 의해 대신 말하는 '대언'의 성격을 지니고 있음을 나타낸다.

247 ⲫⲁⲣⲓⲥⲁⲓⲟⲥ Φαρισαῖος 바리새인.

248 ⲅⲣⲁⲙⲙⲁⲧⲉⲩⲥ γραμματεύς 서기관, 교법사.

249 ⲅⲛⲱⲥⲓⲥ γνῶσις 인식, 지식, 영지.

250 ⲟⲩⲧⲉ οὔτε ~도 아닌.

251 ⲇⲉ δέ 그런데, 하지만.

252 ⲫⲣⲟⲛⲓⲙⲟⲥ φρόνιμος 지혜자.

253 ⲁⲕⲉⲣⲁⲓⲟⲥ ἀκέραιος 섞이지 않은, 순수한.

(38)

예수께서 말씀하셨다.

"수많은 날들을 너희는
내가 지금 너희에게 말하는 이 말씀을 듣고자 원하였고,
달리 다른 이에게는 들을 수 없도다.
장차 날이 오리니,[254]
너희가 나를 찾고자 하나 찾지 못하리라."[255]

(39)

예수께서 말씀하셨다.

"바리새인들과 서기관들이 지혜의 열쇠를 받았으나 그들은 그것들을 숨겼다.[256]
그들은 자신들만 들어가지 않을 뿐 아니라
들어가길 원하는 자들까지도 들어가지 못하게 했다.[257]
그러나 너희는 뱀처럼 지혜롭고[258]
비둘기처럼 순전하라."[259]

---

254 말씀은 대언의 성격을 지니기에, 주신 분이 있고 전하는 이가 따로 존재한다. 대언자로서의 예수의 오고 가심에 대해 인간은 수동적 입장일 수 밖에 없으나, 말씀을 선포하는 이의 입장에서는 말씀의 선포에 연관된 오고 감의 시기가 미리 정해져 있기에, '때가 되었다'(막1,15)에서 출발한 예수 선포가 이제 자신의 부재를 의미하는 '장차 날이 오리니'로 귀결되는 것은 당연하며, 오직 그 시기를 잘 아는 자만이 말씀을 바로 전할 수 있고 또 그러한 시기적 정황에 대해 잘 아는 자만이 말씀을 보다 정확하게 이해할 수 있겠다.

255 예수의 떠나가심에 대한 말씀은, 복음서에서 더욱 다양한 형태로 발전된다. (눅17,22; 요7,33-34; 8,21).

256 새로운 말씀을 통해 구원의 새 역사를 열어가는 예수의 입장에서는 기존의 구 세대와 세력을 대변하는 이들이 바로 바리새인들과 서기관 그룹이다. 그런데 그들은 새로운 말씀을 무조건 반대하고 부정하는 이들이 아니라, 그들에게는 이미 그노시스(영지)의 열쇠가 주어져 있고, 그런 의미에서 그들은 새 시대의 대적자가 아니라 그 누구보다도 앞장서가는 선구자이자 협조자임을 이 로기온은 선포한다. 다만 문제는, 그들은 자신이 미리 받은 열쇠를 숨겼으며, 자신 뿐 아니라 자신이 인도하는 이들도 못 들어가게 막고 있음을 도마복음서는 여러 차례 지적하고 있다 (로기온 102).

257 로기온 102.

258 지혜의 상징으로 뱀이 쓰인 이유는 무엇일까? 상형문에서 뱀의 형상을 지닌 글자가 있는데,  *ḏd* 하늘의 지혜의 말씀을 선포하는 의미를 지닌 글자이다. 영지의 열쇠를 이미 받았으나 그것을 감춘 종교 지도자들의 설교 가운데서 무엇이 숨겨진 내용이고 무엇이 숨긴자의 사견인지를 잘 구분하는 것은 분명 지혜로운 자의 몫이다.

259 순전한 비둘기를 지칭하는 곱트어 **ϭⲣⲟⲙ`ⲡⲉ**의 상형문 어원을 보노라면,
 *gr (n) p.t* '하늘의 새', 곧 천조(天鳥)를 의미하며, 우리말로 기러기를 나타내는 단어이다. 모든 문화가 시작된 북방의 기원을 향해 때가 되면 본능적으로 날아가는 기러기는 근원을 향한 신비한 힘을 내재한 새이며, 아무리 숨겨도 그것을 구분하고 알아보는 순수한 능력을 지닌 새가 분명하다.

(40)

ⲡⲉϫⲉ ⲓ̅ⲥ̅
ⲟⲩⲃⲉ ⲛⲉⲗⲟⲟⲗⲉ ⲁⲩⲧⲟϭⲥ
ⲙ̅ⲡⲥⲁ ⲛⲃⲟⲗ[260] ⲙ̅ⲡⲉⲓⲱⲧ`
ⲁⲩⲱ ⲉⲥⲧⲁϫⲣⲏⲩ ⲁⲛ
ⲥⲉⲛⲁⲡⲟⲣⲕ̅ⲥ̅ ϩⲁ ⲧⲉⲥⲛⲟⲩⲛⲉ
ⲛ̅ⲥⲧⲁⲕⲟ

(41)

ⲡⲉϫⲉ ⲓ̅ⲥ̅ ϫⲉ
ⲡⲉⲧⲉⲩⲛ̅ⲧⲁϥ ϩⲛ̅ ⲧⲉϥ`ϭⲓϫ
ⲥⲉⲛⲁϯ ⲛⲁϥ`
ⲁⲩⲱ ⲡⲉⲧⲉ ⲙⲛ̅ⲧⲁϥ ⲡⲕⲉϣⲏⲙ[261] ⲉⲧⲟⲩⲛ̅ⲧⲁϥ`
ⲥⲉⲛⲁϥⲓⲧϥ̅ ⲛ̅ⲧⲟⲟⲧϥ`

(42)

ⲡⲉϫⲉ ⲓ̅ⲥ̅ ϫⲉ
ϣⲱⲡⲉ ⲉⲧⲉⲧⲛ̅ⲣ̅ⲡⲁⲣⲁⲅⲉ[262]

---

260 ⲡⲥⲁ ⲛⲃⲟⲗ ⲛ̅ ~의 바깥에서, ~을 떠나, ~와 무관하게.

261 ϣⲏⲙ 약간의, 소량의, 어린.

262 ⲣ̅ⲡⲁⲣⲁⲅⲉ παράγειν 스쳐 지나가다.

(40)
예수께서 말씀하셨다.
"포도나무가 아버지에게서 떨어져 심어졌으나[263]
건실치 못하므로
뿌리째 뽑히어 죽을 것이다."[264]

(41)
예수께서 말씀하셨다.
"손에 무엇인가 가진 자는 더 받을 것이요,
가지지 못한 자는 그가 가진 적은 것마저도 빼앗기게 될 것이다."[265]

(42)
예수께서 말씀하셨다.
"지나가는 자들이 되라."[266]

---

263 이 땅에 펼쳐지는 모든 하늘의 역사는, 신이 아닌 인간 사이에서 진행되는 역사이기에 근본적으로 모두 아버지에게서 떨어져 심어지는 포도나무와도 같다. 떨어져서 심어지고 자랄지라도 그것이 하늘의 역사와 의도하심 아래에서 진행된 과정이기에 포도나무가 될 수 있다. 다만 자라는 과정에서 이질적인 요소를 너무 많이 흡수하면 포도나무로서의 체질에도 문제가 생기고 맺혀지는 열매 역시 정상적인 포도가 되지 못하는 것이 문제이다.

264 마태에서 평행을 발견하나, 마태는 포도나무라고 지칭하지 않고 그냥 땅에 심은 식물로 처리하고 있다.(마15,12-13). 건실치 못한 결과로 인해 뿌리째 뽑힌 극단적인 경우를 우리는 2천년 전 이스라엘 민족에게서 본 적 있다.

265 마25,29; 막4,25; 눅19,26.

266 나그함마디 문서 가운데 하나인 'Dialogue du Sauveur'에서 그리스도는 제자들에게 권면하기를, 상부세계와 하부 세계 사이에 위치하는 심연(Abîme)을 통과하는 '지나가는 자들'이 되기를 강조한다.

(43)

ⲡⲉϫⲁⲩ ⲛⲁϥ` ⲛ̄ϭⲓ ⲛⲉϥⲙⲁⲑⲏⲧⲏⲥ[267] ϫⲉ
ⲛ̄ⲧⲁⲕ ⲛⲓⲙ` ⲉⲕϫⲱ ⲛ̄ⲛⲁï ⲛⲁⲛ`
ϩⲛ̄ ⲛⲉϯϫⲱ ⲙ̄ⲙⲟⲟⲩ ⲛⲏⲧⲛ̄
ⲛ̄ⲧⲉⲧⲛ̄ⲉⲓⲙⲉ ⲁⲛ ϫⲉ ⲁⲛⲟⲕ` ⲛⲓⲙ
ⲁⲗⲗⲁ[268] ⲛ̄ⲧⲱⲧⲛ̄ ⲁⲧⲉⲧⲛ̄ϣⲱⲡⲉ ⲛⲑⲉ ⲛ̄ⲛⲓïⲟⲩⲇⲁⲓⲟⲥ[269]
ϫⲉ ⲥⲉⲙⲉ ⲙ̄ⲡϣⲏⲛ ⲥⲉⲙⲟⲥⲧⲉ ⲙ̄ⲡⲉϥⲕⲁⲣⲡⲟⲥ[270]
ⲁⲩⲱ ⲥⲉⲙⲉ ⲙ̄ⲡⲕⲁⲣⲡⲟⲥ ⲥⲉⲙⲟⲥⲧⲉ ⲙ̄ⲡϣⲏⲛ

(44)

ⲡⲉϫⲉ ⲓ̅ⲥ̅ ϫⲉ
ⲡⲉⲧⲁϫⲉ ⲟⲩⲁ ⲁⲡⲉⲓⲱⲧ` ⲥⲉⲛⲁⲕⲱ ⲉⲃⲟⲗ ⲛⲁϥ`
ⲁⲩⲱ ⲡⲉⲧⲁϫⲉ ⲟⲩⲁ ⲉⲡϣⲏⲣⲉ ⲥⲉⲛⲁⲕⲱ ⲉⲃⲟⲗ ⲛⲁϥ`
ⲡⲉⲧⲁϫⲉ ⲟⲩⲁ ⲇⲉ[271] ⲁⲡⲡ̅ⲛ̅ⲁ̅[272] ⲉⲧⲟⲩⲁⲁⲃ[273]
ⲥⲉⲛⲁⲕⲱ ⲁⲛ ⲉⲃⲟⲗ ⲛⲁϥ` ⲟⲩⲧⲉ[274] ϩⲙ̄ ⲡⲕⲁϩ ⲟⲩⲧⲉ ϩⲛ̄ ⲧⲡⲉ

---

267 **ⲙⲁⲑⲏⲧⲏⲥ** μαθητής 제자.

268 **ⲁⲗⲗⲁ** ἀλλά 하지만, 그러나.

269 **ïⲟⲩⲇⲁⲓⲟⲥ** Ἰουδαῖος 유대인.

270 **ⲕⲁⲣⲡⲟⲥ** καρπός 열매.

271 **ⲇⲉ** δέ 그런데, 하지만.

272 **ⲡ̅ⲛ̅ⲁ̅** πνεῦμα 성령.

273 **ⲡ̅ⲛ̅ⲁ̅ ⲉⲧⲟⲩⲁⲁⲃ** πνεύμαύτος τοῦ ἁγίου 성스러운 령.

274 **ⲟⲩⲧⲉ** οὔτε ~도 아닌.

(43)
제자들이 예수께 말했다.
"이것을 우리에게 말씀하시는 당신은 누구십니까?"[275]
〈예수께서 말씀하셨다〉
"내가 너희에게 말하는 것들로 내가 누구인가를 너희는 알지 못하는가?[276]
그렇다면 너희는 유대인처럼 되어서,
나무는 사랑하되 그 열매는 미워하고
그 열매는 사랑하되 그 나무는 미워함과 같도다."

(44)
예수께서 말씀하셨다.
"누구든지 아버지를 욕되게 하는 자는 용서받을 것이고
아들을 욕되게 하는 자 또한 용서받을 것이나[277]
성령을 욕되게 하는 자는
땅에서나 하늘에서나 용서받지 못할 것이다."[278]

---

275 Σὺ τίς εἶ '당신은 누구십니까?' 다른 사람도 아닌 예수의 제자들이 이 질문을 던진다는 것은 놀라운 현상이다. 가장 가까이에서 목격하는 제자들이 모른다면 당시대의 일반인들에게 예수는 더더욱 파악하기 힘든 존재였음이 틀림없다. 그리고, '예수, 그는 누구였는가?'라는 질문은 초대교회에서 시작되어 오늘 이 순간까지 끊임없이 던져지는 영원한 질문이다.

276 그 옛날 모세가 시내산에서 하나님께 물었던 것과 동일한 질문이 제자들에 의해 던져지자, 하나님이 자신을 드러내셨듯이 예수도 대단히 구약적인 표현으로 자신을 드러내어 지칭했다. 하지만 그 답변은 초대교회는 물론이요 심지어는 도마복음서에서조차 원형을 간직치 못한 채 오늘 우리들에게 전해지고 있다. 하지만, 예수가 자신의 존재를 놓고 대답한 답변의 원형에 가장 가까운 표현을 우리는 요한복음서에서 발견할 수 있는데, Τὴν ἀρχὴν ὅτι καὶ λαλῶ ὑμῖν (요8,25)이 그것이다. 전통적인 번역은 '나는 처음부터 너희에게 말하여 온 자'라고 처리했는데, 사실 올바른 번역은 아니고 보다 정확하게 다시 번역하자면, '태초로부터 너희에게 거듭 말하여 온 자'가 되겠다. 안타깝게도 신약복음서나 도마복음서는 예수의 이 특이한 '자기 정의'를 일반적인 평범한 답변으로 이해하고 이 구절의 앞과 뒤로 말씀을 전하기 위해 노력하는 예수 상을 삽입하는 방향으로 흐르고 만다.

277 이 로기온과 평행을 담고있는 복음서에서는, 아버지와 아들을 거슬리고 용서받는다는 내용은 생략되어 있다. 아버지와 아들이 동일시되거나 삼위일체 교리가 확립된 후에는 모순되는 내용이었기에 삭제되었으리라 추측할 수 있다. (마12,31-32; 막3,28-30; 눅12,10)

278 아버지와 아들을 욕되게 하여도 용서를 받을 수 있지만, 성령을 훼방하면 용서받지 못한다는 이 구분은, 그것이 삼위일체 고백 이전의 소산이기에 그러하다고 볼 수도 있지만, 보다 근원적인 이유는 다른 데 있을 수 있다. 곧, 우리에게는 성령이 삼위 중의 하나의 위격일지 몰라도 예수에게 성령은 전혀 다른 의미를 지녔을 수가 있다. 성경 전반을 통괄해 보노라면, 예수에게 성령은 하나님의 구원 사역 그 자체를 의미하며, 인간의 구원을 위해 이 땅에서 하늘이 일으키시는 역사 그 자체를 의미한다고 볼 수 있다. 2천년 전, 디아스포라의 운명에 처했던 선민 이스라엘이 더 이상 구원받을 수 없는 막다른 골목으로 내몰렸던 것은, 아버지를 욕되게 하고 그 아들 예수 그리스도를 십자가에 못 박아서가 아니라, 선민 이스라엘 가운데로 그리스도 예수를 보내 온 인류의 구원을 도모하시던 하나님의 그 비밀스런 경륜의 역사에 심각한 차질을 야기했기 때문이리라. 구원이 있다면 그것은 '먼저 이스라엘에게로'라는 초기의 표어에서 후기로 가면 '이방의 빛'이 되던 예수 복음의 흐름이 그것을 말해주며, 예수의 탄생에 즈음하여 이쪽 서방에는 로마제국과 저쪽 동방에는 한제국을 형성하여 복음으로 동서를 통합하여 세계 평화를 정착시키고자 하신 하늘의 원대한 이상은 이스라엘의 불신으로 말미암아 동서 양분의 시대로 전개되었고, 서양과 동양이 만나고자하던 실크로드의 꿈이 다시 깨어나기까지는 천년 이상의 세월이 요했음을 역사는 보여주고 있다.

(45)

ⲡⲉϫⲉ ⲓ̅ⲥ̅

ⲙⲁⲩϫⲉⲗⲉ ⲉⲗⲟⲟⲗⲉ ⲉⲃⲟⲗ ϩⲛ̅ ϣⲟⲛⲧⲉ

ⲟⲩⲧⲉ[279] ⲙⲁⲩⲕⲱⲧϥ̀ ⲕⲛ̅ⲧⲉ ⲉⲃⲟⲗ ϩⲛ̅ ⲥⲣ̅ϭⲁⲙⲟⲩⲗ̀

ⲙⲁⲩϯ ⲕⲁⲣⲡⲟⲥ ⲅ[ⲁⲣ[280]

ⲟⲩⲁⲅ]ⲁⲑⲟⲥ[281] ⲣ̅ⲣⲱⲙⲉ ϣⲁϥⲉⲓⲛⲉ ⲛ̅ⲟⲩⲁⲅⲁⲑⲟⲛ ⲉⲃⲟⲗ ϩⲙ̅ ⲡⲉϥⲉϩⲟ

ⲟⲩⲕⲁ[ⲕⲟⲥ][282] ⲣ̅ⲣⲱⲙⲉ ϣⲁϥⲉⲓⲛⲉ ⲛ̅ϩⲛ̅ⲡⲟⲛⲏⲣⲟⲛ[283] ⲉⲃⲟⲗ ϩⲙ̅ ⲡⲉϥⲉϩⲟ

ⲉⲑⲟⲟⲩ ⲉⲧϩⲛ̅ ⲡⲉϥϩⲏⲧ̀ ⲁⲩⲱ ⲛ̅ϥϫⲱ ⲛ̅ϩ ⲛ̅ⲡⲟⲛⲏⲣⲟⲛ ⲉⲃⲟⲗ

ⲅⲁⲣ ϩⲙ̅ ⲫⲟⲩⲟ ⲙ̅ⲫⲏⲧ̀ ϣⲁϥ̀ⲉⲓⲛⲉ ⲉⲃⲟⲗ ⲛ̅ϩⲛ̅ⲡⲟⲛⲏⲣⲟⲛ

(46)

ⲡⲉϫⲉ ⲓ̅ⲥ̅ ϫⲉ

ϫⲓⲛ̀ ⲁⲇⲁⲙ ϣⲁ ⲓ̈ⲱϩⲁⲛⲛⲏⲥ ⲡⲃⲁⲡⲧⲓⲥⲧⲏⲥ[284]

ϩⲛ̅ ⲛ̅ϫⲡⲟ ⲛ̅ⲛϩⲓⲟⲙⲉ[285] ⲙⲛ̅ ⲡⲉⲧϫⲟⲥⲉ ⲁⲓ̈ⲱϩⲁⲛⲛⲏⲥ ⲡⲃⲁⲡⲧⲓⲥⲧⲏⲥ

ϣⲓⲛⲁ[286] ϫⲉ ⲛⲟⲩⲱϭⲡ̀ ⲛ̅ϭⲓ ⲛⲉϥⲃⲁⲗ

ⲁⲉⲓϫⲟⲟⲥ ⲇⲉ[287] ϫⲉ

ⲡⲉⲧⲛⲁϣⲱⲡⲉ ϩⲛ̅ ⲧⲏⲩⲧⲛ̅ ⲉϥⲟ ⲛ̅ⲕⲟⲩⲉⲓ

ϥⲛⲁⲥⲟⲩⲱⲛ ⲧⲙⲛ̅ⲧⲉⲣⲟ

ⲁⲩⲱ ϥⲛⲁϫⲓⲥⲉ ⲁⲓ̈ⲱϩⲁⲛⲛⲏⲥ

---

279 **ⲟⲩⲧⲉ** οὔτε ~도 아닌.

280 **ⲅⲁⲣ** γάρ 왜냐하면.

281 **ⲁⲅⲁⲑⲟⲥ** ἀγαθός 선한, 좋은,

282 **ⲕⲁⲕⲟⲥ** κακός 악, 사악.

283 **ⲡⲟⲛⲏⲣⲟⲛ** πονηρόν 악행.

284 **ⲃⲁⲡⲧⲓⲥⲧⲏⲥ** βαπτιστής 세례.

285 **ϩⲛ̅ ⲛ̅ϫⲡⲟ ⲛ̅ⲛϩⲓⲟⲙⲉ** ἐν γεννητοῖς γυναικῶν 여자가 낳은 자들 중에서

286 **ϣⲓⲛⲁ** ἵνα ~하기 위해, ~않도록, ~않게끔, 요구하다.

287 **ⲇⲉ** δέ 그런데, 하지만.

(45)

예수께서 말씀하셨다.

"가시덤불에서 포도를 수확하지 못하고
엉겅퀴에서 무화과를 얻지 못하니
그것들이 열매를 맺지 못하기 때문이다.
선한 사람은 그가 쌓은 것으로부터 선한 것을 내고
악한 사람은 그가 쌓은 것으로부터 악한 것을 내고 악한 것을 말한다.
이는 그 마음에 넘쳐나는 것으로부터 그가 악한 것을 내기 때문이다."[288]

(46)

예수께서 말씀하셨다.

"아담으로부터 세례 요한에 이르기까지[289]
여자가 낳은 자 중에서 세례 요한보다 큰 자가 없어,
그것으로 그의 눈이 어두워지기까지 했도다.[290]
그러나 나는 너희에게 말한다.
너희 가운데 누구든지 어린아이처럼 되는 자는[291]
하늘나라를 알 수 있겠고
요한보다 더 크게 될 것이다."

288 누가에서 거의 동일한 평행을 발견하고 (눅6,43-45), 마태는 이 로기온을 둘로 나누어 더욱 발전된 내용을 전한다. (마7,16-18; 12,33-35).

289 복음서에서는 이 부분이 빠져있다 (마11,11; 눅7,28). '아담으로부터 세례 요한까지'라는 언급을 통해, 예수의 역사관의 일면을 엿볼 수 있고, 아담에서 출발하여 후 아담 되신(고전15,45) 예수에 이르는 하나님의 구원 역사의 선상에서 세례 요한은 매우 중요한 의미를 지닌 인물로 예수는 평가하신다. 다만 요한에 대한 기대가 큰 만큼 그것이 어그러질 때 예수의 실망 또한 크다.

290 곱트어 원문을 문자적으로 번역하면, '그것으로 인해 눈이 어두워지지 말았으면...'이라는 우려를 나타내는 뜻을 담고 있다.

291 예수에게 있어 '어린아이'는 순수함과 아울러 본래의 타고난 성품이 변질되지 않은 자연상태를 말한다. 세례 요한은 무언가 크게 변질되었음을 시사하는 구절이다.

(47)

ⲡⲉϫⲉ ⲓ̅ⲥ̅ ϫⲉ
ⲙⲛ̅ ϭⲟⲙ ⲛ̅ⲧⲉⲟⲩⲣⲱⲙⲉ ⲧⲉⲗⲟ ⲁϩⲧⲟ ⲥⲛⲁⲩ
ⲛ̅ϥϫⲱⲗⲕ` ⲙ̅ⲡⲓⲧⲉ ⲥⲛ̅ⲧⲉ
ⲁⲩⲱ ⲙⲛ̅ϭⲟⲙ` ⲛ̅ⲧⲉⲟⲩϩⲙ̅ϩⲁ̅ⲗ̅ ϣⲙ̅ϣⲉ ϫⲟⲉⲓⲥ ⲥⲛⲁⲩ
ⲏ[292] ϥⲛⲁⲣ̅ⲧⲓⲙⲁ[293] ⲙ̅ⲡⲟⲩⲁ· ⲁⲩⲱ ⲡⲕⲉⲟⲩⲁ ϥⲛⲁⲣ̅ϩⲩⲃⲣⲓⲍⲉ[294] ⲙ̅ⲙⲟϥ`
ⲙⲁⲣⲉⲣⲱⲙⲉ ⲥⲉ ⲣ̅ⲡ̅ ⲁⲥ
ⲁⲩⲱ ⲛ̅ⲧⲉⲩⲛⲟⲩ ⲛ̅ϥ`ⲉⲡⲓⲑⲩⲙⲉⲓ[295] ⲁⲥⲱ ⲏⲣⲡ` ⲃ̅ⲃⲣⲣⲉ
ⲁⲩⲱ ⲙⲁⲩⲛⲟⲩϫ` ⲏⲣⲡ· ⲃ̅ⲃⲣ̅ⲣⲉ ⲉⲁⲥⲕⲟⲥ[296] ⲛ̅ⲁⲥ
ϫⲉⲕⲁⲁⲥ ⲛ̅ⲛⲟⲩⲡⲱϩ
ⲁⲩⲱ ⲙⲁⲩⲛⲉϫ` ⲏⲣⲡ· ⲛ̅ⲁⲥ ⲉⲁⲥⲕⲟⲥ ⲃ̅ⲃⲣ̅ⲣⲉ
ϣⲓⲛⲁ[297] ϫⲉ ⲛⲉϥⲧⲉⲕⲁϥ`
ⲙⲁⲩϫⲗ̅ϭ̅ ⲧⲟⲉⲓⲥ ⲛ̅ⲁⲥ ⲁϣⲧⲏⲛ ⲛ̅ϣⲁⲉⲓ
ⲉⲡⲉⲓ[298] ⲟⲩⲛ ⲟⲩⲡⲱϩ ⲛⲁϣⲱⲡⲉ

(48)

ⲡⲉϫⲉ ⲓ̅ⲥ̅ ϫⲉ
ⲉⲣϣⲁⲥⲛⲁⲩ ⲣ̅ ⲉⲓⲣⲏⲛⲏ[299] ⲙⲛ̅ ⲛⲟⲩⲉⲣⲏⲩ ϩⲙ̅ ⲡⲉⲓⲏⲉⲓ ⲟⲩⲱⲧ`
ⲥⲉⲛⲁϫⲟⲟⲥ ⲙ̅ⲡⲧⲁⲩ[300] ϫⲉ ⲡⲱⲱⲛⲉ ⲉⲃⲟⲗ
ⲁⲩⲱ ϥⲛⲁⲡⲱⲱⲛⲉ

---

292 **ⲏ** ἤ 또는.

293 **ⲧⲓⲙⲁ** τιμᾶν 존중하다.

294 **ϩⲩⲃⲣⲓⲍⲉ** ὑβρίζειν 무시하다.

295 **ⲉⲡⲓⲑⲩⲙⲉⲓ** ἐπιθυμεῖν 원하다.

296 **ⲁⲥⲕⲟⲥ** ἀσκός 술 저장소, 술부대.

297 **ϣⲓⲛⲁ** ἵνα ~하기 위해, ~않도록, ~않게끔, 요구하다.

298 **ⲉⲡⲉⲓ** ἐπεί 왜냐하면.

299 **ⲉⲓⲣⲏⲛⲏ** εἰρήνη 평화.

300 **ⲧⲟⲟⲩ**(S), **ⲧⲁⲩ**(ALF), **ⲧⲱⲟⲩ**(B) 산, 사막.

(47)

예수께서 말씀하셨다.
"한 사람이 말 두 마리에 올라타거나
활 둘을 동시에 잡아당길 수 없고,
한 종이 두 주인을 섬길 수 없으니, 그러하지 않으면
그가 한 주인은 기쁘게 하고 또 다른 주인은 노엽게 만들 것이기 때문이다.
그 누구도 오래된 포도주를 마시고
즉시 새 포도주를 원하는 사람은 없으며,
새 포도주를 낡은 부대에 담지 않음은
부대가 터지지 않게 하기 위함이다.
또 오래된 포도주를 새 부대에 넣지 않음은,
만일 그렇게 한다면 포도주를 버리게 되기 때문이다.
낡은 천을 새 옷에 대고 깁지 않으니,
그것이 찢어지게 될 것이기 때문이다."[301]

(48)

예수께서 말씀하셨다.
"만일 한 집안에 있는 둘이 조화를 이룬다면[302]
그들이 사막[303]을 향하여 '움직이라'하여도,
그것이 움직일 것이다."[304]

---

301 예수가 전하는 복음은 새롭고, 새로운 복음은 새 술과도 같아, 그것을 마시는 자는 새 술에 취한 자라 불리우기도 했다. 성서의 세계는 포도주가 흔한 곳이기에 술 비유가 많고, 첫 기적으로 물로 포도주를 만드신 예수는 그의 반대자들에게 술을 즐기는 사람으로도 비난받았다고 성서는 전한다. 오래된 포도주를 마시다가 금방 새 포도주를 요구하는 사람이 없다는 부분에 이르러서는, 누가는 동의하나 마태와 마가는 침묵한다. (마9,16; 막2,21; 눅5,39). 묵은 것에 적응이 되어 새 것을 원치않는다며, 새 포도주는 새 푸대에 넣어야 한다는 누가의 전언은, 구약과 신약의 중간기에서 어려움을 겪으시던 예수의 입장을 가장 잘 대변하고 있다.

302 '한 집안'이란 마음과 몸, 또는 육신과 영혼을 의미할 수도 있고, 나아가서는 이스라엘 한 집안에 형성된 두 종교로서의 유대교와 예수의 새로운 복음에 의해 생성되기 시작하는 예수 종단을 의미할 수도 있겠다. 이 양자가 화합을 이루면 개인적인 평화로부터 세계의 평화까지 달성될 수 있겠고, 양자가 분열되면 개인적인 괴로움으로부터 민족적 파탄과 동서분열과 같은 세계의 분열까지도 초래될 수 있겠다.

303 앞서 제시한 곱트어 원문 주석에서 보듯이, 곱트어 ⲧⲁⲩ에는 '산'이란 뜻도 있지만 '사막'이란 뜻도 있다. 높은 산보다는 낮는 구릉이 많고 사막의 모래언덕은 산처럼 많이 형성된 지역에서는 산과 사막이 동일시되어 다가오는 것이 가능하고, 큰 바람에 의해 모래 언덕이 순식간에 자리를 옮기면 산이 움직이는 것과 마찬가지 현상으로 다가왔을 것이다. 로기온 106에서 같은 내용이 반복된다. 이집트 상형문 어원을 제시하면  *ḏw* 이고, 발음은 '쥬' 또는 '찌유' 또는 '쮸'로 읽고, 이것은 또다시 한자 '언덕 구'(丘)자와 만나며, 중국어 발음은 '찌유' 또는 '치유'로 읽는다.

304 복음서에 나타나는 평행을 보면, 믿음의 힘으로 자리를 옮기는 대상으로, 마태와 마가는 산을 그대로 설정한 반면에 (마17,20; 21,21; 막11,23), 누가는 뽕나무를 제시했음이 특이하다 (눅17,6).

(49)

ⲡⲉϫⲉ ⲓ̅ⲥ̅ ϫⲉ
ϩⲉⲛⲙⲁⲕⲁⲣⲓⲟⲥ[305] ⲛⲉ ⲛⲙⲟⲛⲁⲭⲟⲥ[306] ⲁⲩⲱ ⲉⲧⲥⲟⲧⲡ`
ϫⲉ ⲧⲉⲧⲛⲁϩⲉ ⲁⲧⲙⲛ̅ⲧⲉⲣⲟ
ϫⲉ ⲛ̅ⲧⲱⲧⲛ̅ ϩⲛ̅ⲉⲃⲟⲗ ⲛ̅ϩⲏⲧⲥ̅
ⲡⲁⲗⲓⲛ[307] ⲉⲧⲉⲧⲛⲁⲃⲱⲕ` ⲉⲙⲁⲩ

(50)

ⲡⲉϫⲉ ⲓ̅ⲥ̅ ϫⲉ
ⲉⲩϣⲁⲛϫⲟⲟⲥ ⲛⲏⲧⲛ̅ ϫⲉ ⲛ̅ⲧⲁⲧⲉⲧⲛ̅ϣⲱⲡⲉ ⲉⲃⲟⲗ ⲧⲱⲛ
ϫⲟⲟⲥ ⲛⲁⲩ ϫⲉ ⲛ̅ⲧⲁⲛⲉⲓ ⲉⲃⲟⲗ ϩⲙ̅ ⲡⲟⲩⲟⲉⲓⲛ
ⲡⲙⲁ ⲉⲛⲧⲁⲡⲟⲩⲟⲉⲓⲛ ϣⲱⲡⲉ ⲙ̅ⲙⲁⲩ
ⲉⲃⲟⲗ ϩⲓⲧⲟⲟⲧϥ` ⲟⲩⲁⲁⲧϥ`
ⲁϥⲱϩ[ⲉ ⲉⲣⲁⲧϥ] ⲁⲩⲱ ⲁϥⲟⲩⲱⲛϩ ⲉⲃⲟⲗ ϩⲛ̅ ⲧⲟⲩϩⲓⲕⲱⲛ[308]
ⲉⲩϣⲁϫⲟⲟⲥ ⲛⲏⲧⲛ̅ ϫⲉ ⲛ̅ⲧⲱⲧⲛ̅ ⲡⲉ
ϫⲟⲟⲥ ϫⲉ ⲁⲛⲟⲛ ⲛⲉϥϣⲏⲣⲉ
ⲁⲩⲱ ⲁⲛⲟⲛ ⲛ̅ⲥⲱⲧⲡ` ⲙ̅ⲡⲉⲓⲱⲧ` ⲉⲧⲟⲛϩ
ⲉⲩϣⲁⲛϫⲛⲉ ⲧⲏⲩⲧⲛ̅ ϫⲉ
ⲟⲩ ⲡⲉ ⲡⲙⲁⲉⲓⲛ ⲙ̅ⲡⲉⲧⲛ̅ⲉⲓⲱⲧ` ⲉⲧϩⲛ̅ⲧⲏⲩⲧⲛ̅
ϫⲟⲟⲥ ⲉⲣⲟⲟⲩ ϫⲉ ⲟⲩⲕⲓⲙ[309] ⲡⲉ ⲙⲛ̅ ⲟⲩⲁⲛⲁⲡⲁⲩⲥⲓⲥ[310]

---

305 **ⲙⲁⲕⲁⲣⲓⲟⲥ** μακάριος 복이 있나니.

306 **ⲙⲟⲛⲁⲭⲟⲥ** μοναχός 단독자, 고립되어 홀로 사는 사람.

307 **ⲡⲁⲗⲓⲛ** πάλιν 다시.

308 **ϩⲓⲕⲱⲛ, ⲑⲓⲕⲱⲛ** εἰκών 형상.

309 **ⲕⲓⲙ** 움직이다, 뒤흔들다. 상형문 어원은  *ḳmꜣ* 던지다, 포기하다, 흔들다.

310 **ⲁⲛⲁⲡⲁⲩⲥⲓⲥ** ἀνάπαυσις 휴식.

(49)
예수께서 말씀하셨다.
"홀로 있는 자와 택함을 받은 자는 복이 있나니[311]
저희가 하늘나라를 발견하게 될 것이요,
그 이유는, 그들이 그곳에서부터 왔고
또 그리로 되돌아갈 것이기 때문이다."

(50)
예수께서 말씀하셨다.
"만일 그들이 너희에게 말하기를[312]
'너희는 어디에서 비롯되었느뇨?' 라고 묻는다면,
'우리들은 빛에서 왔나니, 거기에는 빛이 스스로 자존하고
또 자신의 형상을 따라 드러내는 곳이다'라고 말하라.
또한 그들이 '너희는 누구인가?' 라고 묻는다면,
'우리는 그분의 아들들이자 살아계신 아버지의 선택된 자들이다'라고 답변하라.
그리고 그들이 만일 너희에게
'너희 속에 거하는 아버지의 증거가 무엇인가?'라고 묻는다면,
'움직임과 휴식이 그것이다.'[313]라고 답변하라."

---

311 **MONⲁⲭOC**를 적절한 우리말로 번역하기 어렵다. 단독자, 고립자, 단일자 등등 여러가지 시도가 있을 수 있는 데, 초대 예수 종단 내에서의 수행 수준에 따른 특수 부류의 이름인 듯 하고, 연이어 나오는 **COTΠ** '선택받은 자'도 마찬가지로 일정한 수준에 이르른 수행자들에게 부여된 특수 명칭으로 볼 수 있다.

312 영지주의 신화에 의하면, 수행자들이 죽은 후 근원의 세계로 회귀하는 길에는 여러 관문이 기다리고 있고, 각 관문에는 '아르콘'이라는 그곳의 책임자격인 영적 존재들이 어려운 질문을 던지며 통행을 막는다. 이 어려운 질문에 대해 정확한 답변을 할 수 있는 능력과 지혜가 바로 영적 지식인 '그노즈' 영지에서 나온다. 바울이 3층천까지 올라갔었다는 서술이 신약에 나오고 (고후12:2), 영지주의자들이 통과해야 하는 하늘은 많게는 33층까지도 존재한다.

313 **ΟΥΚΙΜ ΠΕ ΜΝ̄ ΟΥⲁΝⲁΠⲁΥCIC** 문자적으로 해석하면, '그것은 움직임이고 또 휴식이다'라는 의미가 된다. 하지만 여기에서 한가지 생각해 볼 점은, **ΠΕ**가 중간에 위치하는 것이 특이한 용법이기에 만일 **ΜΝ̄** 다음에 있는 **ΟΥ**를 생략한다면 뜻은 완전히 달라지게 된다. 즉 **ΟΥΚΙΜ ΠΕ ΜΝ̄ⲁΝⲁΠⲁΥCIC**가 되어, 해석하자면, 휴식없는 움직임, 곧 '쉬임없이 일하심'이란 뜻이 되고, 이 표현은 예수께서 유대인들 앞에서 하나님 아버지를 지칭하며 사용하신 표현이다. ὁ πατήρ μου ἕως ἄρτι ἐργάζεται κἀγὼ ἐργάζομαι '내 아버지께서 이제까지 일하시니 나도 일한다' (요5,17). 이 답변은 하나님의 특징에 관한 질문에 대한 대답이었고, 복음서를 보면 유대인들은 자주 예수에게 하나님에 대한 징조(**ΜⲁΕΙΝ**)를 요구했었다.

(51)

ⲡⲉϫⲁⲩ ⲛⲁϥ` ⲛ̄ϭⲓ ⲛⲉϥⲙⲁⲑⲏⲧⲏⲥ[314] ϫⲉ
ⲁϣ ⲛ̄ϩⲟⲟⲩ ⲉⲧⲁⲛⲁⲡⲁⲩⲥⲓⲥ[315] ⲛ̄ⲛⲉⲧⲙⲟⲟⲩⲧ` ⲛⲁϣⲱⲡⲉ
ⲁⲩⲱ ⲁϣ ⲛ̄ϩⲟⲟⲩ ⲉⲡⲕⲟⲥⲙⲟⲥ[316] ⲃ̄ⲃⲣ̄ⲣⲉ ⲛⲏⲩ
ⲡⲉϫⲁϥ ⲛⲁⲩ ϫⲉ
ⲧⲏ ⲉⲧⲉⲧⲛ̄ϭⲱϣⲧ` ⲉⲃⲟⲗ ϩⲏⲧⲥ̄ ⲁⲥⲉⲓ
ⲁⲗⲗⲁ[317] ⲛ̄ⲧⲱⲧⲛ̄ ⲧⲉⲧⲛ̄ⲥⲟⲟⲩⲛ ⲁⲛ ⲙ̄ⲙⲟⲥ

(52)

ⲡⲉϫⲁⲩ ⲛⲁϥ ⲛ̄ϭⲓ ⲛⲉϥⲙⲁⲑⲏⲧⲏⲥ ϫⲉ
ϫⲟⲩⲧ ⲁϥⲧⲉ ⲙ̄ⲡⲣⲟⲫⲏⲧⲏⲥ[318] ⲁⲩϣⲁϫⲉ ϩⲙ̄ ⲡⲓⲥⲣⲁⲏⲗ`
ⲁⲩⲱ ⲁⲩϣⲁϫⲉ ⲧⲏⲣⲟⲩ ϩⲣⲁⲓ̈[319] ⲛ̄ϩⲏⲧⲕ`
ⲡⲉϫⲁϥ ⲛⲁⲩ ϫⲉ
ⲁⲧⲉⲧⲛ̄ⲕⲱ ⲙ̄ⲡⲉⲧⲟⲛϩ ⲙ̄ⲡⲉⲧⲛ̄ ⲙ̄ⲧⲟ ⲉⲃⲟⲗ
ⲁⲩⲱ ⲁⲧⲉⲧⲛ̄ϣⲁϫⲉ ϩⲁ ⲛⲉⲧⲙⲟⲟⲩⲧ`

---

314 **ⲙⲁⲑⲏⲧⲏⲥ** μαθητής 제자.
315 **ⲁⲛⲁⲡⲁⲩⲥⲓⲥ** ἀνάπαυσις 휴식.
316 **ⲕⲟⲥⲙⲟⲥ** κόσμος 우주, 온 세상.
317 **ⲁⲗⲗⲁ** ἀλλά 하지만, 그러나.
318 **ⲡⲣⲟⲫⲏⲧⲏⲥ** προφήτης 예언자.
319 **ϩⲣⲁⲓ̈** ~위에, ~아래에

(51)

제자들이 예수께 물었다.
"어느 때에 죽은 자들의 안식이 있을 것이며
언제 새로운 세상이 오리이까?"
예수께서 그들에게 말씀하셨다.
"너희가 고대하는 그 때는 왔으나
다만 너희가 그것을 알지 못하느니라."[322]

(52)

제자들이 예수께 말했다.
"스물네 명의 예언자들이 이스라엘에서 말하되 모두 당신에 대해 말했습니다."[323]
예수께서 그들에게 말씀하셨다.
"너희는 너희 눈앞에 살아계신 자를 두고는
죽은 자에 대해서만 말한다."[324]

---

320 이 로기온과 유사한 내용이 로기온113에서 다시 나타나는 데, 한가지 특이한 점은, 제자들의 질문이 복음서에서는 바리새인들의 질문으로 바뀌며 (눅17,20-21), 이러한 현상은 복음서 전반에서 나타나는 일반적 현상이다. 질문자 뿐 아니라 대적자가 누구인가를 자세히 비교 관찰하기만 해도 우리는 많은 것을 얻을 수 있다.

321 근원을 깨닫고 회복하는 새로운 삶은, 산 자 뿐 아니라 죽은 자들에게도 요구되는 새로운 차원의 존재 양태이다. 그것이 가능할 때, 산 자는 영생할 것이요 죽은 자는 다시 살아나는 부활의 역사가 일어나며, 죽은 자들의 안식은 부활로 실현된다.

322 기다리는 때는 이미 왔으나 우리 눈에 보이지 않을 뿐이라고 복음서는 말하고 있으며 (눅17,20-21), 로기온 113에서는 그것이 세상 가운데 널리 퍼져있어 눈에 보이지 않는다고 설명한다.

323 칭찬의 성격을 담은 긍정적인 제자들의 발언에 대해 예수는 질책으로 답하는 것이기에 다소 모순적인데 왜일까? ϩⲣⲁï는 일반적으로 '~에 관하여', '~의 안에서' 라고 번역하고 있으나, 보다 세부적으로는 '~의 위에' 그리고 '~의 아래에'라는 뜻과 함께 '~에 앞서서'라는 의미도 지니고 있는 매우 특이한 단어이다. 만일, 무엇무엇에 앞서있고 보다 우수하다는 의미를 본 로기온에 적용하면 해석은 상당히 달라질 수 있고, 이스라엘의 스물 네명의 예언자들이 예수에 앞서와 더욱 우수한 메시지를 전했다는 반박성 의문문이 된다. 그리고 그 반박에 대한 질책성 답변이 연이어 나오는 예수의 말씀이다. 하지만, 그러한 해석이 가능하다는 것만 지적하고 전통적인 해석을 굳이 변경하지는 않겠다.

324 자신에 앞서 온 선지자들에 대한 예수의 태도는 상당히 과격했음을 복음서는 전한다 (요6,32). 앞서 온 모든 선지자들을 전부 합한 것보다도 더욱 중요한 사명자이신 예수에 대한 사람들의 지나친 불신이 원인이었으리라.

(53)

ⲡⲉϫⲁⲩ ⲛⲁϥ ⲛ̄ϭⲓ ⲛⲉϥⲙⲁⲑⲏⲧⲏⲥ[325] ϫⲉ
ⲡⲥⲃ̄ⲃⲉ ⲣ̄ⲱⲫⲉⲗⲉⲓ[326] ⲏ[327] ⲙ̄ⲙⲟⲛ
ⲡⲉϫⲁϥ` ⲛⲁⲩ ϫⲉ
ⲛⲉϥⲣ̄ⲱⲫⲉⲗⲉⲓ ⲛⲉⲡⲟⲩⲉⲓⲱⲧ` ⲛⲁϫⲡⲟⲟⲩ
ⲉⲃⲟⲗ ϩⲛ̄ ⲧⲟⲩⲙⲁⲁⲩ ⲉⲩⲥⲃ̄ⲃⲏⲩ
ⲁⲗⲗⲁ[328] ⲡⲥⲃ̄ⲃⲉ ⲙ̄ⲙⲉ ϩⲙ̄ ⲡ̄ⲛ̄ⲁ̄[329]
ⲁϥϭⲛ̄ ϩⲏⲩ ⲧⲏⲣϥ`

(54)

ⲡⲉϫⲉ ⲓ̄ⲥ̄ ϫⲉ
ϩⲛ̄ⲙⲁⲕⲁⲣⲓⲟⲥ[330] ⲛⲉ ⲛϩⲏⲕⲉ[331]
ϫⲉ ⲧⲱⲧⲛ̄ ⲧⲉ ⲧⲙⲛ̄ⲧⲉⲣⲟ ⲛ̄ⲙ̄ⲡⲏⲩⲉ`

(55)

ⲡⲉϫⲉ ⲓ̄ⲥ̄ ϫⲉ
ⲡⲉⲧⲁⲙⲉⲥⲧⲉ[332] ⲡⲉϥ`ⲉⲓⲱⲧ` ⲁⲛ` ⲙⲛ̄ ⲧⲉϥⲙⲁⲁⲩ
ϥⲛⲁϣ ⲣ̄ ⲙⲁⲑⲏⲧⲏⲥ ⲁⲛ ⲛⲁⲉⲓ
ⲁⲩⲱ ⲛ̄ϥⲙⲉⲥⲧⲉ ⲛⲉϥ`ⲥⲛⲏⲩ ⲙⲛ̄ ⲛⲉϥⲥⲱⲛⲉ
ⲛ̄ϥϥⲉⲓ ⲙ̄ⲡⲉϥⲥⲧⲁⲩⲣⲟⲥ[333] ⲛ̄ⲧⲁϩⲉ
ϥⲛⲁϣⲱⲡⲉ ⲁⲛ ⲉϥⲟ ⲛ̄ⲁⲝⲓⲟⲥ[334] ⲛⲁⲉⲓ

---

325 ⲙⲁⲑⲏⲧⲏⲥ μαθητής 제자.

326 ⲱⲫⲉⲗⲉⲓ ὠφελεῖν 유익한.

327 ⲏ ἤ 또는.

328 ⲁⲗⲗⲁ ἀλλά 하지만, 그러나.

329 ⲡ̄ⲛ̄ⲁ̄ πνεῦμα 성령.

330 ⲙⲁⲕⲁⲣⲓⲟⲥ μακάριος 복이 있나니.

331 ϩⲏⲕⲉ 가난한 자.  *ḥḳr* 배고픈 사람.

332 ⲙⲉⲥⲧⲉ 미워하다, 싫어하다. 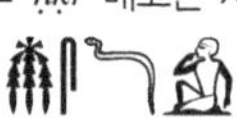 *msḏy*

333 ⲥⲧⲁⲩⲣⲟⲥ σταυρός 십자가.

334 ⲁⲝⲓⲟⲥ ἀξίος 가치가 있는.

(53)
제자들이 예수께 말했다.
"할례가 유익합니까, 유익하지 않습니까?"
예수께서 말씀하셨다.
"만일 할례가 유익하다면 모든 아비들이
아이들로 그 모태에서 이미 할례를 받고 태어나게 했을 것이다.[335]
그러나 성령 안에서 행하는 진정한 할례야말로
모든 점에서 유익하다."

(54)
예수께서 말씀하셨다.
"가난한 자[336] 너희는 복이 있나니
천국이 너희의 것이다."

(55)
예수께서 말씀하셨다.
"자기 어미나 아비를 미워하지 않는 자는
누구든지 내 제자가 될 수 없고,
누구든지 제 형제 자매를 미워하지 않으며,[337]
나처럼 자기의 십자가를 지지 않는 자는 내게 합당치 않다."[338]

---

335 복음서에서도 여러 차례, 새로운 믿음 안에서는 할례가 더 이상 유효하지 않음을 강조하고 있다. (롬2,25; 고전7,19; 갈5,6).

336 고전 시대에서의 가난의 주된 상징은 허기짐과 배고픔이다. 어원으로 제시된 상형문의 발음이 우리말과 유사함에 유의하라.

337 누군가를 미워해야만 된다는 가르침은 이질적이기에, 마태는 표현을 조금 달리하며 해결을 모색한다(마10,37). 하지만, 이질적일수록 더욱 원형에 가까울 수가 있고, 이질성을 극복하고자 하는 노력이 큰 만큼 예수 복음의 원형 훼손도는 높아진다. 우리에게 사랑의 영원한 표상이 되어주실 예수의 현실은 우리의 상상과는 달리 사랑이 부족한 환경이었을 수가 있고, '누가 내 모친이며 동생들이냐'(막3,33) 물으시던 그 분은 가장 가까운 가족의 사랑마저도 결핍된 환경 속에 서 계셨을 수 있다.

338 십자가 사건의 기억을 담고있는 후기에 첨가된 교훈으로 볼 수 있다. (마10,37; 16,24; 눅9,23; 14,27).

(56)

ⲡⲉϫⲉ ⲓ̅ⲥ̅ ϫⲉ
ⲡⲉⲧⲁϩⲥⲟⲩⲱⲛ ⲡⲕⲟⲥⲙⲟⲥ[339] ⲁϥ̀ϩⲉ ⲉⲩⲡⲧⲱⲙⲁ[340]
ⲁⲩⲱ ⲡⲉⲛⲧⲁϩϩⲉ ⲉⲁⲡⲧⲱⲙⲁ
ⲡⲕⲟⲥⲙⲟⲥ ⲙ̅ⲡϣⲁ ⲙ̅ⲙⲟϥ ⲁⲛ

(57)

ⲡⲉϫⲉ ⲓ̅ⲥ̅ ϫⲉ
ⲧⲙⲛ̅ⲧⲉⲣⲟ ⲙ̅ⲡⲉⲓⲱⲧ̀ ⲉⲥⲧⲛ̅ⲧⲱⲛ ⲁⲩⲣⲱⲙⲉ
ⲉⲩⲛ̅ⲧⲁϥ ⲙ̅ⲙⲁⲩ ⲛ̅ⲛⲟⲩϭⲣⲟϭ [ⲉⲛⲁⲛⲟⲩ]ϥ̀
ⲁⲡⲉϥϫⲁϫⲉ ⲉⲓ ⲛ̅ⲧⲟⲩϣⲏ̀
ⲁϥⲥⲓⲧⲉ ⲛ̅ⲟⲩⲍⲓⲍⲁⲛⲓⲟⲛ[341] ⲙⲛ̅ ⲡⲉϭⲣⲟ[ϭ ⲉ]ⲧⲛⲁⲛⲟⲩϥ·
ⲙ̅ⲡⲉⲡⲣⲱⲙⲉ ⲕⲟⲟⲩ ⲉϩⲱⲗⲉ ⲙ̅ⲡⲍⲓⲍⲁⲛⲓⲟⲛ
ⲡⲉϫⲁϥ ⲛⲁⲩ ϫⲉ ⲙⲏⲡⲱⲥ ⲛ̅ⲧⲉⲧⲛ̅ⲃⲱⲕ
ϫⲉ ⲉⲛⲁϩⲱⲗⲉ ⲙ̅ⲡⲍⲓⲍⲁⲛⲓⲟⲛ ⲛ̅ⲧⲉⲧⲛ̅ϩⲱⲗⲉ ⲙ̅ⲡⲥⲟⲩⲟ ⲛⲙ̅ⲙⲁϥ̀
ϩⲙ̅ ⲫⲟ ⲟⲩ ⲅⲁⲣ[342] ⲙ̅ⲡⲱϩ̅ⲥ̅ ⲛ̅ⲍⲓⲍⲁⲛⲓⲟⲛ ⲛⲁⲟⲩⲱⲛϩ ⲉⲃⲟⲗ̀
ⲥⲉϩⲟⲗⲟⲩ ⲛ̅ⲥⲉⲣⲟⲕϩⲟⲩ

---

339 ⲕⲟⲥⲙⲟⲥ κόσμος 우주, 온 세상.

340 ⲡⲧⲱⲙⲁ πτῶμα 시체.

341 ⲍⲓⲍⲁⲛⲓⲟⲛ ζιζάνιον 잡초.

342 ⲅⲁⲣ γάρ 왜냐하면.

(56)

예수께서 말씀하셨다.
"진정 세상을 깨닫는 자는
그것이 하나의 시체에 불과함을 알 것이요,
시체임을 깨닫는 순간
그에게 세상은 더 이상 아무런 가치가 없다."[343]

(57)

예수께서 말씀하셨다.
"아버지의 나라는 좋은 씨앗을 가진 자와도 같다.[344]
밤중에 그의 원수가 와서 좋은 씨들 사이에 가라지를 뿌렸다.
그 사람이 일꾼들로 하여금 가라지를 뽑아내지 못하도록 하고 말했다.
'너희가 가라지를 뽑다가 밀까지 뽑을까 염려한다.'
추수 날이 오면 가라지가 눈에 뜨일 것인즉
그들이 뽑혀 불에 살라질 것이다."[345]

---

343 동일한 내용이 로기온 80에서 다시한번 나타난다.

344 좋은 씨앗을 밭에 뿌린 마태의 전언과 달리, 이곳에서는 좋은 씨앗을 소유하고 있다는 표현에 유의할 필요가 있다. 씨는 당연히 밭에 뿌리게 된다는 선입관으로 인해 좋은 씨와 나쁜 씨로 인한 가라지가 등장하는 것일 뿐, 근본적으로 비유는 비유이고 농경 현실과 반드시 일치해야 되는 것은 아니다. 하지만, 마태는 한걸음 더 나아가 씨부리는 비유에 대해 보다 상세한 설명을 예수의 입을 통해 제시하는 발전상을 보인다.

345 씨가 뿌려지고 자라나는 밭은 세상 이전에 인간의 마음 밭으로 보는 것이 차라리 나을 것이다. 인간의 심적인 고통의 주된 원인은 선의 옆에 악도 있다는 그 악의 존재 자체가 아니라, 선과 악이 공존함으로 야기되는 모순으로 인한 고통이 더욱 크다. 그러므로, 진정 사탄이 뿌린 씨와 가라지라면 다 자라난 추수기까지 기다리는 것은 너무 늦으며 문제의 진정한 해결책이 아닐 것이다. 가라지로 상징되는 악의 원인을 이미 알았는데 왜 마지막 때까지 존재하도록 기다려야 하는가? 심판의 극적인 효과를 위해서인가? 결국 밭에 씨앗을 뿌린 것이 아니라, 도마복음서에 나오듯이 씨는 아직 뿌려지지 않았고 존재하고 있음과 동시에 인간의 마음 속에 애초부터 존재하는 좋고 나쁜 두가지 씨앗이 있을 뿐이다. 그리고 함께 공존하는 두가지 씨앗은 서로 이질적이지만 우리 속에서 함께 공존하여야만 하는 운명의 씨앗들이고, 바로 그 이유로 중간에 분리하지 못하고 추수기로 상징되는 끝날까지 두고 보아야만 하는 성격이며, 끝날이란 개개인의 죽음을 말하며 심판 또한 개인적일 뿐이다. 다시 말해, 추수기까지 기다릴 것을 권유하며 가라지를 뽑다가 좋은 풀이 다칠까 염려하는 하늘은, 우리들 개개인이 마지막 주어진 최후의 순간까지 힘써 선악을 구분하며 돌이켜 회개함으로 모든 사람들이 구원에 이르기를 기다리시는 입장임을 이 로기온은 전하고 있다. 기다려야만 하는 추수기가 세상의 종말을 가리킨다면, 그 종말이 오기 전에 득세하며 잘 살다 간 수많은 불의한 자들은 하박국과 같은 숱한 의인들을 모순 속에서 괴롭힌다. 추수기는 세상의 종말이 아니라 개인적인 종말을 말하며, 그런 의미에서 모든 인간은 자신의 추수기를 맞아 자신의 심판을 연속해서 받고 있기에 세상은 생각보다 정의롭고 우리를 둘러싸고 있는 온갖 종류의 불의는 참고 기다릴만하다. 불의하고 모순된 세상을 호소하며 왜 그런가를 묻던 하박국에게 준 하늘의 답변은, "묵시는 정한 때가 있나니 그 종말이 속히 이르겠고.... 의인은 오직 믿음으로 말미암아 살리라"(합2,3-4) 였다.

(58)

ⲡⲉϫⲉ ⲓ̅ⲥ̅ ϫⲉ
ⲟⲩⲙⲁⲕⲁⲣⲓⲟⲥ[346] ⲡⲉ ⲡⲣⲱⲙⲉ ⲛⲧⲁϩϩⲓⲥⲉ
ⲁϥϩⲉ ⲁⲡⲱⲛϩ[347]

(59)

ⲡⲉϫⲉ ⲓ̅ⲥ̅ ϫⲉ
ϭⲱϣⲧ ⲛ̅ⲥⲁ ⲡⲉⲧⲟⲛϩ ϩⲱⲥ[348] ⲉⲧⲉⲧⲛ̅ⲟⲛϩ̅
ϩⲓⲛⲁ ϫⲉ ⲛⲉⲧⲙ̅ⲙⲟⲩ ⲁⲩⲱ ⲛ̅ⲧⲉⲧⲛ̅ϣⲓⲛⲉ ⲉⲛⲁⲩ ⲉⲣⲟϥ
ⲁⲩⲱ ⲧⲉⲧⲛⲁϣϭⲙ̅ϭⲟⲙ ⲁⲛ ⲉⲛⲁⲩ

---

346 **ⲙⲁⲕⲁⲣⲓⲟⲥ** μακάριος 복이 있나니.

347 마5,3-12; 눅6,20-23.

348 **ϩⲱⲥ** ὡς ~처럼, ~할 때, 그처럼, 대략.

(58)

예수께서 말씀하셨다.
"고난을 당한 자는 복이 있나니
그가 생명을 발견하였기 때문이다."[349]

(59)

예수께서 말씀하셨다.[350]
"너희가 살아 있는 동안 산 자를 바라보라.
혹시나 죽음에 이르러 찾고 바라보고자 하나
그를 보지 못할까 두렵다."

349 의를 위하여 핍박을 받는 자는 천국을 소유하는 복을 받는다는 복음서에서의 전통적인 축복의 흐름과는 달리, 도마복음서는 고난을 당함이 생명을 발견하였기 때문이라고 강조한다. 고난을 당하는 자를 위로하고 후일의 복을 약속하며 인내를 요구하는 것이 아니라, 진정한 생명이 결여된 이 생에서 참된 생명을 발견한 모든 이들에게 당연히 찾아오는 고난이기에 복되게 생각하고 인내할 것이 요구된다. 신약복음서의 내용은 도마복음서에 나타나는 사상의 후기 발전상에 속한다.

350 로기온 38.

(60)

ⲁⲩⲛⲁⲩ] ⲁⲩⲥⲁⲙⲁⲣⲉⲓⲧⲏⲥ[351]

ⲉϥϥⲓ[352] ⲛ̄ⲛⲟⲩϩⲓⲉⲓⲃ`

ⲉϥⲃⲏⲕ` ⲉϩⲟⲩⲛ ⲉϯⲟⲩⲇⲁⲓⲁ[353]

ⲡⲉϫⲁϥ` ⲛ̄ⲛⲉϥ` ⲙⲁⲑⲏⲧⲏⲥ ϫⲉ

ⲡⲏ ⲙ̄ⲡⲕⲱⲧⲉ ⲙ̄ⲡⲉϩⲓⲉⲓ`ⲃ

ⲡⲉϫⲁⲩ ⲛⲁϥ

ϫⲉⲕⲁⲁⲥ ⲉϥⲛⲁⲙⲟⲟⲩⲧϥ` ⲛ̄ϥⲟⲩⲟⲙϥ`

ⲡⲉϫⲁϥ ⲛⲁⲩ

ϩⲱⲥ[354] ⲉϥⲟⲛϩ ϥⲛⲁⲟⲩⲟⲙϥ· ⲁⲛ

ⲁⲗⲗⲁ[355] ⲉϥϣⲁⲙⲟⲟⲩⲧϥ· ⲛ̄ϥϣⲱⲡⲉ ⲛ̄ⲟⲩⲡⲧⲱⲙⲁ[356]

ⲡⲉϫⲁⲩ ϫⲉ

ⲛ̄ⲕⲉⲥⲙⲟⲧ ϥⲛⲁϣ ⲁⲥ ⲁⲛ

ⲡⲉϫⲁϥ ⲛⲁⲩ ϫⲉ

ⲛ̄ⲧⲱⲧⲛ̄ ϩⲱⲧ` ⲧⲏⲩⲧⲛ̄

ϣⲓⲛⲉ ⲛ̄ⲥⲁ ⲟⲩⲧⲟⲡⲟⲥ[357] ⲛⲏⲧⲛ̄ ⲉϩⲟⲩⲛ ⲉⲩⲁⲛⲁⲡⲁⲩⲥⲓⲥ[358]

ϫⲉⲕⲁⲁⲥ ⲛ̄ⲛⲉⲧⲛ̄ϣⲱⲡⲉ ⲙ̄ⲡⲧⲱⲙⲁ ⲛ̄ⲥⲉⲟⲩⲱⲙ` ⲧⲏⲩⲧⲛ̄

---

351 ⲙⲁⲑⲏⲧⲏⲥ μαθητής 제자.

352 ϥⲓ 들어올리다, 옮기다, 들고가다. ⲉ와 함께 ϥⲓ 감당하다, 참고 견디다.

353 ϊⲟⲩⲇⲁⲓⲁ Ἰουδαῖα 유대.

354 ϩⲱⲥ ὡς ~처럼, ~할 때, 그처럼, 대략.

355 ⲁⲗⲗⲁ ἀλλά 하지만, 그러나.

356 ⲡⲧⲱⲙⲁ πτῶμα 시체.

357 ⲧⲟⲡⲟⲥ τόπος 장소.

358 ⲁⲛⲁⲡⲁⲩⲥⲓⲥ ἀνάπαυσις 휴식.

(60)

한 사마리아인이 양 한 마리를 잡고 있을 때,[359]
예수께서는 유대 지경에 이르셨다.[360]
예수께서 제자들에게 말씀하셨다.
"양을 놓고 저 사람은 무엇을 하는가?"[361]
그들이 예수께 말했다.
"양을 죽여 그것을 먹고자 하나이다."[362]
예수께서 말씀하셨다.
"양이 살아있는 동안은 먹을 수 없고, 죽여 시체가 된 다음에야 먹을 수 있다."
제자들이 말했다.
"그렇지 않으면 그는 양을 잡지 아니하였을 것입니다."
예수께서 말씀하셨다.
"너희도 시체가 되어 먹히지 않도록 너희 내면에 안식을 취할 곳을 찾아라."

---

359 오늘날 일반적 번역은, '양을 어깨에 메고 가다'로 이해되고 있으나, 이곳에서는 '양을 잡고있다'로 번역하고자 한다.

360 '어떤 사마리아인이 양을 메고 유다 지경으로 들어가다'로 일반적으로 해석하고 있으나, 이곳에서는 주체를 달리하여 '예수가 유다 지경에 들어가다'로 번역한다.

361 일반적인 번역은, '저 사람은 양을 왜 메고 가는가'라는 예수의 질문으로 처리하고 있으나, 이곳에서는 '양을 둘러싸고 무슨 일이 일어나고 있는가'라는 의문문으로 이해하고자 한다. 곱트어 원문을 문자적으로 해석하면 ⲡⲏ ⲙ̄ⲡⲕⲱⲧⲉ ⲙ̄ⲡⲉϩⲓⲉⲓ̀ⲃ '양을 둘러싸고 있는 이 사람은 무엇인가'라는 뜻이 된다.

362 사마리아인이 유대 성전에 가서 양을 잡아 희생을 드린다는 것은 가능성이 희박하며, 잡은 양은 성전에 바친 희생물이기에 식용도 아니다. 또한, 성전에서 사용될 희생물을 놓고 예수와 제자들이 헛된 죽음을 논한다는 것도 거의 불가능하다. 길거리에서 양을 잡고 있는 모습으로 이해하는 것이 더욱 합리적이다.

(61)

ⲡⲉϫⲉ ⲓ̅ⲥ̅
ⲟⲩⲛ̄ ⲥⲛⲁⲩ ⲛⲁⲙ̄ⲧⲟⲛ ⲙ̄ⲙⲁⲩ ϩⲓ ⲟⲩϭⲗⲟϭ
ⲡⲟⲩⲁ ⲛⲁⲙⲟⲩ ⲡⲟⲩⲁ ⲛⲁⲱⲛϩ
ⲡⲉϫⲉ ⲥⲁⲗⲱⲙⲏ ⲛ̄ⲧⲁⲕ` ⲛⲓⲙ`
ⲡⲣⲱⲙⲉ ϩⲱⲥ[363] ⲉⲃⲟⲗ ϩⲛ̄[364] ⲟⲩⲁ
ⲁⲕⲧⲉⲗⲟ ⲉϫⲙ̄ ⲡⲁϭⲗⲟϭ
ⲁⲩⲱ ⲁⲕ`ⲟⲩⲱⲙ ⲉⲃⲟⲗ ϩⲛ̄ ⲧⲁⲧⲣⲁⲡⲉⲍⲁ[365]
ⲡⲉϫⲉ ⲓ̅ⲥ̅ ⲛⲁⲥ ϫⲉ
ⲁⲛⲟⲕ` ⲡⲉ ⲡⲉⲧϣⲟⲟⲡ` ⲉⲃⲟⲗ ϩⲙ̄ ⲡⲉⲧϣⲏϣ[366]
ⲁⲩϯ ⲛⲁⲉⲓ ⲉⲃⲟⲗ ϩⲛ̄ ⲛⲁ ⲡⲁⲉⲓⲱⲧ`
ⲁⲛⲟⲕ` ⲧⲉⲕ`ⲙⲁⲑⲏⲧⲏⲥ[367]
ⲉⲧⲃⲉ ⲡⲁⲉⲓ ϯϫⲱ ⲙ̄ⲙⲟⲥ ϫⲉ
ϩⲟⲧⲁⲛ[368] ⲉϥϣⲁϣⲱⲡⲉ ⲉϥϣⲏϥ` ϥⲛⲁⲙⲟⲩϩ ⲟⲩⲟⲉⲓⲛ
ϩⲟⲧⲁⲛ ⲇⲉ[369] ⲉϥϣⲁⲛϣⲱⲡⲉ ⲉϥⲡⲏϣ ϥⲛⲁⲙⲟⲩϩ ⲛ̄ⲕⲁⲕⲉ

---

363 **ϩⲱⲥ** ὡς ~처럼, ~할 때, 그처럼, 대략.

364 **ⲉⲃⲟⲗ ϩⲛ̄** ~에 의해, ~에 비롯되어, ~의 연고로.

365 **ⲧⲣⲁⲡⲉⲍⲁ** τράπεζα 식탁.

366 **ϣⲏϣ** → **ϣⲱϣ** 일치시키다, 동일하게 하다.

367 **ⲙⲁⲑⲏⲧⲏⲥ** μαθητής 제자.

368 **ϩⲟⲧⲁⲛ** ὅταν (만일) ~하다면, ~할 때.

369 **ⲇⲉ** δέ 그런데, 하지만.

(61)
예수께서 말씀하셨다.[370]
"두 사람이 한 침상에 있으나 하나는 죽고 하나는 살리라."[371]
살로메가 말했다. "당신은 어떤 분이십니까?
남성으로, 그리고 하나됨의 연고로,[372]
당신은 내 침상에 올라오셨고
또 제 식탁에서 드셨나이다."
예수께서 말씀하셨다.
"나는 완전 합일에 이르러 스스로 존재하는 자로서
아버지의 것이 다 나에게 주어졌느니라."
〈살로메가 말했다.〉"나는 당신의 제자이고요."
〈예수께서 말씀하셨다〉
"고로 내가 말한다.
만일 완전 합일에 이르면 빛으로 채워질 것이나,
만약 나뉘어지면 어둠으로 가득 찰 것이다."[373]

370 복음서에서는 볼 수 없는 특이한 내용을 담고있는 로기온이며, 해석 또한 매우 난해하다.

371 한 침상에 두 사람이 함께 있다 하니, 부부를 의미하고, 비록 함께 있었으나 한 사람만이 구원을 얻는다는 대목에 자극을 받은 살로메의 매우 독특한 질문이 이어진다.

372 기존의 모든 번역은, 이 대목에서 큰 어려움에 봉착하고 있으며, 곱트어 원문 **ⲡⲣⲱⲙⲉ ϩⲱⲥ ⲉⲃⲟⲗ ϩⲛ̄ ⲟⲩⲁ**을 문자적으로 해석하자면 man, and whose? 또는 man, as from whom? 정도의 의미가 되니 이해가 어려울 따름이다. 이곳에서는, 한 남자로서, 그리고 하나되는 것을 이유로 침상에 오른 것으로 해석하고자 한다.

373 개인적인 완성과 구원의 문제를 복음서에서는 집단적이자 종말론적인 내용으로 발전시킨다. (마 24,40-41; 눅17,34-35). 마태와 누가는 개인적인 성향을 배제하기 위해 로기온의 전반부만 인용하고 있으며, 누가는 침상에 누운 두 사람이 부부가 아님을 애써 강조하기 위해 한 자리에 누운 두 남자라고 강조함과 동시에 남여의 비율을 깨지 않기 위하여 연이어 두 여자를 등장시켜 맷돌을 갈게하고 있다. 반면에 마태는 밭에서 일하는 두 남자와 누가와 마찬가지로 맷돌을 가는 두 여자를 등장시킨다.

(62)

ⲡⲉϫⲉ ⲓ̅ⲥ̅ ϫⲉ

ⲉⲓϫⲱ ⲛ̅ⲛⲁⲙⲩⲥⲧⲏⲣⲓⲟⲛ[374] ⲛ̅ⲛ[ⲉⲧⲙⲡϣⲁ[375] ⲛⲛⲁ]ⲙⲩⲥⲧⲏⲣⲓⲟⲛ

ⲡⲉⲧⲉ ⲧⲉⲕⲟⲩⲛⲁⲙ ⲛⲁⲁϥ

ⲙⲛⲧⲣⲉⲧⲉⲕϩⲃⲟⲩⲣ` ⲉⲓⲙⲉ ϫⲉ ⲉⲥⲣⲟⲩ

(63)

ⲡⲉϫⲉ ⲓ̅ⲥ̅ ϫⲉ

ⲛⲉⲩⲛ̅ ⲟⲩⲣⲱⲙⲉ ⲙ̅ⲡⲗⲟⲩⲥⲓⲟⲥ[376] ⲉⲩⲛ̅ⲧⲁϥ ⲙ̅ⲙⲁⲩ ⲛ̅ϩⲁϩ ⲛ̅ⲭⲣⲏⲙⲁ[377]

ⲡⲉϫⲁϥ ϫⲉ

ϯⲛⲁⲣ̅ⲭⲣⲱ[378] ⲛ̅ⲛⲁⲭⲣⲏⲙⲁ ϫⲉⲕⲁⲁⲥ ⲉⲉⲓⲛⲁϫⲟ ⲛ̅ⲧⲁⲱⲥϩ ⲛ̅ⲧⲁⲧⲱϭⲉ

ⲛ̅ⲧⲁⲙⲟⲩϩ ⲛ̅ⲛⲁⲉϩⲱⲣ ⲛ̅ⲕⲁⲣⲡⲟⲥ[379]

ϣⲓⲛⲁ[380] ϫⲉ ⲛⲓⲣ̅ ϭⲣⲱϩ ⲗ̅ⲗⲁⲁⲩ

ⲛⲁⲉⲓ ⲛⲉ ⲛⲉϥⲙⲉⲉⲩⲉ ⲉⲣⲟⲟⲩ ϩⲙ̅ ⲡⲉϥϩⲏⲧ`

ⲁⲩⲱ ϩⲛ̅ ⲧⲟⲩϣⲏ ⲉⲧⲙ̅ⲙⲁⲩ ⲁϥⲙⲟⲩ

ⲡⲉⲧⲉⲩⲙ̅ ⲙⲁⲁϫⲉ ⲙ̅ⲙⲟϥ· ⲙⲁⲣⲉϥ` ⲥⲱⲧⲙ̅

---

374 ⲙⲩⲥⲧⲏⲣⲓⲟⲛ μυστήριον 비밀

375 ⲉⲧⲙⲡϣⲁ ~에 합당한.

376 ⲡⲗⲟⲩⲥⲓⲟⲥ πλούσιος 유복한.

377 ⲭⲣⲏⲙⲁ χρῆμα 보물, 재물.

378 ⲭⲣⲱ χρῆσθαι 이용하다.

379 ⲕⲁⲣⲡⲟⲥ καρπός 열매.

380 ϣⲓⲛⲁ ἵνα ~하기 위해, ~않도록, ~않게끔, 요구하다.

(62)
예수께서 말씀하셨다.
"나의 비밀에 합당한 자들에게 내가 나의 비밀을 드러내노니,[381]
너희 오른손이 하는 일을 왼손이 알지 못하도록 하라."

(63)
예수께서 말씀하셨다.[382]
"많은 돈을 가진 부자가 있었다.
그가 말했다.
'내가 돈을 들여 씨앗을 사서 뿌리고 심고 거두어
수확한 것으로 내 창고를 가득 채워서 부족함이 없게 하겠다.'
그가 이렇게 마음속으로 계획하였으나 그날 밤 그가 죽었다.
누구든지 귀가 있는 자들은 들을지어다."

---

381 예수의 몇몇 가르침은 이해하기가 어렵다. 복잡하고 난해한 이론이어서가 아니라 인식과 관점의 차이에서 비롯되는 어려움이다. 그리고 어려움을 더욱 가중시키는 것은, 예수는 가끔 출처가 영적인 세계로부터인 계시성 발언을 하셨기에 그러하다. 위의 로기온의 탄생 자리가 어디인지는 불분명하나 복음서에서도 유일하게 이 말씀을 전하는 마태에 의해 우리는 이 로기온의 배경이 자선과 구제 문제와 연결되어 있음을 알 수 있다 (마6,3). 예수는 구제가 은밀하게 행해지기를 권유한다. 하지만 오른손이 하는 일을 왼손이 모르리만치 은밀하게 행할 사람은 아무도 없다. 이토록 어려운 권유를 지나간 시대의 모든 기독교인들은 실천하지 못했고, 근본주의자의 과도한 표현 정도로 생각하며 지내왔다. 하지만, 이 예수의 권유가 우리들의 실생활에서 처음으로 실천 가능한 시대가 찾아왔는 데, 이미 이 때는 기독교나 교회의 이름으로 행해지지 않고, '사회보장 제도'라는 정치경제적 용어로 전환되어 다가왔다. 오늘 이 순간, 사회보장제도가 제대로 실시되고 있는 몇몇 선진국에서는, 내가 열심히 일하고 벌어서 낸 나의 세금의 일부가, 공정한 정부의 주선에 의해, 내가 알지 못하는 어느 가난한 나의 이웃의 최저 생계유지비로 흘러들어가고 있고, 그것은 그들의 최소한의 인간다운 생활을 보장하는 사회복지금이 됨으로서, 그 옛날 예수가 세상에 편만한 사회악으로서의 빈곤의 퇴치를 위해 하늘로부터 받은 비밀의 영적 지혜의 말씀을 현실에서 실천하고 실천하고 있는 중임을 알아야 하겠다.

382 눅12,16-20.

(64)

ⲡⲉϫⲉ ⲓ̅ⲥ̅ ϫⲉ
ⲟⲩⲣⲱⲙⲉ ⲛⲉⲩⲛ̅ⲧⲁϥ ϩⲛ̅ϣⲙ̅ⲙⲟ ⲁⲩⲱ ⲛ̅ⲧⲁⲣⲉϥⲥⲟⲃⲧⲉ ⲙ̅ⲡⲇⲓⲡⲛⲟⲛ[383]
ⲁϥϫⲟⲟⲩ ⲙ̅ⲡⲉϥϩⲙ̅ϩⲁ̅ⲗ̅ ϣⲓⲛⲁ[384] ⲉϥⲛⲁⲧⲱϩⲙ̅ ⲛ̅ⲛ̅ϣⲙ̅ⲙⲟⲉⲓ
ⲁϥⲃⲱⲕ` ⲙ̅ⲡϣⲟⲣⲡ` ⲡⲉϫⲁϥ ⲛⲁϥ ϫⲉ ⲡⲁϫⲟⲉⲓⲥ ⲧⲱϩⲙ̅ ⲙ̅ⲙⲟⲕ·
ⲡⲉϫⲁϥ ϫⲉ ⲟⲩⲛ̅ⲧⲁⲉⲓ ϩⲛ̅ϩⲟⲙⲧ` ⲁϩⲉⲛⲉⲙⲡⲟⲣⲟⲥ[385]
ⲥⲉⲛ̅ⲛⲏⲩ ϣⲁⲣⲟⲉⲓ ⲉⲣⲟⲩϩⲉ ϯⲛⲁⲃⲱⲕ` ⲛ̅ⲧⲁⲟⲩⲉϩⲥⲁϩⲛⲉ ⲛⲁⲩ
ϯⲣ̅ⲡⲁⲣⲁⲓⲧⲉⲓ[386] ⲙ̅ⲡⲇⲓⲡⲛⲟⲛ
ⲁϥⲃⲱⲕ` ϣⲁ ⲕⲉⲟⲩⲁ ⲡⲉϫⲁϥ ⲛⲁϥ ϫⲉ ⲁⲡⲁϫⲟⲉⲓⲥ ⲧⲱϩⲙ̅ ⲙ̅ⲙⲟⲕ`
ⲡⲉϫⲁϥ ⲛⲁϥ ϫⲉ ⲁⲉⲓⲧⲟⲟⲩ ⲟⲩⲏⲉⲓ
ⲁⲩⲱ ⲥⲉⲣ̅ⲁⲓⲧⲉⲓ[387] ⲙ̅ⲙⲟⲉⲓ ⲛ̅ⲟⲩϩⲏⲙⲉⲣⲁ[388] ϯⲛⲁⲥⲣ̅ϥⲉ ⲁⲛ
ⲁϥⲉⲓ ϣⲁ ⲕⲉⲟⲩⲁ ⲡⲉϫⲁϥ ⲛⲁϥ ϫⲉ ⲡⲁϫⲟⲉⲓⲥ ⲧⲱϩⲙ̅ ⲙ̅ⲙⲟⲕ`
ⲡⲉϫⲁϥ ⲛⲁϥ ϫⲉ ⲡⲁϣⲃⲏⲣ ⲛⲁⲣ̅ ϣⲉⲗⲉⲉⲧ
ⲁⲩⲱ ⲁⲛⲟⲕ· ⲉⲧⲛⲁⲣ̅ ⲇⲓⲡⲛⲟⲛ
ϯⲛⲁϣ ⲓ ⲁⲛ ϯⲣ̅ⲡⲁⲣⲁⲓⲧⲉⲓ ⲙ̅ⲡⲇⲓⲡⲛⲟⲛ
ⲁϥ`ⲃⲱⲕ` ϣⲁ ⲕⲉⲟⲩⲁ ⲡⲉϫⲁϥ ⲛⲁϥ ϫⲉ ⲡⲁϫⲟⲉⲓⲥ ⲧⲱϩⲙ̅ ⲙ̅ⲙⲟⲕ`
ⲡⲉϫⲁϥ ⲛⲁϥ` ϫⲉ ⲁⲉⲓⲧⲟⲟⲩ ⲛ̅ⲟⲩⲕⲱⲙⲏ[389] ⲉⲉⲓⲃⲏⲕ` ⲁϫⲓ ⲛ̅ϣⲱⲙ
ϯⲛⲁϣ ⲓ ⲁⲛ ϯⲣ̅ⲡⲁⲣⲁⲓⲧⲉⲓ
ⲁϥⲉⲓ ⲛ̅ϭⲓ ⲡϩⲙ̅ϩⲁ̅ⲗ̅ ⲁϥϫⲟⲟⲥ ⲁⲡⲉϥϫⲟⲉⲓⲥ ϫⲉ
ⲛⲉⲛⲧⲁⲕ`ⲧⲁϩⲙⲟⲩ ⲁⲡⲇⲓⲡⲛⲟⲛ ⲁⲩⲡⲁⲣⲁⲓⲧⲉⲓ
ⲡⲉϫⲉ ⲡϫⲟⲉⲓⲥ ⲙ̅ⲡⲉϥϩⲙ̅ϩⲁ̅ⲗ̅ ϫⲉ
ⲃⲱⲕ` ⲉⲡⲥⲁ ⲛⲃⲟⲗ ⲁⲛϩⲓⲟⲟⲩⲉ ⲛⲉⲧⲕⲛⲁϩⲉ ⲉⲣⲟⲟⲩ ⲉⲛⲓⲟⲩ
ϫⲉⲕⲁⲁⲥ ⲉⲩⲛⲁⲣ̅ⲇⲓⲡⲛⲉⲓ[390] ⲛ̅ⲣⲉϥⲧⲟⲟⲩ ⲙⲛ̅ ⲛⲉϣⲟ [ⲧⲉ
ⲉⲩⲛⲁⲃⲱ]ⲕ ⲁⲛ` ⲉϩⲟⲩⲛ` ⲉⲛⲧⲟⲡⲟⲥ[391] ⲙ̅ⲡⲁⲓⲱⲧ`

---

383 ⲇⲉⲓⲡⲛⲟⲛ δεῖπνον 식사.

384 ϣⲓⲛⲁ ἵνα ~하기 위해, ~않도록, ~않게끔, 요구하다.

385 ⲉⲙⲡⲟⲣⲟⲥ ἔμπορος 상인.

386 ⲡⲁⲣⲁⲓⲧⲉⲓ παραιτεῖσθαι 양해를 구하다.

387 ⲁⲓⲧⲉⲓ αἰτειν 요구하다.

388 ϩⲏⲙⲉⲣⲁ ἡμέρα 하루, 날.

389 ⲕⲱⲙⲏ κώμη 마을.

390 ⲣ̅ⲇⲓⲡⲛⲉⲓ δειπνεῖν 식사하다.

391 ⲧⲟⲡⲟⲥ τόπος 장소

(64)

예수께서 말씀하셨다.

"어떤 사람이 손님들을 초대하였다.[392]

그가 만찬을 준비하는 동안 종을 보내어 손님들을 모셔오도록 하였다.

종이 첫 번째 손님에게 가서 '주인께서 당신을 초대하십니다.'하고 말했다.

그가 말했다. '나는 상인 몇 사람과 거래를 해야 합니다.

그들이 저녁에 올 터인데 내가 가서 그들에게 주문을 해야 합니다.

초대에 응할 수 없음을 양해해 주시기 바랍니다.'

종이 다른 사람에게 가서 말했다. '주인께서 당신을 초대하셨습니다.'

그가 말했다. '내가 집을 한 채 샀더니 할 일이 많습니다. 시간이 없군요.'

종이 또 다른 사람에게 가서 말했다. '주인께서 당신을 초대하십니다.'

그가 말했다. '내 친구가 결혼을 하게 되어 내가 잔치를 준비해야만 됩니다.

갈 수가 없으니 부디 양해를 바랍니다.'

종이 다른 사람에게 가서 말했다. '주인께서 만찬에 당신을 초대하십니다.'

그가 말했다. '내가 농장을 샀는데 가서 세를 받아야 합니다.

갈 수가 없으니 양해를 구합니다.'

종이 가서 주인에게 고하였다.

'당신이 초대한 사람들은 모두 변명만 늘어놓고 있습니다.'

주인이 종에게 말했다.

'거리로 나가 눈에 띄는 자들을 데려와 만찬에 참여토록 해라.[393]

장사꾼과 상인들은 내 아버지의 처소에 들어갈 수 없다.'"[394]

---

392 복음서에서의 평행을 마태와 누가에서 발견할 수 있는데, 누가와는 달리 마태는 도마복음서의 내용을 크게 증폭 발전시킨다. 종을 거느린 어떤 주인의 이야기가 아닌, 왕과 그 아들의 혼인잔치로 발전하고, 청함을 받은 사람들의 거절에 단순히 노하고 대신자들을 찾기 이전에 마태는 군대를 보내어 진멸하고 마을을 불태우기도 한다.

393 청함을 받은 이들의 거절과 그로 인한 공석을 메우기 위해, 도마복음서는 거리로 나가 만나는 사람들을 초대하는 반면, 마태는 선한 사람이든 악한 사람이든 구분않고 데려와서는 뒤늦게 예복을 요구하고 있으며, 누가는 온갖 장애우들을 등장시키고 그래도 모자라는 자리를 위해서는 길거리의 사람들을 강권해서 데려오게 한다. 이러한 발전과 앞서 지적한 상황 설정들의 변화는 곧바로 전승의 발전이 어떻게 이루어지는 가를 선명히 보여줄 뿐 아니라, 도마복음서의 로기온이 상대적으로 원형에 속하며 여타의 전승은 후발적인 발전의 결과임을 보여준다.

394 초대에 응하지 않아 원망을 사는 대상이 도마복음서에서는 장사꾼과 상인들임이 특이하다. 당시의 종교 특권층이 아닌 일반 상인들이 왜 원망의 대상이 되었는지 불분명하나, 먼저 불림받은 종교 지도자들에 이어 다시금 대체 인력으로 불림받은 이들 상인층들 역시 거부함으로 인한 실망과 분노를 담고 있는 종결문일 수 있다. 예수의 추종자들 중에 유대 종교인들과 부유한 상인들보다는 농부와 어부가 많았고 또 독립을 열망하는 열혈당원들과 여인들이 주된 구성원인 이유이기도 하다. 마태는 청함을 받은 사람은 많되 택함을 받는 자는 적다는 결어문을 사용하고 있고, 누가는 먼저 청함받았으나 거절한 이들은 결코 잔치 음식을 맛보지 못한다는 정도로 결론을 내리고 있다.

(65)

ⲡⲉϫⲁϥ ϫⲉ
ⲟⲩⲣⲱⲙⲉ ⲛ̅ⲭⲣⲏ[ⲥⲧⲟ]ⲥ[395] ⲛⲉⲩⲛ[ⲧⲁϥ] ⲛ̅ⲟⲩⲙⲁ ⲛ̅ⲉⲗⲟⲟⲗⲉ
ⲁϥⲧⲁⲁϥ ⲛ̅ϩⲛ̅ⲟⲩⲟⲉⲓⲉ ϣⲓⲛⲁ[396] ⲉⲩⲛⲁⲣ̅ ϩⲱⲃ` ⲉⲣⲟϥ
ⲛ̅ϥϫⲓ ⲙ̅ⲡⲉϥⲕⲁⲣ`ⲡⲟⲥ[397] ⲛ̅ⲧⲟⲟⲧⲟⲩ
ⲁϥϫⲟⲟⲩ ⲙ̅ⲡⲉϥϩⲙ̅ϩⲁ̅ⲗ̅ ϫⲉⲕⲁⲁⲥ ⲉⲛⲟⲩⲟⲉⲓⲉ ⲛⲁϯ ⲛⲁϥ`
ⲙ̅ⲡⲕⲁⲣⲡⲟⲥ ⲙ̅ⲡⲙⲁ ⲛ̅ⲉⲗⲟⲟⲗⲉ
ⲁⲩⲉⲙⲁϩⲧⲉ ⲙ̅ⲡⲉϥϩⲙ̅ϩⲁ̅ⲗ̅ ⲁⲩϩⲓⲟⲩⲉ ⲉⲣⲟϥ`
ⲛⲉⲕⲉⲕⲟⲩⲉⲓ ⲡⲉ ⲛ̅ⲥⲉⲙⲟⲟⲩⲧϥ`
ⲁⲡϩⲙ̅ϩⲁ̅ⲗ̅ ⲃⲱⲕ` ⲁϥϫⲟⲟⲥ ⲉⲡⲉϥϫⲟⲉⲓⲥ
ⲡⲉϫⲉ ⲡⲉϥϫⲟⲉⲓⲥ ϫⲉ ⲙⲉϣⲁⲕ` ⲙ̅ⲡⲉϥ`ⲥⲟⲩⲱⲛⲟⲩ
ⲁϥϫⲟⲟⲩ ⲛ̅ⲕⲉϩⲙ̅ϩⲁ̅ⲗ̅ ⲁⲛⲟⲩⲟⲉⲓⲉ ϩⲓⲟⲩⲉ ⲉⲡⲕⲉⲟⲩⲁ
ⲧⲟⲧⲉ ⲁⲡϫⲟⲉⲓⲥ ϫⲟⲟⲩ ⲙ̅ⲡⲉϥϣⲏⲣⲉ
ⲡⲉϫⲁϥ` ϫⲉ ⲙⲉϣⲁⲕ` ⲥⲉⲛⲁϣⲓⲡⲉ ϩⲏⲧϥ` ⲙ̅ⲡⲁϣⲏⲣⲉ
ⲁⲛ`ⲟⲩⲟⲉⲓⲉ ⲉⲧⲙ̅ⲙⲁⲩ ⲉⲡⲉⲓ[398] ⲥⲉⲥⲟⲟⲩⲛ ϫⲉ
ⲛ̅ⲧⲟϥ ⲡⲉ ⲡⲉⲕⲗⲏⲣⲟⲛⲟⲙⲟⲥ[399] ⲙ̅ⲡⲙⲁ ⲛ̅ⲉⲗⲟⲟⲗⲉ
ⲁⲩϭⲟⲡϥ` ⲁⲩⲙⲟⲟⲩⲧϥ`
ⲡⲉⲧⲉⲩⲙ̅ ⲙⲁⲁϫⲉ ⲙ̅ⲙⲟϥ` ⲙⲁⲣⲉϥ`ⲥⲱⲧⲙ̅

(66)

ⲡⲉϫⲉ ⲓ̅ⲥ̅ ϫⲉ
ⲙⲁⲧⲥⲉⲃⲟⲉⲓ ⲉⲡⲱⲛⲉ[400]
ⲡⲁⲉⲓ ⲛ̅ⲧⲁⲩⲥⲧⲟϥ` ⲉⲃⲟⲗ ⲛ̅ϭⲓ ⲛⲉⲧ`ⲕⲱⲧ`
ⲛ̅ⲧⲟϥ ⲡⲉ ⲡⲱⲱⲛⲉ ⲛ̅ⲕⲱϩ

---

395 ⲭⲣⲏⲥⲧⲟⲥ χρηστός 선한, 부드러운, 좋은. ⲭⲣⲏ[ⲥⲧⲏ]ⲥ 'usurer'로 읽고자 하는 학자들도 있으나, 도마복음서는 물론이요 신약에서 전혀 사용된 적 없는 단어이다. ⲭⲣⲏⲥⲧⲟⲥ는 로기온 90에서 다시 나타나고 신약에서는 일곱 번 나오는 단어이다.

396 ϣⲓⲛⲁ ἵνα ~하기 위해, ~않도록, ~않게끔, 요구하다.

397 ⲕⲁⲣⲡⲟⲥ καρπός 열매.

398 ⲉⲡⲉⲓ ἐπεί 왜냐하면.

399 ⲕⲗⲏⲣⲟⲛⲟⲙⲟⲥ κληρονόμος 상속인.

400 ⲱⲛⲉ 돌맹이.

(65)
예수께서 말씀하셨다.
"어떤 선한 사람이 포도원을 가지고 있었다.[401]
그는 포도원을 농부들에게 일하도록 내주고 그 소출을 받고자 하였다.
그가 삯을 받으려고 종을 보냈다.
그들이 종을 붙잡아 거의 죽을 지경에 이르도록 때렸다.
종이 돌아와 주인이게 고하니 주인이 말했다.
"아마도 그가 농부들을 잘 이해시키지 못한 탓일 것이다"
주인은 다른 종을 보냈다. 농부들이 그도 역시 때렸다.
그래서 주인은 "아마도 그들이 내 아들은 존경하겠지"라고 말하면서
자기 아들을 보냈다.
농부들은 그가 포도원의 상속자인 것을 알기에 그를 잡아 죽였다.[402]
누구든지 들을 귀가 있는 자는 들을지어다."

(66)
예수께서 말씀하셨다.
"건축자들의 버린 돌을 내게 보이라.
그것이 모퉁이 돌이다."[403]

401 포도원 비유에 임하여, 마태와 마가는 이사야의 포도원 노래를 상기하며 인용하는 반면 (마21,33-41; 막12,1-9), 이방 기독교인들을 주로 선포의 대상으로 하는 누가는 이사야서 인용의 필요성을 느끼지 않는다 (눅20,9-16).

402 포도원 농원의 비유에 연이어 마태와 마가 그리고 누가는 한결같이 건축자의 버린돌이 모퉁이 돌이 된다는 예수의 말씀을 연결시킨다. 깨어지고 버림받는다는 면에서는 물론 무관하지 않지만, 포도원 농원의 비유의 진정한 핵심은 버림받은 이가 후에 성공한다는 무용담이 아니라 농원을 맡았던 악한 농부들이 장차 농원을 빼앗기고 다른 선한 농부에게로 농원이 넘어간다는 점에 있는데, 복음서 기자들은 이 비유의 심각성을 잘 인지하지 못한 듯 하다. 앞서 보냄 받은 선지자들을 핍박하고 죽였으며 이제 아들마저 죽이고 기업을 빼앗기는 농부는 바로 유대인들이기에, 예수 사후 이스라엘 백성들의 운명이 위태로워질 수도 있는, 예수의 모든 비유 중에서도 가장 심각한 비유에 속한다.

403 도마복음서에의 순서와 동일하게, 복음서 기자들도 한결같이 모퉁이돌 비유를 앞선 비유인 농원의 비유에 연이어 싣고 있는데 (마21,42-43; 막12,10-11; 눅20,17-18), 이것은 우연의 일치가 아닌 도마복음서의 원본을 그들이 보았을 수도 있다는 가능성을 보여준다. 현재 발견된 도마복음서는 곱트어로 기록되어 있으나 그것의 원본은 신약의 언어인 그리스어로 기록되었을 것으로 연구자들은 추측하고 있다.

(67)

ⲡⲉϫⲉ ⲓ̅ⲥ̅ ϫⲉ

ⲡⲉⲧⲥⲟⲟⲩⲛ[404] ⲙ̅ⲡⲧⲏⲣϥ̀ ⲉϥⲣ̅ ϭⲣⲱϩ[405] ⲟⲩⲁⲁϥ[406]

ⲣ̅ ϭⲣⲱϩ ⲙ̅ⲡⲙⲁⲧⲏⲣϥ̀

(68)

ⲡⲉϫⲉ ⲓ̅ⲥ̅ ϫⲉ

ⲛ̅ⲧⲱⲧⲛ̅ ϩⲙ̅ⲙⲁⲕⲁⲣⲓⲟⲥ[407]

ϩⲟⲧⲁⲛ[408] ⲉⲩϣⲁⲛⲙⲉⲥⲧⲉ ⲧⲏⲩⲧⲛ̅ ⲛ̅ⲥⲉⲣ̅ⲇⲓⲱⲕⲉ[409] ⲙ̅ⲙⲱⲧⲛ̅

ⲁⲩⲱ ⲥⲉⲛⲁϩⲉ ⲁⲛ ⲉⲧⲟⲡⲟⲥ[410] ϩⲙ̅ ⲡⲙⲁ

ⲉⲛⲧⲁⲩⲇⲓⲱⲕⲉ ⲙ̅ⲙⲱⲧⲛ̅ ϩⲣⲁï ⲛ̅ϩⲏⲧϥ̀

(69)

ⲡⲉϫⲉ ⲓ̅ⲥ̅

ϩⲙ̅ⲙⲁⲕⲁⲣⲓⲟⲥ ⲛⲉ

ⲛⲁⲉⲓ ⲛ̅ⲧⲁⲩⲇⲓⲱⲕⲉ ⲙ̅ⲙⲟⲟⲩ ϩⲣⲁï ϩⲙ̅ ⲡⲟⲩϩⲏⲧ̀[411]

ⲛⲉⲧⲙ̅ⲙⲁⲩ̀ ⲛⲉⲛⲧⲁϩⲥⲟⲩⲱⲛ ⲡⲉⲓⲱⲧ̀ ϩⲛ̅ ⲟⲩⲙⲉ

ϩⲙ̅ⲙⲁⲕⲁⲣⲓⲟⲥ ⲛⲉⲧϩⲕⲁⲉⲓⲧ̀

ϣⲓⲛⲁ[412] ⲉⲩⲛⲁⲧⲥⲓⲟ ⲛ̅ⲑϩⲏ ⲙ̅ⲡⲉⲧⲟⲩⲱϣ

---

404 ⲥⲟⲟⲩⲛ 알다.

405 ⲣ̅ ϭⲣⲱϩ 부족하다, 결여되다, 필요로 하다.

406 ⲟⲩⲁⲁ⸗ 홀로, 유일한.

407 ⲙⲁⲕⲁⲣⲓⲟⲥ μακάριος 복이 있나니.

408 ϩⲟⲧⲁⲛ ὅταν (만일) ~하다면, ~할 때.

409 ⲇⲓⲱⲕⲉ διώκειν 핍박하다.

410 ⲧⲟⲡⲟⲥ τόπος 장소

411 ϩⲏⲧ 심장, 마음, 인식.  *ḥꜣ.t-y* 하티로 읽으며, 영어의 heart 와 만난다.

412 ϣⲓⲛⲁ ἵνα ~하기 위해, ~않도록, ~않게끔, 요구하다.

(67)

예수께서 말씀하셨다.
"모든 것을 알고도
자기 자신에 대해서만은 그렇지 못한다면
그는 아무것도 모르는 자이다."[413]

(68)

예수께서 말씀하셨다.
"미움과 박해를 받는 자들,
그리고 정당한 이유없이 핍박을 받는 자들은 복이 있다."[414]

(69)

예수께서 말씀하셨다.
"진리 가운데 거하시는 아버지를 알았다는 이유로
내면에서 핍박을 받는 자들은 복이 있다."[415]
"허기진 자들은 복이 있나니
그 원하는 바대로 채워질 것이다."[416]

---

413 마16,26; 막8,36; 눅9,25. 복음서의 전승을 보면, 마태와 마가는 천하를 얻고도 자기 생명을 잃는 것으로 기술하고 있는 반면, 누가는 천하를 얻고 자기를 잃든가 빼앗기는 것으로 서술한다. 하지만 도마복음서의 내용은, 천하를 얻는 그러한 물질적인 소유를 말하지 않고, 다만 모든 것에 대한 이해를 지녔다 할지라도 자기 자신에 대해서 알지 못한다면 아무 소용이 없음을 강조하고 있다. 게다가, 마태와 마가 그리고 누가에서 동일하게 바로 앞 부분의 가르침이 목숨을 과감히 버릴 때 오히려 얻는다는 역설을 주장하는 내용이므로, 곧이어서 천하를 얻을지라도 자기 목숨을 잃으면 아무 소용이 없다는 내용은 다소 무리가 따른다. 그러므로, 도마복음서의 내용이 상대적으로 원형에 가까운 입장이라 하겠다.

414 복음서의 축복의 장에서와는 달리(마5,3-12; 눅6,20-23), 도마복음서에서는 보상에 대한 약속이 따르지 않는다. 미래에서 주어지는 보상은 '지금 이곳'에서의 천국 실현을 미래로 이전시키며 종말론적 논리로 전환시킨다.

415 핍박 중에서도 마음과 심령이 곤고한 '내면의 핍박'을 도마복음서는 지적한다. 법의 제재라든가 사회생활에 제약이 초래되는 핍박의 근본 원인은 행동이 불순해서가 아니라 인식과 사상의 다름에서 비롯되기에 정확한 지적이다.

416 핍박으로 인해 현실의 삶이 곤궁해졌기에 허기질 수도 있지만, 경제적으로는 문제가 없으나 거짓이 지배하는 세계 속에서 참 진리를 공유할 사람과 장소가 없어 곤궁한 사람도 허기진 자들이다.

(70)

ⲡⲉϫⲉ ⲓ̅ⲥ̅

ϩⲟⲧⲁⲛ[417] ⲉⲧⲉⲧⲛ̅ϣⲁϫⲡⲉ[418] ⲡⲏ[419] ϩⲛ̅ ⲧⲏⲩⲧⲛ̅

ⲡⲁϊ ⲉⲧⲉⲩⲛ̅ⲧⲏⲧⲛ̅ϥ ϥⲛⲁⲧⲟⲩϫⲉ ⲧⲏⲩⲧⲛ̅

ⲉϣⲱⲡⲉ ⲙⲛ̅ⲧⲏⲧⲛ̅ ⲡⲏ ϩⲛ̅ [ⲧⲏⲩ]ⲧⲛ̅

ⲡⲁⲉⲓ ⲉⲧⲉ ⲙⲛ̅ⲧⲏⲧⲛ̅ϥ ϩⲛ̅ ⲧⲏⲛⲉ ϥ[ⲛⲁⲙ]ⲟⲩⲧ' ⲧⲏⲛⲉ

(71)

ⲡⲉϫⲉ ⲓ̅ⲥ̅ ϫⲉ

ϯⲛⲁϣⲟⲣ[ϣⲣ ⲙⲡⲉⲉⲓ]ⲏⲉⲓ[420]

ⲁⲩⲱ ⲙⲛ̅ ⲗⲁⲁⲩ· ⲛⲁϣ ⲕⲟⲧϥ [ⲁⲛ ⲛⲕⲉⲥⲟ]ⲡ

(72)

[ⲡⲉϫ]ⲉ ⲟ[ⲩⲣⲱⲙⲉ] ⲛⲁϥ ϫⲉ ϫⲟⲟⲥ ⲛⲛⲁⲥⲛⲏⲩ

ϣⲓⲛⲁ[421] ⲉⲩⲛⲁⲡⲱϣⲉ ⲛ̅ⲛ̅ϩⲛⲁⲁⲩ ⲙ̅ⲡⲁⲉⲓⲱⲧ` ⲛ̅ⲙ̅ⲙⲁⲉⲓ

ⲡⲉϫⲁϥ ⲛⲁϥ ϫⲉ

ⲱ ⲡⲣⲱⲙⲉ ⲛⲓⲙ ⲡⲉ ⲛ̅ⲧⲁϩⲁⲁⲧ` ⲛ̅ⲣⲉϥⲡⲱϣⲉ

ⲁϥⲕⲟⲧϥ̅ ⲁ`ⲛⲉϥⲙⲁⲑⲏⲧⲏⲥ[422] ⲡⲉϫⲁϥ ⲛⲁⲩ ϫⲉ

ⲙⲏ ⲉⲉⲓϣⲟⲟⲡ' ⲛ̅ⲣⲉϥ`ⲡⲱϣⲉ

---

417 ϩⲟⲧⲁⲛ ὅταν (만일) ~하다면, ~할 때.

418 ϫⲡⲉ → ϫⲡⲟ 낳다, 창조하다.

419 ⲡⲏ 그것 (지시대명사).

420 ⲏⲉⲓ 집, 방.

421 ϣⲓⲛⲁ ἵνα ~하기 위해, ~않도록, ~않게끔, 요구하다.

422 ⲙⲁⲑⲏⲧⲏⲥ μαθητής 제자.

(70)
예수께서 말씀하셨다.
"만일 너희 속에 그것[423]을 낳는다면
너희 속에 있는 그것이 너희를 구원할 것이요,
(너희 안에 그것이 없다면)
너희 속에 없음으로 인해 그것이 너희를 죽일 것이다."[424]

(71)
예수께서 말씀하셨다.
"내가 이 집을 허물면
그 어느 누구도 다시 짓지 못할 것이다."[425]

(72)
어떤 사람이 예수께 말했다.
"아버지의 재산을 내게도 나누어주도록 내 형제들에게 이야기해 주십시오."
예수께서 말씀하셨다.
"이 사람아, 누가 나를 분배자로 세웠는가?"
그리고 돌아서서 제자들에게 말하기를,
"나를 이윤 배분하는 자로 만들지 말라."[426]

---

423 ⲭⲡⲉ ⲡⲏ '그것을 낳다'에서 '그것'이 무엇인가에 대한 사전 설명이 전혀 없기에, 모든 기존의 번역은 단순히 '그것'으로 처리하고 있다. 하지만 이곳에서는, 바로 앞 로기온에서 나왔던, ⲇⲓⲱⲕⲉ ⲙ̄ⲙⲟⲟⲩ ϩⲣⲁï ϩⲙ̄ ⲡⲟⲩϩⲏⲧ 너희들 마음 속에서 당하는 핍박, 곧 '내면에서의 핍박'을 말하는 것으로 이해하고자 한다. 그러할 때, 앞서 도마복음서에는 없다던 보상이 여기에서 비로소 나오며, 복음서의 종말론적 보상이 아니라 도마복음서 특유의 보상이 나옴을 볼 수 있다.

424 진리에 거하시는 아버지를 알았다는 이유로 핍박을 받는 이들은 복이 있으며, 핍박 중에서도 마음 속의 핍박으로 인해 마음앓이하는 모든 이들은 바로 그 내면의 고통으로 인해 구원의 길이 열리고, 만일 그러한 내면의 경험을 갖지 못한 이들은 세상 바다 속에서 침몰당하여 죽을 것임을 도마복음서는 지적하고 있다. 진리를 알면 거짓이 지배하는 세상 속에서 비록 마음 고생은 할지라도 그러한 세상으로부터 자유함을 얻는다 (요8,32).

425 도마복음서에서는 집을 허문다 했건만 복음서에는 한결같이 예루살렘 성전을 허물고자 했다는 고발을 전한다 (마26,61; 막14,58; 요2,19). 한번 허물면 그 어느 누구도 다시 짓지 못하는 집이란, 이스라엘인들의 믿음의 상징인 예루살렘 성전일 수도 있지만 이스라엘이라는 나라 자체가 하나님 앞에서는 종종 집으로 상징되기도 했으며, 심지어는 이집트를 놓고서도 '파라오', 곧 '큰 집'으로 명명하였다. 또한 복음서에서 공동으로 전하는 내용인, 삼일 후에 다시 재건하리라는 예수의 발언은 구약 호세아서에서 나오는 말씀과 연결되며 (호6,2), 도마복음서에서는 예수의 부활에 대해서는 다루지 않는다.

426 유일하게 누가에서만이 평행을 발견할 수 있으며 (눅12,13-15), 누가는 도덕적인 교훈을 위해 사용한다. 하지만 이 로기온 뒤로는 민중이 예수를 통해 사사로서의 해방자 뿐 아니라 판관의 상을 발견하고 있다는 가능성의 그림자가 드리워져 있다.

(73)

ⲡⲉϫⲉ ⲓ̅ⲥ̅ ϫⲉ
ⲡⲱϩⲥ ⲙⲉⲛ[427] ⲛⲁϣⲱϥ` ⲛ̅ⲉⲣⲅⲁⲧⲏⲥ[428] ⲇⲉ[429] ⲥⲟⲃⲕ`
ⲥⲟⲡ̅ⲥ̅ ⲇⲉ ⲙ̅ⲡϫⲟⲉⲓⲥ
ϣⲓⲛⲁ[430] ⲉϥⲛⲁⲛⲉϫ` ⲉⲣⲅⲁⲧⲏⲥ ⲉⲃⲟⲗ' ⲉⲡⲱϩ̅ⲥ̅

(74)

ⲡⲉϫⲁϥ ϫⲉ
ⲡϫⲟⲉⲓⲥ ⲟⲩⲛ̅ ϩⲁϩ ⲙ̅ⲡⲕⲱⲧⲉ ⲛ̅ⲧϫⲱⲧⲉ[431]
ⲙⲛ̅ ⲗⲁⲁⲩ ⲇⲉ ϩⲛ̅ ⲧϣⲱⲧⲉ·

(75)

ⲡⲉϫⲉ ⲓ̅ⲥ̅
ⲟⲩⲛ ϩⲁϩ ⲁϩⲉⲣⲁⲧⲟⲩ ϩⲓⲣⲙ̅ ⲡⲣⲟ
ⲁⲗⲗⲁ[432] ⲙ̅ⲙⲟⲛⲁⲭⲟⲥ[433] ⲛⲉⲧⲛⲁⲃⲱⲕ` ⲉϩⲟⲩⲛ
ⲉⲡⲙⲁ ⲛ̅ϣⲉⲗⲉⲉⲧ`

(76)

ⲡⲉϫⲉ ⲓ̅ⲥ̅ ϫⲉ
ⲧⲙⲛ̅ⲧⲉⲣⲟ ⲙ̅ⲡⲉⲓⲱⲧ' ⲉⲥⲧⲛ̅ⲧⲱⲛ ⲁⲩⲣⲱⲙⲉ ⲛ̅ⲉϣⲱⲱⲧ'
ⲉⲩⲛ̅ⲧⲁϥ` ⲙ̅ⲙⲁⲩ ⲛ̅ⲟⲩⲫⲟⲣⲧⲓⲟⲛ[434] ⲉⲁϥϩⲉ ⲁⲩⲙⲁⲣⲅⲁⲣⲓⲧⲏⲥ[435]
ⲡⲉϣⲱⲧ` ⲉⲧⲙ̅ⲙⲁⲩ ⲟⲩⲥⲁⲃⲉ ⲡⲉ
ⲁϥϯ ⲡⲉⲫⲟⲣⲧⲓⲟⲛ ⲉⲃⲟⲗ
ⲁϥⲧⲟⲟⲩ ⲛⲁϥ` ⲙ̅ⲡⲓⲙⲁⲣⲅⲁⲣⲓⲧⲏⲥ ⲟⲩⲱⲧ' ⲛ̅ⲧⲱⲧⲛ̅ ϩⲱⲧ'
ⲧⲏⲩⲧⲛ̅ ϣⲓⲛⲉ ⲛ̅ⲥⲁ ⲡⲉϥⲉϩⲟ ⲉⲙⲁϥⲱϫⲛ̅ ⲉϥⲙⲏⲛ` ⲉⲃⲟⲗ
ⲡⲙⲁ ⲉⲙⲁⲣⲉϫⲟⲟⲗⲉⲥ ⲧϩⲛⲟ ⲉϩⲟⲩⲛ` ⲉⲙⲁⲩⲉⲟⲩⲱⲙ`
ⲟⲩⲇⲉ[436] ⲙⲁⲣⲉϥϥⲛ̅ⲧ ⲧⲁⲕⲟ

---

427 ⲙⲉⲛ μέν 한편으로는, 참으로.

428 ⲉⲣⲅⲁⲧⲏⲥ ἐργάτης 노동자.

429 ⲇⲉ δέ 그런데, 하지만.

430 ϣⲓⲛⲁ ἵνα ~하기 위해, ~않도록, ~않게끔, 요구하다.

431 ϫⲱⲧⲉ는 ϣⲱⲧⲉ (우물)의 오기인듯.

432 ⲁⲗⲗⲁ ἀλλά 하지만, 그러나.

433 ⲙⲟⲛⲁⲭⲟⲥ οναχός 단독자, 고립되어 홀로 사는 사람.

434 ⲫⲟⲣⲧⲓⲟⲛ φορτίον 상품.

435 ⲙⲁⲣⲅⲁⲣⲓⲧⲏⲥ μαργαρίτης 진주.

436 ⲟⲩⲇⲉ οὐδέ 그리고 ~않은, ~또한 아닌.

(73)
예수께서 말씀하셨다.
"진실로 추수할 것은 많되 일꾼들은 적으니,
추수할 일꾼들을 보내 주시도록 주께 간구하라."[437]

(74)
그가 말했다.
"주여, 우물가를 서성이는 사람들은 많으나,
물을 긷는 자는 없습니다."[438]

(75)
예수께서 말씀하셨다.
"문 밖에 서 있는 사람들은 많으나
정작 혼인식장에는 '단일자'만이 들어갈 것이다."[439]

(76)
예수께서 말씀하셨다.
"아버지의 나라는 자기 재산을 모으고 있던 중
진주를 발견한 장사꾼과 같으니
그는 현명하여서
모든 것을 내던지고
자기를 위하여 그 보석을 샀다.
너희도 썩지 않고 오래도록 있을 보물이 있는 곳을 찾으라.
거기에는 좀이 먹는 일이 없고 벌레가 해하는 일도 없다."[440]

---

437 마9,37-38; 눅10,2.

438 ϩⲛ̄ ⲧⲱϣⲱⲧⲉ는 '우물 안'이지만, 이곳에서는 우물 물을 긷는 행위로 본다.

439 로기온16; 로기온49.

440 마13,45-46; 6,19-21; 막9,48; 눅12,33-34.

(77)

ⲡⲉϫⲉ ⲓ̅ⲥ̅ ϫⲉ
ⲁⲛⲟⲕ ⲡⲉ ⲡⲟⲩⲟⲉⲓⲛ ⲡⲁⲉⲓ ⲉⲧϩⲓϫⲱⲟⲩ ⲧⲏⲣⲟⲩ
ⲁⲛⲟⲕ` ⲡⲉ ⲡⲧⲏⲣϥ[441] ⲛ̅ⲧⲁⲡⲧⲏⲣϥ` ⲉⲓ ⲉⲃⲟⲗ ⲛ̅ϩⲏⲧ·
ⲁⲩⲱ ⲛ̅ⲧⲁⲡⲧⲏⲣϥ` ⲡⲱϩ[442] ϣⲁⲣⲟⲉⲓ
ⲡⲱϩ[443] ⲛ̅ⲛⲟⲩϣⲉ ⲁⲛⲟⲕ` ϯⲙ̅ⲙⲁⲩ
ϥⲓ ⲙ̅ⲡⲱⲛⲉ ⲉϩⲣⲁï
ⲁⲩⲱ ⲧⲉⲧⲛⲁϩⲉ ⲉⲣⲟⲉⲓ ⲙ̅ⲙⲁⲩ

(78)

ⲡⲉϫⲉ ⲓ̅ⲥ̅ ϫⲉ
ⲉⲧⲃⲉ ⲟⲩ ⲁⲧⲉⲧⲛ̅ⲉⲓ ⲉⲃⲟⲗ ⲉⲧⲥⲱϣⲉ[444]
ⲉⲛⲁⲩ ⲉⲩⲕⲁϣ ⲉϥⲕⲓⲙ ⲉ[ⲃⲟⲗ] ϩⲓⲧⲙ̅ ⲡⲧⲏⲩ
ⲁⲩⲱ ⲉⲛⲁⲩ ⲉⲩⲣ[ⲱⲙⲉ ⲉϩ]ⲛ̅ϣⲧⲏⲛ ⲉⲩϭⲏⲛ ϩⲓⲱⲱⲃ·
[ⲉⲓⲥ ⲛⲛⲉⲧⲛ]ⲣ̅ⲣⲱⲟⲩ ⲙⲛ̅ ⲛⲉⲧⲙ̅ⲙⲉⲅⲓⲥⲧⲁⲛⲟⲥ[445]
ⲛⲁⲉⲓ ⲉⲛ[ϣⲧⲏ]ⲛ [ⲉⲧ]ϭⲏⲛ ϩⲓⲱⲟⲩ
ⲁⲩⲱ ⲥⲉ[ⲛⲁ]ϣ ⲥⲟⲩⲱⲛ ⲧⲙⲉ ⲁⲛ

---

441 **ⲧⲏⲣϥ** 만유, 전체, 우주를 지칭하는 영지주의 용어.

442 **ⲡⲱϩ** 도달하다, 성숙하다.

443 **ⲡⲱϩ** 쪼개다, 가르다.

444 **ⲥⲱϣⲉ** 들판, 전원, 광야.

445 **ⲙⲉⲅⲓⲥⲧⲁⲛⲟⲥ** μεγιστᾶνος 권력자, 대장, 수장.

(77)

예수께서 말씀하셨다.

"나는 만유 위에 비치는 빛이자 만유 자체이다.
만유가 내게서 나와 내게로 귀속된다.
나무토막 하나를 가르더라도,
돌 하나를 들어 보더라도
거기에서 나를 발견할 것이다."[446]

(78)

예수께서 말씀하셨다.

"너희가 어찌하여 들판으로 나갔는가?
바람에 흔들리는 갈대를 보기 위함이냐?
또 부드러운 옷 입은 자들을 보기 위함이냐? [447]
〈보라, 너희의〉 왕과 권세자들은 부드러운 옷을 입고 있으나
진리를 알지는 못한다."[448]

446 빛 되신 예수에 대해서는 복음서에서도 동의하며 특히 요한복음에서 많이 다루고 있다 (요1,9; 3,19; 8,12; 9,5; 12,35; 12,46). 하지만 자신을 만유와 우주와 합일된 존재로 선포하며 거기서 더 나아가 삼라만상 속에 내재하는 편재성을 선포하는 것에는 복음서들은 침묵한다. 그것은 신과의 합일에 대한 자의식의 발로에 대한 반발 때문이거나 인도의 고전 사유나 불교 사상의 영향을 부정적으로 보았기 때문이리라.

447 마태와 누가는 이 로기온의 평행에서 처음부터 세례 요한을 염두에 두고 내용을 전개해 나간다 (마11,7-19; 눅7,24-35). 요한에 대한 복음서의 증거가 예수의 원래 가르침을 얼마나 정확하게 전달하는지는 알기 힘들지만, 적어도 예수와 요한과의 긴장관계를 심도있게 다루고 있고, 요한의 실책으로 인해 천국이 침노를 당한다는 표현에서 보듯이 예수의 사역이 요한과 긴밀하게 연결되어 있다는 인식은 매우 값진 정보이기에, 순수한 복음서 기자들의 창작이라고 보기는 힘들다.

448 도마복음서는, 왕궁에 거하는 귀인들이 비단옷을 입고는 있지만, '진리를 알지 못한다'는 말로 결어를 삼고 있는데, 매우 빈약한 결론에 속하며, 아마도 세례 요한 종단과 예수 종단 사이에 놓여진 무언가의 숨겨진 비밀의 실상으로서의 진실과 진리의 말씀이 예수에 의해 선포되었으리라 본다. 그리고 그것의 그림자를 우리는 도마복음서에서는 찾을 수 없지만 신약복음서에서는 발견하고 있다. 요한에 대해서 마태가 특별히 세 가지 정보를 전하고 있는데, 첫째, 요한은 여자가 낳은 자 중에서 가장 큰 자이나, 천국에서는 가장 작다는 사실과 (마11,11), 둘째, 세례 요한으로 인해 천국은 침노를 당하고 있다는 것과 (마11,12), 세째, 오리라 한 엘리야가 바로 세례 요한이라는 사실이다(마11,14).

(79)

ⲡⲉϫⲉ ⲟⲩⲥϩⲓⲙⲉ ⲛⲁϥ ϩⲙ̅ⲡⲙⲏϣⲉ ϫⲉ
ⲛⲉⲉⲓⲁⲧ[ⲥ ⲛ]ⲑϩⲏ ⲛ̅ ⲧⲁϩϥⲓ ϩⲁⲣⲟⲕ
ⲁⲩⲱ ⲛ̅ⲕⲓⲃⲉ ⲉⲛⲧⲁϩⲥⲁϩⲛⲟⲩϣⲕ
ⲡⲉϫⲁϥ ⲛⲁⲥ ϫⲉ
ⲛⲉⲉⲓⲁⲧⲟⲩ ⲛ̅ⲛⲉⲛⲧⲁϩⲥⲱⲧⲙ̅ ⲁⲡⲗⲟⲅⲟⲥ[449] ⲙ̅ⲡⲉⲓⲱⲧ
ⲁⲩⲁⲣⲉϩ ⲉⲣⲟϥ ϩⲛ̅ ⲟⲩⲙⲉ
ⲟⲩⲛ̅ ϩⲛ̅ϩⲟⲟⲩ ⲅⲁⲣ[450] ⲛⲁϣⲱⲡⲉ
ⲛ̅ⲧⲉⲧⲛϫⲟⲟⲥ ϫⲉ
ⲛⲉⲉⲓⲁⲧⲥ̅ ⲛ̅ⲑϩⲏ ⲧⲁⲉⲓ ⲉⲧⲉ ⲙⲡⲥⲱ[451]
ⲁⲩⲱ ⲛ̅ⲕⲓⲃⲉ ⲛⲁⲉⲓ ⲉⲙⲡⲟⲩϯ ⲉⲣⲱⲧⲉ

(80)

ⲡⲉϫⲉ ⲓ̅ⲥ̅ ϫⲉ
ⲡⲉⲛⲧⲁϩⲥⲟⲩⲱⲛ ⲡⲕⲟⲥⲙⲟⲥ[452] ⲁϥϩⲉ ⲉⲡⲥⲱⲙⲁ[453]
ⲡⲉⲛⲧⲁϩϩⲉ ⲇⲉ[454] ⲉⲡⲥⲱⲙⲁ
ⲡⲕⲟⲥⲙⲟⲥ ⲙ̅ⲡϣⲁ ⲙ̅ⲙⲟϥ` ⲁⲛ

(81)

ⲡⲉϫⲉ ⲓ̅ⲥ̅ ϫⲉ
ⲡⲉⲛⲧⲁϩⲣ̅ ⲣⲙⲙⲁⲟ ⲙⲁⲣⲉϥⲣ̅ ⲣⲣⲟ
ⲁⲩⲱ ⲡⲉⲧⲉⲩⲛ̅ⲧⲁϥ ⲛ̅ⲟⲩⲇⲩⲛⲁⲙⲓⲥ[455] ⲙⲁⲣⲉϥⲁⲣⲛⲁ[456]

---

449 ⲗⲟⲅⲟⲥ λόγος 말씀, 설교.

450 ⲅⲁⲣ γάρ 왜냐하면.

451 ⲱ 임신하다.  *iwr*, 

452 ⲕⲟⲥⲙⲟⲥ κόσμος 우주, 온 세상.

453 ⲥⲱⲙⲁ σῶμα 몸, 육체.

454 ⲇⲉ δέ 그런데, 하지만.

455 ⲇⲩⲛⲁⲙⲓⲥ δῦναμις 힘.

456 ⲁⲣⲛⲉ ἀρνεῖσθαι 부인하다.

(79)
무리 중에 한 여인이 예수께 말했다.
"당신을 밴 태와 당신을 젖 먹인 가슴이 복이 있습니다."[457]
주께서 말씀하셨다.
"아버지의 말씀을 듣고 진리 속에 굳건히 서 있는 자들이 복이 있다.
잉태하지 않은 태와 젖 먹이지 않은 가슴이 복이 있다."고
너희가 말할 때가 올 것이다."[458]

(80)
예수께서 말씀하셨다.
"진정 세상을 아는 자는 그것이 육체임을 발견한다.
그리고, 육체임을 발견한 자에게
세상은 더 이상 아무런 가치가 없다."[459]

(81)
예수께서 말씀하셨다.
"진정 부유하게 된 자로 하여금 다스리게 하고,[460]
권세를 가진 자들로 하여금 물러나게 해야 한다."

---

457 눅11,27-28.

458 마24,19; 눅23,29. 마태와 누가는 로기온의 전반부와 후반부를 따로 분리하여 복음서에 기록한다. 내용이 서로 이질적인 것으로 판단하였기 때문이다. 하지만, 도마복음서에서 보듯이 후반부는 전반부와 밀접하게 연결되어 있으며, 그러므로 복음서 기자들의 생각과는 달리 서로 다른 두 전승의 만남이 아니라고 본다.

459 로기온 56과 거의 동일하다. ⲤⲰⲘⲀ σῶμα 몸, 육체를, 앞서 나온 로기온에서는 ⲠⲦⲰⲘⲀ πτῶμα 시체로 기록한 차이밖에 없다. 그리고 이 두 용어는 영적인 활력소가 없다는 면에서 도마복음서는 동일하게 부정적으로 취급하고 있다.

460 불의한 세상 속에서 의를 추구하느라 피곤하고 또한 영적인 갈급함으로 곤고한 자들이 도마복음서에서는 찬양되기에, '부유한 자'라고 하면 언뜻 부정적으로 받아들여질 수 있으나 여기에서는 그 반대이다. 세상이 무엇인지 그리고 그 속에 있는 나라는 존재는 무엇인지를 정확하게 파악함으로 이제 마음과 영혼이 풍요로와 진 이들을 여기에서는 말한다. 로기온 110에서 다시 한번 부유한 자에 대한 언급이 나온다.

(82)

ⲡⲉϫⲉ ⲓ̅ⲥ̅ ϫⲉ
ⲡⲉⲧϩⲏⲛ ⲉⲣⲟⲉⲓ ⲉϥϩⲏⲛ ⲉⲧⲥⲁⲧⲉ[461]
ⲁⲩⲱ ⲡⲉⲧⲟⲩⲏⲩ` ⲙ̅ⲙⲟⲉⲓ ϥⲟⲩⲏⲩ ⲛ̅ⲧⲙⲛ̅ⲧⲉⲣⲟ

(83)

ⲡⲉϫⲉ ⲓ̅ⲥ̅ ϫⲉ
ⲛϩⲓⲕⲱⲛ[462] ⲥⲉⲟⲩⲟⲛϩ ⲉⲃⲟⲗ ⲙ̅ⲡⲣⲱⲙⲉ
ⲁⲩⲱ ⲡⲟⲩⲟⲉⲓⲛ[463] ⲉⲧⲛ̅ϩⲏⲧⲟⲩ ϥϩⲏⲡ`
ϩⲛ̅ ⲑⲓⲕⲱⲛ ⲙ̅ⲡⲟⲩⲟⲉⲓⲛ ⲙ̅ⲡⲉⲓⲱⲧ` ϥⲛⲁϭⲱⲗⲡ` ⲉⲃⲟⲗ
ⲁⲩⲱ ⲧⲉϥϩⲓⲕⲱⲛ ϩⲏⲡ` ⲉⲃⲟⲗ ϩⲓⲧⲛ̅ ⲡⲉϥ`ⲟⲩⲟⲉⲓⲛ

(84)

ⲡⲉϫⲉ ⲓ̅ⲥ̅
ⲛ̅ϩⲟⲟⲩ ⲉⲧⲉⲧⲛ̅ⲛⲁⲩ ⲉⲡⲉⲧⲛ̅ⲉⲓⲛⲉ[464] ϣⲁⲣⲉⲧⲛ̅ⲣⲁϣⲉ
ϩⲟⲧⲁⲛ[465] ⲇⲉ[466] ⲉⲧⲉⲧⲛ̅ϣⲁⲛⲛⲁⲩ· ⲁⲛⲉⲧⲛ̅ϩⲓⲕⲱⲛ`
ⲛ̅ⲧⲁϩϣⲱⲡⲉ ϩⲓ ⲧⲉⲧⲛⲉϩⲏ ⲟⲩⲧⲉ[467] ⲙⲁⲩⲙⲟⲩ
ⲟⲩⲧⲉ ⲙⲁⲩⲟⲩⲱⲛϩ ⲉⲃⲟⲗ
ⲧⲉⲧⲛⲁϥⲓ ϩⲁ ⲟⲩⲏⲣ`[468]

---

461 ⲥⲁⲧⲉ 불, 불꽃.  *sḏ.t*

462 ϩⲓⲕⲱⲛ, ⲑⲓⲕⲱⲛ εἰκών 형상.

463 ⲟⲩⲟⲉⲓⲛ 빛.

464 ⲉⲓⲛⲉ 모방, 모형, 유사, 닮음꼴, 쌍둥이.  *inw*

465 ϩⲟⲧⲁⲛ ὅταν (만일) ~하다면, ~할 때.

466 ⲇⲉ δέ 그런데, 하지만.

467 ⲟⲩⲧⲉ οὔτε ~도 아닌.

468 ⲧⲉⲧⲛⲁϥⲓ ϩⲁ ⲟⲩⲏⲣ` 네가 얼마나 감당하리요.

(82)

예수께서 말씀하셨다.

"내게 가까이 오는 자마다 불 가까이 오는 것이요,[469]

내게서 멀리 있는 자마다 천국으로부터 먼 자이다."

(83)

예수께서 말씀하셨다.

"사람마다 형상이 드러나노니

그 안에는 빛이 숨어있다.

아버지의 빛의 형상 안에서는 그가 드러나게 되나니

그 빛에 의해 형상은 감추어지리라."[470]

(84)

예수께서 말씀하셨다.[471]

"너의 모형[472]을 바라보면서도 너는 기뻐한다.

하지만, 너의 시원과 함께 존재하는,

죽지도 않고 모습을 드러내지도 않는

너의 형상을 바라본다면,

그 기쁨이 어떠하리오?"[473]

469 복음서에서는 평행이 발견되지 않지만, 초대교회 교부들에 의해 널리 인정되어 온 예수의 말씀에 속한다. 구약 전통에서 불은 하나님과 그리고 그 분의 입에서 나오는 말씀과도 동일시되었지만 (신9,3), 이제 도마복음서에는 천국과도 동일시된다. 그리고 예수는 그 모두와 자신을 동일시한다.

470 사람마다 지니고 있는 형상과 그 형상 속에 숨어있는 빛. 번역이 매우 난해한 로기온이다. 빛에 대해서는 어렵지 않으나 형상을 어떻게 해석해야 할 것인가가 문제이다. 형상을 부정적인 개념으로 본다면, 빛에 의해 가리워지는 존재이지만, 형상을 긍정적인 개념으로 이해하는 순간 빛에 의해 가리워지는 것이 아니라 숨어있거나 드러나는 존재이자, 빛과 동일한 세계에서 연유하는 좋은 개념이다. '아버지의 빛의 형상'은 온전한 빛 되신 그리스도로 이 땅에 오신 예수를 의미한다 (롬8,29).

471 ⲉⲓⲛⲉ와 ϩⲓⲕⲱⲛ에 대한 이해의 어려움으로 인해, 번역이 다양하게 나뉘어지는 로기온이다. 저자 역시 종전의 해석을 틀린 것으로 간주하고 이곳에서 수정하고자 한다.

472 천상의 ϩⲓⲕⲱⲛ이 나의 원형이라면 이 땅에 존재하는 또 하나의 나의 닮은 꼴이 ⲉⲓⲛⲉ이다. '나의 모형'이란 천상의 원형인 '형상'을 닮은 나의 '쌍둥이 형상'이다 (히8,5).

473 ⲧⲉⲧⲛⲁϥⲓ ϩⲁ ⲟⲩⲏⲣ`를 문자 그대로 해석하면, '네가 얼마나 감당하리요?'라는 의문문, 혹은 앞서 말한 기쁨에 연이은 말씀으로 보고, '그 기쁨을 얼마나 네가 지탱하리오', 곧 '그 기쁨이 어떠하리오' 식의 감탄문으로 해석하고자 한다.

(85)

ⲡⲉϫⲉ ⲓ̅ⲥ̅ ϫⲉ
ⲛ̅ⲧⲁⲁⲇⲁⲙ ϣⲱⲡⲉ ⲉⲃⲟⲗ
ϩⲛ̅ ⲟⲩⲛⲟϭ ⲛ̅ⲇⲩⲛⲁⲙⲓⲥ[474] ⲙⲛ̅ ⲟⲩⲛⲟϭ ⲙ̅ⲙⲛ̅ⲧⲣⲙ̅ⲙⲁⲟ
ⲁⲩⲱ ⲙ̅ⲡⲉϥϣⲱⲡⲉ ⲉ[ϥⲙⲡ]ϣⲁ ⲙ̅ⲙⲱⲧⲛ̅
ⲛⲉⲩⲁⲝⲓⲟⲥ[475] ⲅⲁⲣ[476] ⲡⲉ [ⲛⲉϥⲛⲁϫⲓ ϯ]ⲡ[ⲉ] ⲁⲛ ⲙ̅ⲡⲙⲟⲩ

(86)

ⲡⲉϫⲉ ⲓ̅ⲥ̅ ϫⲉ
[ⲛⲃⲁϣⲟⲣ ⲟⲩⲛⲧⲁ]ⲩ ⲛ[ⲉⲩⲃⲏⲃ]
ⲁⲩⲱ ⲛ̅ϩⲁⲗⲁⲧⲉ ⲟⲩⲛ̅ⲧⲁⲩ ⲙ̅ⲙⲁⲩ ⲙ̅[ⲡⲉ]ⲩⲙⲁϩ
ⲡϣⲏⲣⲉ ⲇⲉ[477] ⲙ̅ⲡⲣⲱⲙⲉ[478] ⲙⲛ̅ⲧⲁϥ` ⲛⲛ[ⲟⲩ]ⲙⲁ
ⲉⲣⲓⲕⲉ' ⲛ̅ⲧⲉϥ'ⲁⲡⲉ ⲛϥ`ⲙ̅ⲧⲟⲛ ⲙ̅[ⲙⲟ]ϥ

(87)

ⲡⲉϫⲁϥ ⲛ̅ϭⲓ ⲓ̅ⲥ̅ ϫⲉ
ⲟⲩⲧⲁⲗⲁⲓⲡⲱⲣⲟⲛ[479] ⲡ[ⲉ]
ⲡⲥⲱⲙⲁ[480] ⲉⲧⲁϣⲉ[481] ⲛ̅ⲟⲩⲥⲱⲙⲁ`
ⲁⲩⲱ ⲟⲩⲧ[ⲁ]ⲗⲁⲓⲡⲱⲣⲟⲥ ⲧⲉ
ⲧ'ⲯⲩⲭⲏ[482] ⲉⲧⲁϣⲉ ⲛ̅ⲛⲁⲉⲓ ⲙ̅ⲡⲥⲛⲁⲩ

---

474 ⲇⲩⲛⲁⲙⲓⲥ δῦναμις 힘.
475 ⲁⲝⲓⲟⲥ ἀξίος 가치가 있는.
476 ⲅⲁⲣ γάρ 왜냐하면.
477 ⲇⲉ δέ 그런데, 하지만.
478 ⲡϣⲏⲣⲉ ⲙ̅ⲡⲣⲱⲙⲉ 인자, 사람의 아들.
479 ⲧⲁⲗⲁⲓⲡⲱⲣⲟⲛ ταλαίπωρος 비참한, 궁핍한, 고통스러운.
480 ⲥⲱⲙⲁ σῶμα 몸, 육체.
481 ⲁϣⲉ† → ⲉⲓϣⲉ 매달다, 못박다.
482 ⲯⲩⲭⲏ ψυχή 목숨, 영혼.

(85)

예수께서 말씀하셨다.
"아담이 큰 권세와 부요함으로부터 생겨났으나
그가 너희에게는 가치가 없게 되었나니
가치가 있었더라면 그가 죽음을 맛보지 않을 것이다."[483]

(86)

예수께서 말씀하셨다.
"여우도 굴이 있고 새도 둥지가 있으나
인자는 그 머리를 두고 쉴 곳이 없다."[484]

(87)

예수께서 말씀하셨다.[485]
"전적으로 체에만 의존하는 육은 불행하다.[486]
하지만 이 두 가지 몸에 의존하는 영혼 또한 불행하다."[487]

---

483 아담이 후세 사람들에게 더 이상 자랑할 수 없는 처지가 된 것은, 그로 말미암아 죄가 세상에 들어왔고 죄로 말미암아 사망이 임해 모든 이들이 죄 가운데 태어나기 때문이리라 (롬5,12). 바로 이 이유로 바울은 아담을 범죄자라 불렀고 (롬5,14) 아담의 죄를 대속하시는 예수를 후 아담 또는 '마지막 아담'이라 불렀다 (고전15,45).

484 마태와 누가에서 평행을 발견하는 데 (마8,18-22; 눅9,57-60), 이 말씀의 배경으로서의 예수의 사상적 고뇌에 대한 이해 부족으로 인해, 마태나 누가는 동일하게 이 말씀의 자리를 선교와 연결시킨다. 또한 마태와 누가는 동일하게 부친의 장사에도 가지 말고 나를 따르라는 예수의 어록을 연이어 붙임으로서, 사람에 따라 추종을 거부하기도 하고 받아들이기도 한다는 구분의 예로 제시하고 있으나, 실상은 서로 이질적인 두 로기온의 만남일 뿐이다. 특히 마태는 추종을 거부당하는 이를 서기관이라 명기한다. '어디로 가시든지 저는 좇으리이다'라는 표현과 부친의 장사를 말하는 제자 이야기는 열왕기상 19장에 나오는 엘리야와 엘리사 이야기에 편집 원형을 두고 있다.

485 거의 동일한 내용이 로기온112에서 다시 나온다.

486 의존하고 의존당하는 두 개체를 동일한 용어인 ϲωμα를 사용했기에, 하나는 '육'으로 하나는 '체'로 번역했다.

487 '육'과 '체'가 만나 '육체' 또는 '육신'이 되니, 이것이 두가지 몸이며, 이들에게 또다시 의존하는 '영혼'도 불행한 존재라고 애도한다. 하지만, 엄격히 말하자면 영에 비하면 혼도 육의 일부이나, 이곳에서는 삼분설이 미분화된 상태로 전해지는 중이다. 영지주의의 삼분설에 대해서는 로기온 112의 주석을 참고하라.

(88)

ⲡⲉϫⲉ ⲓ̅ⲥ̅ ϫⲉ
ⲛ̅ⲁⲅⲅⲉⲗⲟⲥ[488] ⲛⲏⲩ ϣⲁⲣⲱⲧⲛ̅ ⲙⲛ̅ ⲛ̅ⲡⲣⲟⲫⲏⲧⲏⲥ[489]
ⲁⲩⲱ ⲥⲉⲛⲁϯ ⲛⲏⲧⲛ̅ ⲛ̅ⲛⲉⲧⲉⲩⲛ̅ⲧⲏⲧⲛ̅ⲥⲉ
ⲁⲩⲱ· ⲛ̅ⲧⲱⲧⲛ̅ ϩⲱⲧ ⲧⲏⲩⲧⲛ̅ ⲛⲉⲧⲛ̅ⲧⲟⲧ` ⲧⲏⲛⲉ
ⲧⲁⲁⲩ ⲛⲁⲩ ⲛ̅ⲧⲉⲧⲛ̅ϫⲟⲟⲥ ⲛⲏⲧⲛ̅ ϫⲉ
ⲁϣ ⲛ̅ϩⲟⲟⲩ ⲡⲉⲧⲟⲩⲛ̅ⲛⲏⲩ ⲛ̅ⲥⲉϫⲓ ⲡⲉⲧⲉ ⲡⲱⲟⲩ

(89)

ⲡⲉϫⲉ ⲓ̅ⲥ̅ ϫⲉ
ⲉⲧⲃⲉ ⲟⲩ ⲧⲉⲧⲛ̅ⲉⲓⲱⲉ ⲙ̅ⲡⲥⲁ ⲛ ⲃⲟⲗ' ⲙ̅ⲡⲡⲟⲧⲏⲣⲓⲟⲛ[490]
ⲧⲉⲧⲛ̅ⲣⲛⲟⲉⲓ[491] ⲁⲛ ϫⲉ ⲡⲉⲛⲧⲁϩⲧⲁⲙⲓⲟ ⲙ̅ⲡⲥⲁ ⲛ̅ϩⲟⲩⲛ
ⲛ̅ⲧⲟϥ ⲟⲛ ⲡⲉⲛⲧⲁϥⲧⲁⲙⲓⲟ ⲙ̅ⲡⲥⲁ ⲛⲃⲟⲗ'

(90)

ⲡⲉϫⲉ ⲓ̅ⲏ̅ⲥ̅ ϫⲉ
ⲁⲙⲏⲉⲓⲧⲛ̅ ϣⲁⲣⲟⲉⲓ'
ϫⲉ ⲟⲩⲭⲣⲏⲥⲧⲟⲥ[492] ⲡⲉ ⲡⲁⲛⲁϩⲃ·
ⲁⲩⲱ ⲧⲁⲙⲛ̅ⲧϫⲟⲉⲓⲥ ⲟⲩⲣⲙ̅ⲣⲁϣ ⲧⲉ
ⲁⲩⲱ ⲧⲉⲧⲛⲁϩⲉ ⲁⲩⲁⲛⲁⲡⲁⲩⲥⲓⲥ[493] ⲛⲏⲧⲛ̅

---

488 **ⲁⲅⲅⲉⲗⲟⲥ** ἄγγελος 천사.

489 **ⲡⲣⲟⲫⲏⲧⲏⲥ** προφήτης 예언자.

490 **ⲡⲟⲧⲏⲣⲓⲟⲛ** ποτήριον 컵, 잔.

491 **ⲛⲟⲉⲓ** νοεῖν 깨닫다.

492 **ⲭⲣⲏⲥⲧⲟⲥ** χρηστός 선함.

493 **ⲁⲛⲁⲡⲁⲩⲥⲓⲥ** ἀνάπαυσις 휴식.

(88)
예수께서 말씀하셨다.
"천사들과 예언자들이 너희에게로 와서 너희 것을 줄 것이다.
너희 역시 너희가 가진 것을 그들에게 주면서
너희 스스로에게 이렇게 말하라.
'그들이 자기들의 것을 가져갈 그날이 언제인가?'"[494]

(89)
예수께서 말씀하셨다.
"너희가 어찌하여 잔의 바깥만 닦느냐?
겉을 만드신 이가 속도 만드신 분임을 알아야 하리니."[495]

(90)
예수께서 말씀하셨다.
"내게로 오라.
내 멍에는 쉽고 나의 다스림은 너그러우니,
너희가 너희를 위하여 쉼을 얻을 것이다."[496]

494 마10,8.

495 마23,25-26; 눅11,37-40. 모든 사람들에게 요구되는 예수의 지적을, 마태와 누가는 바리새인들과 서기관들의 외식을 공격하는 도구로 사용한다.

496 마11,28-30; 렘6,16.

(91)

ⲡⲉϫⲁⲩ ⲛⲁϥ` ϫⲉ
ϫⲟⲟⲥ ⲉⲣⲟⲛ ϫⲉ ⲛ̄ⲧⲕ ⲛⲓⲙ ϣⲓⲛⲁ[497] ⲉⲛⲁⲣ̄ⲡ̄ⲓⲥⲧⲉⲩⲉ[498] ⲉⲣⲟⲕ`
ⲡⲉϫⲁϥ ⲛⲁⲩ ϫⲉ
ⲧⲉⲧⲛ̄ⲣ̄ⲡⲓⲣⲁⲍⲉ[499] ⲙ̄ⲡϩⲟ ⲛ̄ⲧⲡⲉ ⲙⲛ̄ ⲡⲕⲁϩ
ⲁⲩⲱ ⲡⲉⲧⲛ̄ⲡⲉⲧⲛ̄ⲙ̄ⲧⲟ ⲉⲃⲟⲗ ⲙ̄ⲡⲉⲧⲛ̄ⲥⲟⲩⲱⲛϥ
ⲁⲩⲱ ⲡⲉⲉⲓⲕⲁⲓⲣⲟⲥ[500] ⲧⲉⲧⲛ̄ⲥⲟⲟⲩⲛ ⲁⲛ ⲛ̄ⲣ̄ⲡⲓⲣⲁⲍⲉ ⲙ̄ⲙⲟϥ`

(92)

ⲡⲉϫⲉ ⲓ̅ⲥ̅ ϫⲉ
ϣⲓⲛⲉ ⲁⲩⲱ ⲧⲉⲧⲛⲁϭⲓⲛⲉ
ⲁⲗⲗⲁ[501] ⲛⲉⲧⲁⲧⲉⲧⲛ̄ϫⲛⲟⲩⲉⲓ ⲉⲣⲟⲟⲩ
ⲛ̄ⲛⲓϩⲟⲟⲩ ⲉⲙ̄ⲡⲓ ϫⲟⲟⲩ ⲛⲏⲧⲛ̄
ⲙ̄ⲫⲟⲟⲩ ⲉⲧⲙ̄ⲙⲁⲩ ⲧⲉⲛⲟⲩ ⲉϩⲛⲁϊ ⲉϫⲟⲟⲩ
ⲁⲩⲱ ⲧⲉⲧⲛ̄ϣⲓⲛⲉ ⲁⲛ ⲛ̄ⲥⲱⲟⲩ

---

497 ϣⲓⲛⲁ ἵνα ~하기 위해, ~않도록, ~않게끔, 요구하다.

498 ⲡⲓⲥⲧⲉⲩⲉ πιστεύειν 믿다.

499 ⲡⲉⲓⲣⲁⲍⲉ πειράζειν 시험하다.

500 ⲕⲁⲓⲣⲟⲥ καιρός m. 시간, 계절.

501 ⲁⲗⲗⲁ ἀλλά 하지만, 그러나.

(91)

그들이 예수께 말했다.
"당신이 누구신지 우리에게 말씀해 주시어서 우리로 당신을 믿게 하소서."[502]
예수께서 말씀하셨다.
"너희가 하늘과 땅의 징조는 살피면서 너희 면전에 있는 이[503]를 알지 못하고,
지금이 어떠한 때인지를 살피지 못하는구나."[504]

(92)

예수께서 말씀하셨다.
"찾으라, 너희가 발견할 것이다.
하지만, 너희가 내게 물었던 것들을
그 때에는 내가 너희에게 답변하지 않았다.[505]
이제, 내가 너희에게 말하기를 원하나
너희가 묻지를 않는구나."

---

502 예수가 누구인가에 대한 질문은 예수 주변인들뿐 아니라 옥에 갇힌 세례 요한도 묻던 중요한 질문이다(요8,25; 11,2-3). 그리고 그들이 요구한 것은 긴 설명이 아니라 한마디 확답이었고, 그 이유는 예수가 오리라 한 메시야인지에 대한 여부만을 알고 싶었기 때문이다.

503 '너의 면전에 있는 이'는 당연히 예수를 말하나, 로기온5에 나오는 '면전에 있는 것'은 반드시 예수를 지칭하는 것은 아니다.

504 예수의 메시야성 여부를 묻는 질문에 대하여, 예수는 즉답을 주지 않고 애둘러 두 가지를 지적하는데, 첫째는 자신이 전하는 말씀을 통해 이미 알 수 있다는 것과, 둘째는 지금이 어떤 때인지 시기만 분별한다면 또한 알 수 있다는 답변이었다. 하지만 민중은 보다 직접적인 답변을 원했고 그것은 표적을 구하는 것이었으며, 바로 그러한 이유로 복음서 기자들은 표적을 구하는 사람들에 대한 질책과 경고문을 예수의 입을 통해 선포하며, 그 와중에서 탄생한 것이 '요나의 표적'이다 (마16,1-4; 막8,11; 눅12,54-56; 요8,19).

505 제자들이나 민중들이 진정 알고 싶었던 것들에 대하여, 예수는 항상 답변을 유보하거나 간접적인 암시만 던져주었다. 자신을 확연히 드러내기에는 아직 때가 아니었기에 그러하다고 오늘 우리들은 이해하고 있지만, 어쩌면 예수 자신도 자신의 자의식이나 사명 문제를 놓고 많은 고민을 하셨을 수도 있고, 자의식과 사명 의식은 확고했었을지라도 그것을 알기 쉽게 설명하는 것이 수월치 않았을 수도 있으며, 자신만의 고유한 사명을 위한 사역 도중에 모종의 방법론적 변화가 찾아왔을 수도 있겠다 (마16,21; 눅9,31).

(93)

ⲙ̄ⲡⲣ̄ϯ ⲡⲉⲧⲟⲩⲁⲁⲃ ⲛ̄ⲛⲟⲩϩⲟⲟⲣ
ϫⲉⲕⲁⲁⲥ ⲛⲟⲩⲛⲟϫⲟⲩ ⲉⲧⲕⲟⲡⲣⲓⲁ[506]
ⲙ̄ⲡⲣ̄ⲛⲟⲩϫⲉ ⲛ̄ⲙ̄ⲙⲁⲣⲅⲁⲣⲓⲧ[ⲏⲥ[507] ⲛ]ⲛⲉϣⲁⲩ
ϣⲓⲛⲁ[508] ϫⲉ ⲛⲟⲩⲁⲁϥ`
[- - -]

(94)

ⲡⲉϫⲉ] ⲓ̅ⲥ̅
ⲡⲉⲧϣⲓⲛⲉ ϥⲛⲁϭⲓⲛⲉ
[ⲁⲩⲱ ⲡⲉⲧⲧⲱϩⲙ ⲉ]ϩⲟⲩⲛ ⲥⲉⲛⲁⲟⲩⲱⲛ ⲛⲁϥ`

(95)

[ⲡⲉϫⲉ ⲛϭⲓ ⲓ̅ⲥ̅]
ⲉϣⲱⲡⲉ ⲟⲩⲛ̄ⲧⲏⲧⲛ̄ ϩⲟⲙⲧ`
ⲙ̄ⲡⲣ̄ϯ ⲉⲧⲙⲏⲥⲉ
ⲁⲗⲗⲁ[509] ϯ[ⲙ̄ⲙⲟϥ] ⲙ̄ⲡⲉ[ⲧⲉ]ⲧⲛⲁϫⲓⲧⲟⲩ ⲁⲛ ⲛ̄ⲧⲟⲟⲧϥ

506 ⲕⲟⲡⲣⲓⲁ κοπρία 거름더미.

507 ⲙⲁⲣⲅⲁⲣⲓⲧⲏⲥ μαργαρίτης 진주.

508 ϣⲓⲛⲁ ἵνα ~하기 위해, ~않도록, ~않게끔, 요구하다.

509 ⲁⲗⲗⲁ ἀλλά 하지만, 그러나.

(93)

예수께서 말씀하셨다.
"거룩한 것을 개들에게 주지 말아라.
개들이 그것을 거름더미에 던질까 두렵다.
돼지떼에 진주를 던져 주지 마라.
그것들이 진주를 〈----〉."[510]

(94)

예수께서 말씀하셨다.
"찾는 자는 발견할 것이요
두드리는 자에게 문은 열릴 것이다."[511]

(95)

예수께서 말씀하셨다.
"너희에게 돈이 있다면 이자를 받으면서 빌려주지 말고
되돌려 받지 못할 사람들에게 주어라."[512]

---

510 마7,6.

511 마7,7-11; 눅11,9-13. 마태와 누가는 도마복음서에는 찾아 볼 수 없는 구절인 "구하라 그러면 너희에게 주실 것이요"를 삽입했다. 비물질적 권고 사항이 물질적 구복신앙으로 변질될 우려가 있다.

512 마5,42-43; 눅6,30-35. 유대 종교 전통에 의하면, 사람들에게 이자를 받고 돈을 빌려주는 것이 금지되어 있다. 하지만 이것은 유대인들 사이를 말하고 이방인들에게 적용되는 것은 아니다. 도마복음서와 복음서에도 나와있는 이 예수의 권고는, 유대 전통에 충실하신 결과인지 아니면 유대 국경을 넘어 모든 민족에게로 확대시키고자 한 의도이신지는 불분명하다.

(96)

[ⲡⲉϫⲉ] ⲓ̅ⲥ̅ ϫⲉ

ⲧⲙⲛⲧⲉⲣⲟ ⲙ̅ⲡⲉⲓⲱⲧ ⲉⲥⲧⲛ̅ⲧⲱ[ⲛ ⲁⲩ]ⲥϩⲓⲙⲉ

ⲁⲥϫⲓ ⲛ̅ⲟⲩⲕⲟⲩⲉⲓ ⲛ̅ⲥⲁⲉⲓⲣ[ⲉ[513]

ⲁⲥϩⲟ]ⲡϥ ϩⲛ̅ ⲟⲩϣⲱⲧⲉ[514]

ⲁⲥⲁⲁϥ ⲛ̅ϩⲛ̅ⲛⲟϭ ⲛ̅ⲟⲉⲓⲕ`

ⲡⲉⲧⲉⲩⲙ̅ ⲙⲁⲁϫⲉ ⲙ̅ⲙⲟϥ ⲙⲁ[ⲣⲉϥ]ⲥⲱⲧⲙ

(97)

ⲡⲉϫⲉ ⲓ̅ⲥ̅ ϫⲉ

ⲧⲙⲛ̅ⲧⲉⲣⲟ ⲙ̅ⲡ[ⲉⲓⲱⲧ ⲉⲥ]ⲧⲛ̅ⲧⲱⲛ ⲁⲩⲥϩⲓⲙⲉ

ⲉⲥϥⲓ ϩⲁ ⲟⲩϭⲗ[ⲙⲉⲉⲓ] ⲉϥ`ⲙⲉϩ ⲛ̅ⲛⲟⲉⲓⲧ` ⲉⲥⲙⲟⲟϣⲉ [ϩⲛ ⲟⲩ]ϩⲓⲏ·

ⲉⲥⲟⲩⲏⲟⲩ ⲁⲡⲙⲁⲁϫⲉ[515] ⲙ̅ⲡϭⲗ̅ⲙ[ⲉⲉⲓ][516] ⲟⲩⲱϭⲡ` ⲁⲡⲛⲟⲉⲓⲧ·[517]

ϣⲟⲩⲟ ⲛ̅ⲥⲱⲥ ϩⲓ ⲧⲉϩⲓⲏ

ⲛⲉⲥⲥⲟⲟⲩⲛ ⲁⲛ ⲡⲉ ⲛⲉⲙ̅ⲡⲉⲥⲉⲓⲙⲉ ⲉϩⲓⲥⲉ

ⲛ̅ⲧⲁⲣⲉⲥⲡⲱϩ ⲉϩⲟⲩⲛ ⲉⲡⲉⲥⲏⲉⲓ

ⲁⲥⲕⲁ ⲡϭⲗ̅ⲙⲉⲉⲓ ⲁⲡⲉⲥⲏⲧ ⲁⲥϩⲉ ⲉⲣⲟϥ ⲉϥ` ϣⲟⲩⲉⲓⲧ`

513 ⲥⲁⲉⲓⲣⲉ 누룩.

514 ϣⲱⲧⲉ 밀가루 반죽.

515 ⲙⲁⲁϫⲉ 귀, 귀퉁이, 항아리 손잡이.

516 ϭⲗ̅ⲙⲉⲉⲓ 항아리.

517 ⲛⲟⲉⲓⲧ 밀가루.

(96)

예수께서 말씀하셨다.
"아버지의 나라는 마치 적은 양의 누룩을 취하여 반죽에 넣고
부풀려 큰 떡 덩어리로 만든 여인과 같다.
들을 귀가 있는 자는 들어라."[518]

(97)

예수께서 말씀하셨다.
"아버지의 나라는 밀이 가득 든 단지를 이고 가는 여인과 같다.[519]
저가 걸어서 먼 길을 가는 동안[520]
단지의 손잡이가 깨어져 밀이 밖으로 새어 나왔고,[521]
여자의 등 뒤쪽으로 길바닥에 떨어지나
그 여자는 몰랐으며 아무 고통도 느끼지 못했다.
집에 돌아와 단지를 내려놓고 난 후에야
그것이 비어 있음을 알게 되었다."[522]

518 마13,33; 눅13,20-21. 아버지의 나라 비유에 여인이 처음으로 등장하는 것이 특이하다. 이 비유를 영지주의적 관점에서 보느냐 아니면 메시아적 또는 교회 선교적 관점에서 보느냐에 따라 해석에 차이가 나겠다.

519 아버지의 나라와 깨어진 단지에 밀가루를 넣고 길에 흘리며 걸어가는 여인이 무슨 연관이 있단 말인가? 모든 연구자들을 난처하게 만드는 로기온이다.

520 길이 멀었다 함은 단순한 길거리가 아닌 긴 시간의 흐름, 곧 역사를 의미한다.

521 항아리의 양 쪽에 나와있는 손잡이 ⲙⲁⲁϫⲉ는 '귀'를 지칭한다. 다른 곳도 아닌 이 손잡이로 쓰이는 귀에 문제가 생기면서 밀가루가 새어나가는 사고가 생겼다는 것은, 아들을 통해 선포되는 새로운 말씀을 듣는 데 문제가 생겼다는 것을 의미하고, 항아리를 이고 가는 여인은 이스라엘 민족이다.

522 아버지의 나라에 관한 여타의 비유들은 모두 긍정적인 의미를 담고 있으나, 오직 이 로기온에서만은 반대의 교훈을 전하기에 모든 연구자들이 번역에 어려움을 겪는다. 이 로기온은 무언가를 흘리고 상실하고 잃어버리는 것에 촛점이 주어지는 데, 임박한 천국을 선포하시는 예수의 말씀 가운데에도 부정적인 천국에 관한 메시지도 있다는 것을 상기해야 하는데, 천국은 침노를 당하고 있다는 말씀이 바로 한 예이다 (요11,12).

(98)

ⲡⲉϫⲉ ⲓ̅ⲥ̅
ⲧⲙⲛ̅ⲧⲉⲣⲟ ⲙ̅ⲡⲉⲓⲱⲧ` ⲉⲥⲧⲛ̅ⲧⲱⲛ ⲉⲩⲣⲱⲙⲉ
ⲉϥⲟⲩⲱϣ ⲉⲙⲟⲩⲧ ⲟⲩⲣⲱⲙⲉ ⲙ̅ⲙⲉⲅⲓⲥⲧⲁⲛⲟⲥ[523]
ⲁϥϣⲱⲗⲙ` ⲛ̅ⲧⲥⲏϥⲉ ϩⲙ̅ ⲡⲉϥⲏⲉⲓ
ⲁϥϫⲟⲧⲥ̅ ⲛ̅ⲧϫⲟ[524] ϫⲉⲕⲁⲁⲥ ⲉϥⲛⲁⲉⲓⲙⲉ
ϫⲉ ⲧⲉϥϭⲓϫ' ⲛⲁⲧⲱⲕ` ⲉϩⲟⲩⲛ[525]
ⲧⲟⲧⲉ ⲁϥϩⲱⲧⲃ̅ ⲙ̅ⲡⲙⲉⲅⲓⲥⲧⲁⲛⲟⲥ

(99)

ⲡⲉϫⲉ ⲙ̅ⲙⲁⲑⲏⲧⲏⲥ[526] ⲛⲁϥ ϫⲉ
ⲛⲉⲕⲥⲛⲏⲩ ⲙⲛ̅ ⲧⲉⲕⲙⲁⲁⲩ ⲥⲉⲁϩⲉⲣⲁⲧⲟⲩ ϩⲓ ⲡⲥⲁ ⲛⲃⲟⲗ
ⲡⲉϫⲁϥ ⲛⲁⲩ ϫⲉ
ⲛⲉⲧⲛ̅ⲛⲉⲉⲓⲙⲁ ⲉϯⲣⲉ ⲙ̅ⲡⲟⲩⲱϣ ⲙ̅ⲡⲁⲉⲓⲱⲧ·
ⲛⲁⲉⲓ ⲛⲉ ⲛⲁⲥⲛⲏⲩ ⲙⲛ̅ ⲧⲁⲙⲁⲁⲩ
ⲛ̅ⲧⲟⲟⲩ ⲡⲉ ⲉⲧⲛⲁⲃⲱⲕ` ⲉϩⲟⲩⲛ ⲉⲧⲙⲛ̅ⲧⲉⲣⲟ ⲙ̅ⲡⲁⲉⲓⲱⲧ·

---

523 **ⲙⲉⲅⲓⲥⲧⲁⲛⲟⲥ** μεγιστᾶνος 권력자, 대장, 수장.

524 **ϫⲟ** 성벽, 벽.

525 **ⲧⲱⲕ ⲉϩⲟⲩⲛ** 끈질기게 견디다.

526 **ⲙⲁⲑⲏⲧⲏⲥ** μαθητής 제자.

(98)
예수께서 말씀하셨다.
"아버지의 나라는 권세있는 자를 죽이고자 하는 어떤 사람과도 같다.[527]
그는 집에서 칼을 꺼내어[528]
자기 손으로 그것을 감당할 수 있는지 알아보기 위해
칼을 벽에다 찔러 보았다.[529]
그리고 나서야 그 권세자를 죽일 수 있었다."[530]

(99)
제자들이 예수께 말했다.[531]
"당신의 형제와 모친이 밖에 서 계십니다."
예수께서 말씀하셨다.
"내 아버지의 뜻을 행하는 자들이 내 형제요 내 어머니이니,
저들이 아버지의 나라에 들어가게 될 것이다."[532]

527 앞서 나온, 밀가루를 흘리며 길 가는 여인 비유와 마찬가지로 이해가 어려운 로기온으로서 모든 연구자들 뿐 아니라 복음서 기자들도 앞의 로기온과 이 로기온에 대해서는 침묵한다. 권세자를 죽이고자 하는 사람은 좋은 사람인가 아니면 나쁜 사람인가? 아무리 비유이지만 사람을 죽이고자 하는 자를 아버지의 나라와 연결시키는 설명은 어렵기만 하다.

528 이집트의 왕을 지칭하는 '파라오'가 '큰 집'이란 뜻이듯이, 이곳에서의 '집'이란 이스라엘을 의미한다. 그리고 이 집 속에 권세자도 있고 그 권세자를 죽이고자 하는 자도 있으며, 심지어는 그 양자 사이를 가로막고 있는 벽으로 상징되는 인물도 함께 거주하고 있다.

529 권세자는 예수 자신을 가르키며, 항시 자신을 죽이고자 틈을 보는 이스라엘 종교 지도자와의 사이에 유일한 방패막이로서의 보호벽이 있었다면 그는 바로 세례 요한이었으리라. 이제 이 살인자는 먼저 권세자를 보호하고 있는 벽을 칼로 찔러보았고, 그것이 성공하자 권세자도 죽일 수 있는 용기가 생겼다.

530 아버지의 나라가 무엇과 같으뇨...라는 말씀이 나온다하여 무조건 긍정적인 말씀이 선포된다 생각하면 오산이다. 천국은 어느 순간부터 침노를 당하면서 무너지고 적에게 빼앗길 수도 있으니, 바로 이 로기온은 그러한 천국의 훼손과 그 천국의 도래를 예고하던 요한의 죽음 및 장차 인자마저도 죽어가는 현실, 곧 천국의 현주소를 생생하게 선포하는 중이다.

531 복음서에서도 매우 자세하게 보도되는 내용을 담은 로기온이다 (마12,46-50; 막3,31-35; 눅8,19-21). 비록 예수의 모친과 형제 자매들이라 할지라도 예수와 가까이하기 힘들었던 것 같다.

532 자신을 찾아온 가족들에게 예수는 대단히 강경하면서도 부정적인 태도를 보이신다. 가족들과의 관계가 제자들과의 관계처럼 원만하지 못했음을 알 수 있고, 게다가 로기온 55와 바로 뒤에 나올 로기온 101에 의하면, 예수는 자신의 부모를 미워했을 뿐 아니라 자신처럼 하기를 제자들에게도 권유하고 있으리만치 세상에서의 인연을 경시하며 오직 하늘로부터의 생명의 인연을 강조하신다.

(100)

ⲁⲩⲧⲥⲉⲃⲉ ⲓ̅ⲥ̅ ⲁⲩⲛⲟⲩⲃ[533] ⲁⲩⲱ ⲡⲉϫⲁⲩ ⲛⲁϥ` ϫⲉ
ⲛⲉⲧⲏⲡ· ⲁⲕⲁⲓⲥⲁⲣ` ⲥⲉϣⲓⲧⲉ ⲙ̅ⲙⲟⲛ ⲛ̅ⲛϣⲱⲙ`
ⲡⲉϫⲁϥ ⲛⲁⲩ ϫⲉ
ϯ ⲛⲁ[534] ⲕⲁⲓⲥⲁⲣ` ⲛ̅ⲕⲁⲓⲥⲁⲣ
ϯ ⲛⲁ ⲡⲛⲟⲩⲧⲉ[535] ⲙ̅ⲡⲛⲟⲩⲧⲉ
ⲁⲩⲱ ⲡⲉⲧⲉ ⲡⲱⲉⲓ ⲡⲉ ⲙⲁⲧⲛ̅ ⲛⲁⲉⲓϥ

(101)

ⲡⲉⲧⲁⲙⲉⲥⲧⲉ ⲡⲉϥⲉⲓ[ⲱⲧ ⲁ]ⲛ ⲙⲛ̅ ⲧⲉϥ`ⲙⲁⲁⲩ ⲛ̅ⲧⲁϩⲉ
ϥⲛⲁϣ ⲣ̅ ⲙ[ⲁⲑⲏⲧⲏ]ⲥ[536] ⲛⲁⲉⲓ ⲁⲛ
ⲁⲩⲱ ⲡⲉⲧⲁⲙⲣ̅ⲣⲉ[537] ⲡⲉ[ϥⲉⲓⲱⲧ ⲁⲛ ⲙ]ⲛ̅ ⲧⲉϥⲙⲁⲁⲩ ⲛ̅ⲧⲁϩⲉ
ϥⲛⲁϣ ⲣ̅ ⲙ[ⲁⲑⲏⲧⲏⲥ ⲛⲁ]ⲉⲓ ⲁⲛ
ⲧⲁⲙⲁⲁⲩ ⲅⲁⲣ[538] ⲛ̅ⲧⲁ[ⲥϫⲡⲟ ⲛⲁⲉⲓ ⲉⲃ]ⲟⲗ
[ⲧⲁⲙⲁⲁⲩ] ⲇⲉ[539] ⲙ̅ⲙⲉ ⲁⲥϯ ⲛⲁⲉⲓ ⲙ̅ⲡⲱⲛϩ

---

533 **ⲛⲟⲩⲃ** 금.  *nbw*

534 **ⲛⲁ** ~에 속한 것(들).

535 **ⲛⲟⲩⲧⲉ** 신(神), 하나님.  *nṯr*

536 **ⲙⲁⲑⲏⲧⲏⲥ** μαθητής 제자.

537 **ⲙⲣ̅ⲣⲉ** '사랑하다'의 뜻을 지닌 **ⲙⲉ**의 변형형으로 보고 있으나, 이곳에서는 '묶다, 연관짓다, 관계를 맺다'는 의미를 지닌 **ⲙⲟⲩⲣ** 의 변형형으로 보고자 한다.

538 **ⲅⲁⲣ** γάρ 왜냐하면.

539 **ⲇⲉ** δέ 그런데, 하지만.

(100)

제자들이 예수께 금화 한 닢을 보이며 말했다.[540]
"가이사의 세관들이 우리에게 세를 바치라고 합니다."
예수께서 말씀하셨다.
"가이사의 것은 가이사에게 주고
하나님의 것은 하나님께 드리며
나에게 속한 것이 있다면 그것은 나에게 다오."[541]

(101)

〈예수께서 말씀하셨다.〉[542]
"누구든지 자신의 아비와 어미를 나처럼 미워하지 않는 자는
내 제자가 될 수 없으며,[543]
또한 자기 아비와 어미와의 관계를 나처럼 맺지않는 자도
내 제자가 될 수 없다.[544]
사실, 나를 낳은 분은 어머니시지만,
나의 진정한 어머니는
나에게 생명을 주신 분이다."

---

540 이 로기온에 나오는 예수의 답변은 세 부분으로 구성되어 있으며, 복음서 기자들의 눈에 비정상적으로 보였던 세번째 부분은 생략된 채로 복음서에도 동일한 내용이 전해진다 (마22,15-22; 막12,13-17; 눅20,20-26).

541 이 세번째 부분은 복음서 기자들이나 오늘 우리들의 눈에도 기이하게 보인다. 하나님의 것과 예수 자신에게 속한 것을 구분하였기 때문이다. 복음서 기자들은 생략하는 것으로 해결책을 찾았으나 오늘 우리들은 그러할 필요가 전혀 없다. 이곳에서 말하는 하나님은 구약의 하나님, 곧 '데미우르지'를 지칭하며, 이것은 신약의 하나님과는 다른 영지주의에서 부르는 독특한 신명이다. 그러므로, 이 로기온은 가이사와 구약의 하나님 그리고 예수, 이렇게 순차적으로 배열된 매우 완벽한 구조를 지니고 있기에 서로 분리되어서는 안된다.

542 원문에는 빠져있다.

543 마10,37-38; 눅14,26-27. 로기온55.

544 곱트어 원문 주석에서 제시했듯이, 현재 모든 연구자들은 ⲘⲠ̄ⲢⲈ를 '사랑하다'라는 의미로 보나, 이곳에서는 '관계를 형성하거나 묶다'라는 의미로 보고자 한다. 그러할 때 앞선 문장과의 부조화도 해결될 수 있다.

(102)

ⲡⲉϫⲉ ⲓ̅ⲥ̅ [ϫⲉ

ⲟ]ⲩⲟⲉⲓ ⲛⲁⲩ ⲙ̅ⲫⲁⲣⲓⲥⲁⲓⲟⲥ[545]

ϫⲉ ⲉⲩⲉⲓⲛⲉ [ⲛ]ⲟⲩⲟⲩϩⲟⲣ·

ⲉϥⲛ̅ⲕⲟⲧⲕ` ϩⲓϫⲛ̅ ⲡⲟⲩⲟⲛⲉϥ· ⲛ̅[ϩⲉⲛ]ⲉϩⲟⲟⲩ

ϫⲉ ⲟⲩⲧⲉ[546] ϥⲟⲩⲱⲙ[547] ⲁⲛ

ⲟⲩⲧⲉ ϥ[ⲕⲱ ⲁ]ⲛ ⲛ̅ⲛⲉϩⲟⲟⲩ ⲉⲟⲩⲱⲙ

(103)

ⲡⲉϫⲉ ⲓ̅ⲥ̅ ϫⲉ

ⲟⲩⲙ[ⲁⲕⲁ]ⲣⲓⲟⲥ[548] ⲡⲉ ⲡⲣⲱⲙⲉ ⲡⲁⲉⲓ ⲉⲧⲥⲟⲟⲩⲛ ϫⲉ

ϩ[ⲛ ⲁϣ] ⲙ̅ⲙⲉⲣⲟⲥ[549] ⲉⲛⲗⲏⲥⲧⲏⲥ[550] ⲛⲏⲩ ⲉϩⲟⲩⲛ

ϣⲓⲛ[ⲁ[551] ⲉϥⲛ]ⲁⲧⲱⲟⲩⲛ` ⲛ̅ϥⲥⲱⲟⲩϩ ⲛ̅ⲧⲉϥ`ⲙⲛ̅ⲧ̅[ⲉⲣⲟ]

ⲁⲩⲱ ⲛ̅ϥⲙⲟⲩⲣ ⲙ̅ⲙⲟϥ ⲉϫⲛ̅ ⲧⲉϥ`ϯⲡⲉ

[ϩⲁ] ⲧⲉϩⲏ ⲉⲙⲡⲁⲧⲟⲩⲉⲓ ⲉϩⲟⲩⲛ

(104)

ⲡⲉϫⲁⲩ [ⲛⲁϥ] ϫⲉ

ⲁⲙⲟⲩ ⲛ̅ⲧⲛ̅ϣⲗⲏⲗ` ⲙ̅ⲡⲟⲟⲩ ⲁⲩⲱ ⲛ̅ⲧⲛ̅ⲣⲛⲏⲥⲧⲉⲩⲉ[552]

ⲡⲉϫⲉ ⲓ̅ⲥ̅ ϫⲉ

ⲟⲩ ⲅⲁⲣ`[553] ⲡⲉ ⲡⲛⲟⲃⲉ ⲛ̅ⲧⲁⲉⲓⲁⲁϥ`

ⲏ[554] ⲛ̅ⲧⲁⲩϫⲣⲟ ⲉⲣⲟⲉⲓ ϩⲛ̅ ⲟⲩ

ⲁⲗⲗⲁ[555] ϩⲟⲧⲁⲛ[556] ⲉⲣϣⲁⲛⲡⲛⲩⲙⲫⲓⲟⲥ[557] ⲉⲓ ⲉⲃⲟⲗ ϩⲙ̅ ⲡⲛⲩⲙⲫⲱⲛ

ⲧⲟⲧⲉ ⲙⲁⲣⲟⲩⲛⲏ`ⲥⲧⲉⲩⲉ ⲁⲩⲱ ⲙⲁⲣⲟⲩϣⲗⲏⲗ`

---

545 **ⲫⲁⲣⲓⲥⲁⲓⲟⲥ** Φαρισαῖος 바리새인.
546 **ⲟⲩⲧⲉ** οὔτε ~도 아닌.
547 **ⲟⲩⲱⲙ** 먹다.
548 **ⲙⲁⲕⲁⲣⲓⲟⲥ** μακάριος 복이 있나니.
549 **ⲙⲉⲣⲟⲥ** μέρος 부분.
550 **ⲗⲏⲥⲧⲏⲥ** λῃστής m. 강도, 도둑.
551 **ϣⲓⲛⲁ** ἵνα ~하기 위해, ~않도록, ~않게끔, 요구하다.
552 **ⲛⲏⲥⲧⲉⲩⲉ** νηστεύειν 금식하다.
553 **ⲅⲁⲣ** γάρ 왜냐하면.
554 **ⲏ** ἤ 또는.
555 **ⲁⲗⲗⲁ** ἀλλά 하지만, 그러나.
556 **ϩⲟⲧⲁⲛ** ὅταν (만일) ~하다면, ~할 때.
557 **ⲛⲩⲙⲫⲓⲟⲥ** νύμφιος 신랑.

(102)
예수께서 말씀하셨다.
"화 있을진저, 바리새인들이여!
그들은 소의 여물통에서 자는 개와 같으니,
저도 먹지 않으면서 소들도 먹지 못하게 한다." [558]

(103)
예수께서 말씀하셨다.
"언제 강도가 들어올지 아는 자는 복이 있다.
그가 일어나서 자기의 (권속?)을 모아
강도들이 들어오기 전에
허리띠를 조이며 경계할 것이기 때문이다."[559]

(104)
그들이 예수께 말했다.
"오셔서 오늘 우리와 함께 기도하고 금식합시다."[560]
예수께서 말씀하셨다.
"나의 죄가 무엇이고
내가 무슨 잘못을 저질렀단 말인가?
신랑이 신방에서 나올 때에나[561]
사람들로 금식하고 기도하게 하라."

558 로기온 39와 동일한 내용을 전한다. 앞선 로기온에서는 바리새인들이 열쇠를 받았으나 감추었다고 했고, 이곳에서는 소의 여물통에서 자는 개처럼, 자신도 먹지않고 남들도 먹지 못하게 하는 행위를 지적하고 있다. 하나님 나라의 도래와 그로 인한 새로운 세계가 장차 시작된다는 복음을 전하는 예수의 선포를 바리새인으로 상징되는 유대 종교지도자들은 받아들이지도 않았고 또 민중들이 예수에게로 나아가는 길도 막고 방해하였다.

559 마24,43-44; 눅12,39-40. 로기온 21.

560 복음서에서는 제자들의 기도와 금식에 관해 예수에게 따지지만 (마9,14-15; 막2,18-20; 눅5,33-35), 이곳에서는 예수에게 직접 유대인의 종교 의식 수행이 요구된다. 그리고 예수의 반응은, 제도적인 문제로 촛점을 두는 복음서에서와는 달리 개인적인 잘못이나 죄 문제를 지적한다.

561 신랑은 몰라도 '신방' 개념은 지극히 영지주의적이기에 복음서 기자들은 받아들이기 힘들어 피해 간다. 대신 혼인집 잔치를 배경으로 삼았고, 이내 신구 두 제도의 차이와 충돌로 논의를 발전시켜 나간다.

(105)

ⲡⲉϫⲉ ⲓ̅ⲥ̅ ϫⲉ
ⲡⲉⲧⲛⲁⲥⲟⲩⲱⲛ ⲡⲉⲓⲱⲧ ⲙⲛ̅ ⲧⲙⲁⲁⲩ
ⲥⲉⲛⲁⲙⲟⲩⲧⲉ[562] ⲉⲣⲟϥ ϫⲉ ⲡϣⲏⲣⲉ ⲙ̅ⲡⲟⲣⲛⲏ[563]

(106)

ⲡⲉϫⲉ ⲓ̅ⲥ̅ ϫⲉ
ϩⲟⲧⲁⲛ[564] ⲉⲧⲉⲧⲛ̅ϣⲁⲣ̅ ⲡⲥⲛⲁⲩ ⲟⲩⲁ
ⲧⲉⲧⲛⲁϣⲱⲡⲉ ⲛ̅ϣⲏⲣⲉ ⲙ̅ⲡⲣⲱⲙⲉ
ⲁⲩⲱ ⲉⲧⲉⲧⲛ̅ϣⲁⲛϫⲟⲟⲥ ϫⲉ ⲡⲧⲟⲟⲩ[565] ⲡⲱⲱⲛⲉ ⲉⲃⲟⲗ·
ϥⲛⲁⲡⲱⲱⲛⲉ

562 **ⲥⲉⲛⲁⲙⲟⲩⲧⲉ** 불리워지다 (수동형).

563 **ⲡⲟⲣⲛⲏ** πόρνη 창녀.

564 **ϩⲟⲧⲁⲛ** ὅταν (만일) ~하다면, ~할 때.

565 **ⲧⲟⲟⲩ** 산, 사막.

(105)

예수께서 말씀하셨다.[566]

"아비와 어미를 아는 자,

그를 사람들은 음행의 자식이라 부를 것인가?"[567]

(106)

예수께서 말씀하셨다.[568]

"너희가 둘을 하나로 만들 때[569]

너희는 사람의 아들들이 될 것이요,[570]

너희가 '산아, 움직이라!' 하여도

그것이 움직일 것이다."[571]

---

566 로기온 99와 101에서 보았듯이, 육의 부모는 나를 낳았을지라도 참된 생명을 주신 진정한 어머니가 더욱 중요하다.

567 진정한 어머니와 아버지를 발견한 사람은 더 이상 고아도 음행의 자식도 아니다. 철저히 영지주의적인 내용을 담은 로기온이지만, 한가지 무리한 추측을 하자면, 자신의 탄생을 두고 부모의 인지에 문제가 있었고 어쩌면 음행의 자식으로까지 불리웠을 수도 있는 것이 예수의 입장이었기에, 아마도 이 로기온의 탄생에 기여했을 수도 있다.

568 마17,20; 21,21; 막11,22-23; 눅17,6. 로기온 48.

569 도마복음서에서 말하는 '둘' 그리고 '하나됨'의 의미는 다중의 의미를 지닌다. 첫째는 당연히 우리의 육신과 영혼의 문제와 결부되고 있고, 자신의 근원에 대해 무지한 육적인 자아와 영적 지혜의 가르침으로 인해 자신의 근원을 알게되고 본래의 모습을 회복한 또 하나의 자아가 서로 조화롭게 일치되는 것을 말한다. 두번째는, 앞서 로기온 48에서 설명했듯이, 이스라엘이란 한 집안에서 생성된 두 가지의 종교 성향이 서로 만나지 못하고 끝모르는 무지와 분열 속에서 민족적 파국을 향해 치달리는 상황에서 탄생하는 의미가 그것이다.

570 사람의 아들 곧, '인자' 칭호에 대해서도 앞에서 이미 보았다. 둘이 하나가 될 때 모든 이들이 다 인자가 된다는 선포는 대단히 독특하며, 믿는 자들이 모두 하나님의 아들되는 권세를 주셨다는 요한의 증거의 배경이자, 바울의 양자(養子) 사상과도 만난다. 그러나 모든 사람들이 구약의 하나님의 종된 신분에서 벗어나 하나님의 아들들이 되는 길이 활짝 열렸음을 상징적으로 가장 잘 보여주는 것은, 하나님을 아버지라 부르라며 예수께서 친히 가르쳐주신 '주기도문'이 아닐까 한다.

571 곱트어 원문 주석에서도 지적했듯이, '산' 뿐 아니라 '사막'으로도 해석이 가능하다.

(107)

ⲡⲉϫⲉ ⲓ̅ⲥ̅ ϫⲉ
ⲧⲙⲛ̅ⲧⲉⲣⲟ ⲉⲥⲧⲛ̅ⲧⲱⲛ ⲉⲩⲣⲱⲙⲉ ⲛ̅ϣⲱⲥ[572]
ⲉⲩⲛ̅ⲧⲁϥ` ⲙ̅ⲙⲁⲩ ⲛ̅ϣⲉ ⲛ̅ⲉⲥⲟⲟⲩ[573]
ⲁⲟⲩⲁ ⲛ̅ϩⲏⲧⲟⲩ ⲥⲱⲣⲙ̀ ⲉⲡⲛⲟϭ ⲡⲉ
ⲁϥⲕⲱ ⲙ̅ⲡⲥⲧⲉⲯⲓⲧ ⲁϥϣⲓⲛⲉ ⲛ̅ⲥⲁ ⲡⲓⲟⲩⲁ· ϣⲁⲛⲧⲉϥϩⲉ ⲉⲣⲟϥ·
ⲛ̅ⲧⲁⲣⲉϥϩⲓⲥⲉ ⲡⲉϫⲁϥ` ⲙ̅ⲡⲉⲥⲟⲟⲩ ϫⲉ
ϯⲟⲩⲱϣⲕ· ⲡⲁⲣⲁ[574] ⲡⲥⲧⲉⲯⲓⲧ`

(108)

ⲡⲉϫⲉ ⲓ̅ⲥ̅ ϫⲉ
ⲡⲉⲧⲁⲥⲱ ⲉⲃⲟⲗ ϩⲛ̅ ⲧⲁⲧⲁⲡⲣⲟ[575]
ϥⲛⲁϣⲱⲡⲉ ⲛ̅ⲧⲁϩⲉ ⲁⲛⲟⲕ
ϩⲱ ϯⲛⲁϣⲱⲡⲉ ⲉⲛⲧⲟϥ ⲡⲉ
ⲁⲩⲱ ⲛⲉⲑⲏⲡ·[576] ⲛⲁⲟⲩⲱⲛϩ ⲉⲣⲟϥ`

---

572 ⲣⲱⲙⲉ ⲛ̅ϣⲱⲥ 목동, 목자.

573 ⲉⲥⲟⲟⲩ 양.

574 ⲡⲁⲣⲁ παρά ~로 부터, ~을 향해, ~을 넘어.

575 ⲧⲁⲧⲁⲡⲣⲟ 입, 문, 입구.

576 ⲛ+ⲉⲧ+ϩⲏⲡ 숨겨진 것들.

(107)

예수께서 말씀하셨다.[577]

"하나님의 나라는 양 백 마리를 가진 목자와 같다.
그 중 가장 큰 한 마리가 길을 잃은 즉[578]
목자는 아흔 아홉을 남겨두고 그 한 마리를 발견할 때까지 찾아다녔다.
애써 찾은 후에 목자가 그 양에게 말했다.
'나는 너를 다른 아흔아홉 보다 더욱 사랑한다.'"

(108)

예수께서 말씀하셨다.

"내 입으로부터 마시는 자는 누구든지 나와 같이 되리니,
나 자신이 그가 될 것이요
감추었던 것이 그에게 드러날 것이다."[579]

577 도마복음서에서의 비유는 특이하게도 잃어버린 한마리의 양에게 촛점이 주어지나, 복음서 기자들에게는 이 촛점이 양으로부터 목자에게로 이전된다 (마18,10-14; 눅15,3-7). 그리고 마태는 단 한마리의 양도 잃어서는 안 됨을 강조하고, 누가에게는 그 잃어버린 양은 죄인의 표상이 되어 그의 회개가 기쁨의 대상이 된다.

578 로기온 8에서도 그러했듯이, 도마복음서는 항상 큰 물고기와 큰 양을 선호한다. 복음서 기자들은 이것에 동의하기 힘들어 각기 다른 방향을 모색했었으며, 도마복음서는 더욱 한걸음 더 나아가 찾아진 양에게 이렇게 속삭인다. "나는 너를 다른 아흔아홉 보다 더욱 사랑한다"고. 혹자는 잃어버린 한 마리의 양을 통해 발견되고 회복되어야할 완전함의 상징 '하나'를 바라보기도 한다.

579 도마복음서에서는 예수의 입에서 나오는 말씀이 마실 대상이다. 그러나 복음서 기자들은 인자 되신 예수의 살을 먹고 피를 마시는 단계로까지 발전시키고, 구약의 전통을 되살려 (출12,14; 신16,3) 새로운 계약을 맺기에 이른다 (고전11,23-26).

(109)

ⲡⲉϫⲉ ⲓ̅ⲥ̅ ϫⲉ
ⲧⲙⲛ̅ⲧⲉⲣⲟ ⲉⲥⲧⲛ̅ⲧⲱⲛ ⲉⲩⲣⲱⲙⲉ ⲉⲩⲛ̅ⲧⲁϥ [ⲙⲙ]ⲁⲩ
ϩⲛ̅ ⲧⲉϥⲥⲱϣⲉ ⲛ̅ⲛⲟⲩⲉϩⲟ[580] ⲉϥϩ[ⲏⲡ
ⲉϥ]ⲟ ⲛ̅ⲁⲧⲥⲟⲟⲩⲛ' ⲉⲣⲟϥ
ⲁⲩⲱ ⲙ̅[ⲛⲛⲥⲁ ⲧ]ⲣⲉϥⲙⲟⲩ ⲁϥⲕⲁⲁϥ ⲙ̅ⲡⲉϥ`[ϣⲏⲣⲉ
ⲛⲉⲡ]ϣⲏⲣⲉ ⲥⲟⲟⲩⲛ ⲁⲛ
ⲁϥϥⲓ` ⲧⲥⲱϣⲉ ⲉⲧⲙ̅ⲙⲁⲩ ⲁϥⲧⲁⲁ[ϥ ⲉⲃⲟⲗ]
ⲁⲩⲱ ⲡⲉⲛⲧⲁϩⲧⲟⲟⲩⲥ
ⲁϥⲉⲓ ⲉϥⲥⲕⲁⲓ [ⲁϥϩⲉ] ⲁⲡⲉϩⲟ
ⲁϥⲁⲣⲭⲉⲓ[581] ⲛ̅ϯ ϩⲟⲙⲧ' ⲉⲧⲙⲏⲥⲉ[582] ⲛ[ⲛⲉⲧ]ϥ̅ⲟⲩⲁϣⲟⲩ

(110)

ⲡⲉϫⲉ ⲓ̅ⲥ̅ ϫⲉ
ⲡⲉⲛⲧⲁϩϭⲓⲛⲉ [ⲙⲡ]ⲕⲟⲥⲙⲟⲥ[583]
ⲛ̅ϥⲣ̅ ⲣⲙ̅ⲙⲁⲟ
ⲙⲁⲣⲉϥⲁⲣⲛⲁ[584] ⲙⲡⲕⲟⲥⲙⲟⲥ

---

580 ⲉϩⲟ, ⲁϩⲟ 보물, 음식이나 식량더미.  ꜥḥꜥ

581 ⲁⲣⲭⲉⲓ ἄρχεσθαι 시작하다.

582 ϩⲟⲙⲧ' ⲉⲧⲙⲏⲥⲉ 모든 연구자들이 '이자'라고 해석하고 있으나, 이곳에서는 '남아도는 잉여분의 돈'으로 이해하고자 한다.

583 ⲕⲟⲥⲙⲟⲥ κόσμος 우주, 온 세상.

584 ⲁⲣⲛⲉ ἀρνεῖσθαι 부인하다, 거부하다.

(109)

예수께서 말씀하셨다.
"하나님의 나라는 자기 밭에 보물이 있는데도
그것을 알지 못하는 사람과 같다.[585]
그가 죽은 후에 아들에게 밭을 물려 주었으나
아들 또한 그 사실을 알지 못하여 상속받은 밭을 팔았다.
밭을 산 사람이 가서 밭을 갈던 중 보물을 발견했다.
그는 자기가 원하는 모든 이에게
자기에게 남아도는 돈[586]을 나눠주기 시작했다."

(110)

예수께서 말씀하셨다.[587]
"세상을 발견하고[588]
부요케 된 자로
세상을 거부하도록 하라."

---

585 도마복음서에서는 밭에 감추인 보물을 일하다가 발견하지만 마태에서는 그러한 언급이 없으며, 발견한 보물을 왜 숨겨야만 하는지도 불분명하다 (마13,44).

586 곱트어 주석에서 설명했듯이 이곳에서는 '이자'로 해석하지 않는다. 만일 이자로 이해한다면, 돈을 빌려주되 이자를 받지 말 것을 권고한 로기온 95와도 상충되리라.

587 로기온56에서는, 세상을 알게 되면 그것이 시체에 불과함을 알 것이요, 그것을 깨달은 자에게 세상은 더 이상 아무런 가치가 없음을 말한다.

588 ϣINE 찾는 단계를 넘어 ϭINE 발견한 단계에 이르면, 세상이 무가치해짐과 동시에 자신은 부유해진다. 이렇게 부유해진 자들은 세상에 더 이상 미련을 두지 않고 거기에 속한 욕망으로부터 자신을 멀리한다는 말씀이다.

(111)

ⲡⲉϫⲉ ⲓ̅ⲥ̅ ϫⲉ
ⲙ̅ⲡⲏⲩⲉ ⲛⲁϭⲱⲗ ⲁⲩⲱ ⲡⲕⲁϩ ⲙ̅ⲡⲉⲧⲛ̅ⲙ̅ⲧⲟ ⲉⲃⲟⲗ`
ⲁⲩⲱ ⲡⲉⲧⲟⲛϩ ⲉⲃⲟⲗ ϩⲛ̅ ⲡⲉⲧⲟⲛϩ
ϥⲛⲁⲛⲁⲩ ⲁⲛ ⲉⲙⲟⲩ ⲟⲩⲁ<ⲉ ⲉϩⲟⲧⲉ>
ϩⲟⲧⲓ ⲉⲓ̅ⲥ̅ ϫⲱ ⲙ̅ⲙⲟⲥ ϫⲉ
ⲡⲉⲧⲁϩⲉ ⲉⲣⲟϥ` ⲟⲩⲁⲁϥ[589] ⲡⲕⲟⲥⲙⲟⲥ[590] ⲙ̅ⲡϣⲁ ⲙ̅ⲙⲟϥ` ⲁⲛ

(112)

ⲡⲉϫⲉ ⲓ̅ⲥ̅ ϫⲉ
ⲟⲩⲟⲉⲓ[591] ⲛ̅ⲧⲥⲁⲣⲝ`[592] ⲧⲁⲉⲓ ⲉⲧⲟϣⲉ ⲛ̅ⲧⲯⲩⲭⲏ
ⲟⲩⲟⲉⲓ ⲛ̅ⲧⲯⲩⲭⲏ[593] ⲧⲁⲉⲓ ⲉⲧⲟϣⲉ ⲛ̅ⲧⲥⲁⲣⲝ

(113)

ⲡⲉϫⲁⲩ ⲛⲁϥ ⲛ̅ϭⲓ ⲛⲉϥⲙⲁⲑⲏⲧⲏⲥ[594] ϫⲉ
ⲧⲙ̅ⲛ̅ⲧⲉⲣⲟ ⲉⲥⲛ̅ⲛⲏⲩ ⲛ̅ⲁϣ ⲛ̅ϩⲟⲟⲩ
ⲉⲥⲛ̅ⲛⲏⲩ ⲁⲛ ϩⲛ̅ ⲟⲩ ϭⲱϣⲧ` ⲉⲃⲟⲗ’[595]
ⲉⲩⲛⲁϫⲟⲟⲥ ⲁⲛ ϫⲉ ⲉⲓⲥϩⲏⲏⲧⲉ ⲙ̅ⲡⲓⲥⲁ ⲏ[596] ⲉⲓⲥ ϩⲏⲏⲧⲉ ⲧⲏ
ⲁⲗⲗⲁ[597] ⲧⲙ̅ⲛ̅ⲧⲉⲣⲟ ⲙ̅ⲡⲉⲓⲱⲧ ⲉⲥⲡⲟⲣϣ` ⲉⲃⲟⲗ[598] ϩⲓϫⲙ̅ ⲡⲕⲁϩ
ⲁⲩⲱ ⲣ̅ⲣⲱⲙⲉ ⲛⲁⲩ ⲁⲛ ⲉⲣⲟⲥ

---

589 ⲁϩⲉ ⲉⲣⲟϥ` ⲟⲩⲁⲁϥ 홀로 우뚝 서다.
590 ⲕⲟⲥⲙⲟⲥ κόσμος 우주, 온 세상.
591 ⲟⲩⲟⲉⲓ 애석하도다, 불행하도다.
592 ⲥⲁⲣⲝ σάρξ 육, 살.
593 ⲯⲩⲭⲏ ψυχή 목숨, 영혼.
594 ⲙⲁⲑⲏⲧⲏⲥ μαθητής 제자.
595 ϭⲱϣⲧ` ⲉⲃⲟⲗ 바라다, 갈망하다.
596 ⲏ ἤ 또는.
597 ⲁⲗⲗⲁ ἀλλά 하지만, 그러나.
598 ⲡⲱⲣϣ` ⲉⲃⲟⲗ 널리 펼치다, 전개하다.

(111)

예수께서 말씀하셨다.
"너희 눈앞에서 하늘과 땅이 두루마리같이 말아 올리어질 것이나,
살아계신 자에게서 비롯된 산 자는[599]
죽음도 두려움도 겪지 않을 것이다."
그리고 그가 말씀하시기를,
"자기 스스로 우뚝 서서 견디는 자에게는[600]
세상은 더 이상 아무런 가치를 가지지 않느니라"

(112)

예수께서 말씀하셨다.
"애석하도다, 혼에 의지하는 육이여,
슬프도다, 육에 의지하는 혼이여."[601]

(113)

제자들이 예수께 말했다.
"언제 왕국이 임하오리까?"[602]
〈예수께서 말씀하셨다.〉 "그 나라는 갈망하는 대로 오지도 않고
또 '여기 있다', '저기 있다' 라고 말할 수도 없다.
오히려 아버지의 나라는
세상 가운데 널리 펴져있기에
사람들이 못 볼 뿐이다."[603]

---

599 로기온3 .

600 세상을 발견하는 (ϩⲉ) 사람은, 세상 속에서 흔들리지 않고 굳게 서서 자신을 지키고 견디는 (ⲁϩⲉ) 사람이 된다.

601 로기온 87과 같은 내용을 담고 있으며, 로기온 29도 참조하라. 로기온87에서는 두 가지 육적 존재와 거기에 의존하는 혼을 다루면서 삼분 구조를 보였지만, 이곳에서는 크게 혼과 육으로 양분하여 대비하는 것이 다르다. 그리고, 이분법이든 삼분법이든 간에 결국은 너무도 부유한 영이 어떻게 빈곤한 육과 공존할 수 있는지에 대한 감탄은 여전하다 (로기온29). 참고로, 영지주의에서는 인간을 세가지 부류 곧, '영적인 사람들'(πνευματικοί 프뉴마티코이), '혼적인 사람들'(ψυχικοί 프쉬키코이), '육적인 사람들'(σαρκικοί 싸르키코이)로 분류하였고, 영지주의의 영향을 받은 바울도 신약에서 이것을 전하고 있다 (고전2,13-3,3).

602 눅17,20-21. 누가는 하나님의 나라가 언제 오느냐는 질문을 바리새인들을 통해 전한다.

603 로기온 3에서 전하는 하나님의 나라는 우리들의 몸 안팎에 있다고 했다. 이제 이곳에서는 더욱 놀랍고도 간결한 하나님 나라에 대한 정의가 나온다. 하나님의 나라는 '세상 속에 널리 퍼져있기에 우리들의 눈에 보이지 않는다'. 다시 말해, 하나님의 나라가 불가시적이어서가 아니라, 세상 속에 널리 그리고 깊이 퍼져 스며들기에 눈으로 식별하기 힘들다는 의미이다. 이는 시한부 종말을 기다리는 자들을 실망시키고 또 지상천국이 이미 도래하기를 자신의 종단이 바로 그 중심에 서 있다고 자부하는 일부 영적 근본주의 종단들을 실망시킨다. 하나님의 나라를 바로 아는 자에게는, 그 나라는 이미 와서 세상에 스며들기를 어제도 오늘도 내일도 계속 그렇게 도래할 것이다. 즉, 하나님의 나라는 영원한 현재진행형의 나라이다.

(114)

ⲡⲉϫⲉ ⲥⲓⲙⲱⲛ ⲡⲉⲧⲣⲟⲥ[604] ⲛⲁⲩ ϫⲉ
ⲙⲁⲣⲉⲙⲁⲣⲓϩⲁⲙ ⲉⲓ ⲉⲃⲟⲗ ⲛ̄ϩⲏⲧⲛ̄
ϫⲉ ⲛ̄ⲥϩⲓⲟⲙⲉ[605] ⲙ̄ⲡϣⲁ ⲁⲛ` ⲙ̄ⲡⲱⲛϩ[606]
ⲡⲉϫⲉ ⲓ̅ⲥ̅ ϫⲉ
ⲉⲓⲥ ϩⲏⲏⲧⲉ ⲁⲛⲟⲕ` ϯⲛⲁⲥⲱⲕ` ⲙ̄ⲙⲟⲥ
ϫⲉⲕⲁⲁⲥ ⲉⲉⲓⲛⲁⲁⲥ ⲛ̄ϩⲟⲟⲩⲧ·[607]
ϣⲓⲛⲁ[608] ⲉⲥⲛⲁϣⲱⲡⲉ ϩⲱⲱⲥ ⲛ̄ⲟⲩⲡ̅ⲛ̅ⲁ̅[609] ⲉϥⲟ̄ⲛϩ
ⲉϥⲉⲓⲛⲉ ⲙ̄ⲙⲱⲧⲛ̄ ⲛ̄ϩⲟⲟⲩⲧ
ϫⲉ ⲥϩⲓⲙⲉ ⲛⲓⲙ` ⲉⲥⲛⲁⲁⲥ· ⲛ̄ϩⲟⲟⲩⲧ·
ⲥⲛⲁⲃⲱⲕ` ⲉϩⲟⲩⲛ̄ ⲉⲧⲙⲛ̄ⲧⲉⲣⲟ ⲛⲙ̄ⲡⲏⲩⲉ
<<<<<<<<<<<<<<<<

ⲡⲉ̅ⲩ̅ⲁ̅ⲅ̅ⲅ̅ⲉ̅ⲗ̅ⲓⲟⲛ̄
ⲡⲕ̅ⲁ̅ⲧ̅ⲁ̅ⲑ̅ⲱ̅ⲙⲁⲥ

604 ⲥⲓⲙⲱⲛ ⲡⲉⲧⲣⲟⲥ Σίμων Πέτρος

605 ⲥϩⲓⲟⲙⲉ 여자.  *ḥm.t*,  *s.t* 여자.

606 ⲱⲛϩ 생명, 살아가다.  *ʿnḫ*

607 ϩⲟⲟⲩⲧ 남성, 남자  *ʿḥ3-w.t-y* 전사, 용사.,  *s* 남자

608 ϣⲓⲛⲁ ἵνα ~하기 위해, ~않도록, ~않게끔, 요구하다.

609 ⲡ̅ⲛ̅ⲁ̅ πνεῦμα 성령.

(114)

시몬 베드로가 그들에게 말했다.[610]
"마리아로 우리 가운데서 나가게 하십시오.[611]
왜냐하면 여자들은 생명의 가치가 없기 때문입니다."[612]
예수께서 말씀하셨다.
"보라, 내가 그를 인도하리니, 저로 남자를 만들고[613]
그도 또한 너희 남성들을 닮아 살아 있는 영이 되게 하리라.[614]
누구든지 자기를 남성으로 만드는 여자는 하늘 나라에 들어갈 것이다."[615]

도마복음서

---

610 예수의 수제자 베드로가 차지하는 비중과 상징성은 매우 크다. 그러한 베드로에게도 넘기 힘든 큰 장벽이 두 가지 있었는데, 하나는 바울과의 관계요 또 하나는 마리아와의 관계였으며, 바울과는 유대 지경을 넘어서는 구원의 문제와 다투었고, 마리아를 놓고서는 바야흐로 열려나가는 남여평등의 시대와 다투었다. 도마복음서의 마지막 로기온이 마리아 문제임은 결코 우연이 아니며, 여성 문제야말로 그 시대의 변화상의 가장 주된 테마 중 하나였기 때문이다. 도마복음서에는 마리아 뿐 아니라 살로메도 등장한다 (로기온61).

611 마리아로 하여금 나가기를 원하는 것은, 그가 내부에서 성장하지 않고 외부에서 왔기 때문이다. 어느 날 갑자기 나타나 제자들의 기득권을 사정없이 흔들며 위협하던 인물들이 있었으니 마리아와 살로메 같은 여성들과 또 예수 사후에 등장하는 사도 바울이다.

612 '생명의 가치가 없다'는 것은 다른 말로 존재 이유와 가치가 빈약하다는 의미일 것이다. 구원된 삶으로서의 생명을 말했을지라도 베드로의 언행은 합당하지 않았기에 이내 예수에 의해 정확한 용어를 쓸 것을 지적받는데, 그것은 바로 뒤에 나오는 '살아있는 령' 곧 '생령'이다. '생령'(נֶפֶשׁ חַיָּה 네페슈하이야)이란 인간이 지음받던 최초의 형태인데(창2,7), 이 생령이 되는 역사 안에서 남존여비 사상은 물론 남여의 구분 조차가 설 자리를 잃는다.

613 '남성으로 만든다'는 것은 무엇을 의미하며 어떠한 성격을 지니는가? 도마복음서의 편집인도 예수의 이 말씀에 관해서는 정확한 이해에 도달치 못한 듯 하다. "남자로 남자가 되지 않고 여자로 여자가 되지 않게 할 때 그때 너희는 천국에 들어가게 될 것이다" (로기온22)라는 말씀과도 상충되며, 여성이 남성이 되어야만 된다는 발상 속에서는 남존여비 사상은 여전히 남아있을 뿐이다.

614 앞에 제시한 곱트어 원문 주석을 보면 알겠지만, '남성'의 어원은 전쟁에서 용감하게 싸우는 '용사'와 '전사'이다. 그리고 역시 주석에서 보듯이 남자와 여자의 일반적 명칭에는 차이가 없어, 한 부모에서 비롯되었다는 뜻을 담은 실 사(絲)를 의미하는 —••— *s* 에다가 남녀를 구분하는 형태소와 여성형 접미사 *-t* 만 붙여 구분했을 뿐이다.

615 자신을 용사로 만들어 주의 군병이 되는 여성은, 그러한 남성과 마찬가지로 하나님의 나라에 들어갈 것이다. 하지만, 예수가 선포하는 말씀은 어렵기만 하다 (요6,60).

단어색인

ⲁ

ⲁⲁ⸗ 하다 log. 6^{2}, 11^{3}, 62, 72, 93, 96^{2}, 104^{2}, 114^{3}

ⲁⲃⲱ 그물 log. 8

ⲁⲅⲁⲑⲟⲛ 선한 사람 log. 45

ⲁⲅⲁⲑⲟⲥ ἀγαθός 선한 log. 45

ⲁⲅⲅⲉⲗⲟⲥ ἄγγελος 천사 log. 13, 88

ⲁⲇⲁⲙ 아담 log. 46, 85

ⲁⲓⲧⲉⲓ αἰτειν 요구하다 log. 64

ⲁⲕⲉⲣⲁⲓ̈ⲟⲥ ἀκέραιος 뒤섞이지 않은, 순전한 log. 39

ⲁⲗⲗⲁ ἀλλά 그러나 log. 3, 14, 29, 33, 43, 51, 53, 60, 75, 92, 95, 104, 113

ⲁⲙⲏⲉⲓⲧⲛ̄ '오다'의 명령문 log. 90

ⲁⲙⲟⲩ '오다'의 명령문 log. 104

ⲁⲛⲁⲅⲕⲏ ἀνάγκη 필요, 의무 log. 24

ⲁⲛⲁⲡⲁⲩⲥⲓⲥ ἀνάπαυσις 휴식 log. 50, 51, 60, 90

ⲁⲛⲁⲭⲱⲣⲉⲓ ἀναχωρεῖν 은퇴하다 log. 13

ⲁⲛⲟⲕ 나 log. 13^{2}, 29, 30, 43, 61^{2}, 64, 77^{3}, 108, 114

ⲁⲛⲟⲛ 우리 log. 50^{2}

ⲁⲝⲓⲟⲥ ἀξίος 가치있는 log. 55, 85

ⲁⲡⲉ 머리 log. 86

ⲁⲣⲉϩ [ϩⲁⲣⲉϩ] 지키다 log. 10, 79

ⲁⲣⲛⲁ ἀρνεῖσθαι 부정하다 log. 81, 110

ⲁⲣⲭⲉⲓ 시작하다 log. 109

ⲁⲣⲭⲏ ἀρχή 기원 log. 18^{3}

ⲁⲥ 오래된 log. 47^{4}

ⲁⲥⲕⲟⲥ ἀσκός 저장창고 log. 47^{2}

ⲁⲥϩ 낫 log. 21

ⲁⲩⲱ 그리고 log. prolog, 1, 2^{3}, 3^{3}, 4^{2}, 5, 6^{4}, 7^{3}, 8, 9^{7}, 10, 11^{3}, 13^{2}, 14^{4}, 16^{4}, 17^{3}, 18^{2}, 19, 22^{6}, 23^{2}, 24, 28^{3}, 33, 36, 37^{3}, 38, 39^{2}, 40, 41, 43, 44, 45, 46, 47^{5}, 48, 49, 50^{2}, 51, 52^{2}, 55, 56, 59^{2}, 61, 63, 64^{3}, 68, 71, 77^{2}, 78^{2}, 79^{2}, 81, 82, 83^{2}, 85, 86, 87, 88^{2}, 90^{2}, 91^{2}, 92^{2}, 94, 100^{2}, 101, 103, 104^{2}, 106, 108, 109^{2}, 111^{2}, 113

ⲁϣ 어떤, 무엇 log. 18, 37^{2}, 51^{2}, 88, 103

ⲁϥⲧⲉ 넷 log. 52

ⲁϩⲉ 생존(기간) log. 1, 38, 49, 90

ⲁϩⲉⲣⲁⲧ⸗ 굳게 서다 log. 75, 99

Ⲃ

ⲃⲁⲗ 눈알 log. 3, 17, 22^{2}, 25, 26^{4}, 46

ⲃⲁⲡⲧⲓⲥⲧⲏⲥ βαπτιστής 세례 log. 46^{2}

ⲃⲁϣⲟⲣ 여우 log. 86

ⲃ̄ⲃⲣ̄ⲣⲉ 새로운 log. 47^{3}, 51

ⲃⲏⲃ 소굴 log. 86

ⲃⲏⲕ* [ⲃⲱⲕ] 가다 log. 22, 33, 60, 64

ⲃⲏⲧ* [ⲃⲱⲧⲉ] 더러운, 가증스러운 log. 7

ⲃⲗ̄ⲃⲓⲗⲉ log. 20

ⲃⲗ̄ⲗⲉ 봉사 log. 34^{2}

ⲃⲗ̄ⲗⲉⲉⲩⲉ 봉사들 log. 28^{2}, 97

ⲃⲱⲕ 가다 log. 12^{2}, 14^{2}, 22, 35, 39^{2}, 49, 57, 64^{6}, 65, 75, 99, 114

Ⲅ

ⲅⲁⲣ γάρ 왜냐하면 log. 5, 6, 14, 16, 18, 19, 33, 45, 57, 79, 85, 101, 104

ⲅⲛⲱⲥⲓⲥ γνῶσις 영지 log. 39

ⲅⲣⲁⲙⲙⲁⲧⲉⲩⲥ γραμματεύς 서기관, 교법사 log. 39

Ⲇ

ⲆⲈ δέ 그런데, 그래서 log. 3, 11, 13, 20, 21, 26, 29, 39, 44, 46, 61, 73^2, 74, 80, 84, 86, 101

ⲆⲈⲒⲠⲚⲞⲚ δεῖπνον 식사 log. 64^5.

ⲆⲒⲀⲔⲞⲚⲈⲒ 시중들다 log. 19

ⲆⲒⲀⲦⲞⲨⲦⲞ δια τοῦτο 그러한 이유로 log. 21

ⲆⲒⲆⲨⲘⲞⲤ Δίδυμος 디두모, 쌍둥이 log. prolog.

ⲆⲒⲔⲀⲒⲞⲤ δίκαιος 의로운 log.12, 13

ⲆⲒⲠⲚⲈⲒ 식사하다 log. 64

ⲆⲒⲰⲔⲈ διώκειν 핍박하다 log. 68^2, 69

ⲆⲨⲚⲀⲘⲒⲤ δῦναμις 힘 log. 21, 81, 85

Ⲉ

ⲈⲂⲞⲖ 바깥으로, 끝까지 log. 5^3, 6^3, 8, 9, 13^2, 14, 15, 18, 19, 20, 21^4, 23^2, 26^3, 28^3, 33, 35, 37, 44^3, 45^6, 48, 49, 50^4, 51, 52, 53, 57, 61^4, 66, 73, 76^2, 77, 78^2, 83^3, 84, 85, 91, 101, 104, 106, 108, 109, 111^2, 113^2, 114

ⲈⲒ 가다 log. 9^3, 12, 13^2, 17, 21^3, 28^2, 50, 51, 57, 61, 64^2, 77, 78, 103, 104, 109, 114

ⲈⲒⲘⲎⲦⲒ εἰ μήτι 그렇지 않으면, 예외적으로 log. 35

ⲈⲒⲘⲈ 알다 log. 3, 21, 43, 62, 97

ⲈⲒⲚⲈ  *inw* 닮다 log. 13^4, 21^2, 84, 102, 114

ⲈⲒⲚⲈ 가져가다 log. 45^3

ⲈⲒⲢⲎⲚⲎ εἰρήνη 평화 log. 17, 48

ⲈⲒⲢⲈ 일하다, 행하다 log. 11^2, 14, 22^2, 27, 99

ⲈⲒⲤ 보라 log. 78

ⲈⲒⲤϨⲎⲎⲦⲈ 보라 log. 3, 9, 10, 113^2, 114

ⲈⲒⲰⲈ 세탁하다 log. 89

ⲈⲒⲰⲦ 아버지 log. 3, 15, 16^2, 27, 40, 44, 50^2, 53, 55, 57, 61, 64, 69, 72, 76, 79, 83, 96, 97, 98, 99^2, 101^2, 105, 113

ⲈⲖⲈⲎⲘⲞⲤⲨⲚⲎ ἐλεημοσύνη 구제하다 log. 6, 14

ⲈⲖⲞⲞⲖⲈ 포도 log. 40, 45, 65^3

ⲈⲘⲀϨⲦⲈ 사로잡다 log. 65

ⲈⲘⲠⲞⲢⲞⲤ ἔμπορος 상인 log. 64

ⲈⲚⲒ⸗ [ⲈⲒⲚⲈ] 가져가다 log. 64

ⲈⲠⲈⲒ ἐπεί 왜냐하면 log. 13, 21, 24, 47, 65

ⲈⲠⲒⲐⲨⲘⲈⲒ 원하다 log. 38, 47

ⲈⲠⲒⲤⲦⲎⲘⲰⲚ ἐπιστήμων 지혜로운, 신중한 log. 21

ⲈⲢⲀⲦ⸗ 발치에서 log. 16, 18, 23, 28, 50

ⲈⲢⲄⲀⲦⲎⲤ ἐργάτης 일꾼 log. 73^2

ⲈⲢⲒ [ⲈⲒⲢⲈ] 하라 log. 14, 25

ⲈⲢⲰⲦⲈ 우유 log. 22^2, 79

ⲈⲤⲎⲦ 안쪽 log. 8, 9, 34, 37, 63, 97

ⲈⲤⲞⲞⲨ 양 log. 107^2

ⲈⲦⲂⲈ 때문에 log. 4, 29^2, 61, 78, 89

ⲈⲦⲞ [ⲈⲒⲢⲈ] 하다, 존재하다 log. 112^2

ⲈⲨⲀⲄⲄⲈⲖⲒⲞⲚ εὐαγγέλιον 복음 log. title

ⲈϢⲞⲦⲈ 상인 log. 64

ⲈϢⲦⲈⲐⲈ 어떻게 log. 6

ⲈϢⲰⲠⲈ 언제 log. 3, 70, 95

ⲈϢⲰⲦ 상인 log. 76

ⲈϢⲰⲰⲦ 상인 log. 76

ⲈϢϪⲈ 만일 log. 29^2

ⲕⲓⲙ  *ḳmꜣ* 움직이다 log. 19, 50, 78

ⲕⲗⲏⲣⲟⲛⲟⲙⲟⲥ κληρονόμος 상속자 log. 65

ⲕⲛ̄ⲧⲉ 무화과 log. 45

ⲕⲟ⸗ [ⲕⲱ] 놓다 log. 57

ⲕⲟⲟⲩⲉ 다른이들 log. 9^{3}

ⲕⲟⲡⲣⲓⲁ κοπρία 거름더미 log. 93

ⲕⲟⲥⲙⲟⲥ κόσμος 우주, 세상 log. 10, 16, 21, 24, 27, 28^{3}, 51, 56^{2}, 80^{2}, 110^{2}, 111

ⲕⲟⲧ⸗ 건축하다 log. 71, 72

ⲕⲟⲩⲉⲓ 작은 log. 4, 8^{2}, 22^{2}, 37, 46, 65, 96

ⲕⲱ 놓다, 허락하다 log. 44^{3}, 52, 102, 107

ⲕⲱⲙⲏ κώμη 마을 log. 64

ⲕⲱⲧ 건축하다 log. 32, 45, 66

ⲕⲱⲧⲉ 주변을 돌다 log. 60, 74

ⲕⲱϩ 모서리 log. 66

ⲕⲱϩ̄ⲧ  *ḳꜣḥd* 불꽃 log. 10, 13, 16

ⲗ

ⲗⲁⲁⲩ 어떤 것, 어떤 사람 log. 28, 33, 63

ⲗⲁⲕⲙⲉ 조각, 부스러기 log. 93

ⲗⲏⲥⲧⲏⲥ ληστής 도둑 log. 21, 103

ⲗⲟ 하지말라 log. 2

ⲗⲟⲅⲟⲥ λόγος 말씀 log. 79

ⲗⲩⲭⲛⲓⲁ λυχνία 등잔 log. 33

ⲙ

ⲙⲁ 장소 log. 12, 18, 22^{4}, 30^{2}, 33, 50, 65^{3}, 67, 68, 75, 76, 86, 99

ⲙⲁ '주다'의 명령형 log. 23, 66

ⲙⲁⲁⲩ 어머니 log. 53, 55, 99^{2}, 101^{4}, 105

ⲙⲁⲁϫⲉ 귀 log. 8, 17, 21, 24, 33^{3}, 65^{2}, 96, 97

ⲙⲁⲉⲓⲛ 증거 log. 50

ⲙⲁⲑⲏⲧⲏⲥ μαθητής 제자 log. 6, 12, 13, 18, 19, 20, 21, 22, 24, 37, 43, 51, 52, 53, 55, 60, 61, 72, 99, 101^{2}, 113

ⲙⲁⲑⲑⲁⲓⲟⲥ 마태 log. 13

ⲙⲁⲕⲁⲣⲓⲟⲥ μακάριος 복있는 log. 7, 18, 19, 49, 54, 58, 68, 69^{2}, 103

ⲙⲁⲣⲓϩⲁⲙ 마리아 log. 21, 114

ⲙⲁⲣⲅⲁⲣⲓⲧⲏⲥ μαργαρίτης 진주 log. 76^{2}, 93

ⲙⲁϩ 둥지 log. 86

ⲙⲉ 진리 log. 53, 69, 78, 79, 101

ⲙⲉ 좋아하다 log. 43^{2}

ⲙⲉⲅⲓⲥⲧⲁⲛⲟⲥ μεγιστᾶνος 권력자 log. 78, 98^{2}

ⲙⲉⲉⲩⲉ 생각하다 log. 63

ⲙⲉⲛ μέν 참으로 log. 9, 73

ⲙⲉⲥⲧⲉ [ⲙⲟⲥⲧⲉ]  *msḏy* 미워하다 log. 55^{2}, 68, 101

ⲙⲉⲧⲁⲛⲟⲉⲓ μετανοεῖν 후회하다 log. 28

ⲙⲉⲣⲉ 사랑하다 log. 25

ⲙⲉⲣⲟⲥ μέρος 지체, 부분 log. 103

ⲙⲉϣⲁⲕ 어쩌면 log. 65^{2}

ⲙⲉϩ* [ⲙⲟⲩϩ] 차다 log. 8, 9, 97

ⲘⲎⲚ 지속하다 log. 76

ⲘⲎⲠⲰⲤ 어쩌면 log. 57

ⲘⲎⲤⲈ [ⲘⲒⲤⲈ] 이자, 여분 log. 95, 109

ⲘⲎⲦⲈ 중간에 log. 21, 28

ⲘⲎϢⲈ 대중 log. 79

Ⲙ̄ⲘⲚ̄ⲤⲀ 그 후에 log. 109

ⲘⲠ̄Ⲣ̄Ⲉ [ⲘⲞⲨⲢ] 묶다, 사랑하다 log. 101

ⲘⲚ̄ⲖⲀⲀⲨ 아무도 log. 5, 6^2, 71, 74

ⲘⲚ̄ⲦⲈⲢⲞ 왕국 log. 3^2, 20, 21, 22^2, 27, 46, 49, 54, 57, 76, 82, 96, 97, 98, 99, 103, 107, 109, 113^2, 114

ⲘⲞⲨϨ 채우다 log. 61^2, 63

ⲘⲞⲚⲀⲬⲞⲤ μοναχός 단독자 log. 16, 49, 75

ⲘⲞⲤⲦⲈ 미워하다 log. 6, 43^2

ⲘⲞⲨ  *mwt* 죽음 log. 1, 11, 18, 19, 59, 61, 63, 84, 109, 111

ⲘⲞⲨⲢ 묶다 log. 21, 35, 103

ⲘⲞⲞⲨⲦ* [ⲘⲞⲨ] 죽음 log. 11^2, 51, 52

ⲘⲞⲞⲨⲦ⸗ [ⲘⲞⲨ] 죽음 log. 60^2, 65^2

ⲘⲞⲞϢⲈ 걷다 log. 14, 97

ⲘⲞⲨⲈⲒ  *mꜣy* 사자log. 7^4

ⲘⲞⲨⲦ [ⲘⲞⲨ] 죽음 log. 70, 98

ⲘⲞⲨⲦⲈ 부르다 log. 105

Ⲙ̄ⲠⲘ̄ⲦⲞ 면전에 log. 5, 6

Ⲙ̄ⲠⲞⲞⲨ 오늘 log. 104

Ⲙ̄ⲠϢⲀ 가치있는 log. 56, 62, 80, 85, 111, 114

Ⲙ̄ⲦⲞ 앞에 log. 21, 52, 91

Ⲙ̄ⲦⲞⲚ 쉬다 log. 61, 86

ⲘⲨⲤⲦⲎⲢⲒⲞⲚ μυστήριον 비밀 log. 62^2

N

ⲚⲀⲈⲒ 나에게 log. 13^2, 19, 55^2, 79, 87, 101^4

ⲚⲀⲈⲒ 이러한 것(사람) log. prolog, 63, 69, 78, 99

ⲚⲀⲨ 보다 log. 15, 17, 22, 26^3, 27, 28, 33, 37^2, 59^2, 60, 78^2, 84^2, 111, 113

ⲚⲀϢⲰ⸗ 크다 log. 73

ⲚⲀϨⲂ 짐 log. 90

ⲚⲈⲈⲒ 이것 log. 1, 19, 22, 38, 99

ⲚⲈⲈⲒⲀⲦ⸗ 축복받다 log. 79^3

ⲚⲈϨ 깨어나다 log. 28

ⲚⲈϪ [ⲚⲞⲨϪⲈ] 보내다, 던지다 log. 47, 73

ⲚⲎⲨ [ⲚⲀ] 가다 log. 14, 21, 33, 51, 64, 88, 103, 113^2

ⲚⲎⲤⲦⲈⲨⲈ νηστεύειν 금식하다 log. 6, 14, 27, 104^2

Ⲛ̄ⲐⲈ 방법, 모양 log. 22^3, 25^2, 37, 39^2, 43

ⲚⲒⲘ 누구, 무엇 log. 12, 13^2, 20, 21, 43^2, 61, 72, 91

ⲚⲒⲘ 모든 log. 14, 33, 114

Ⲛ̄ⲔⲞⲦⲔ 자다 log. 102

ⲚⲞⲂⲈ 죄 log. 14, 104

ⲚⲞⲈⲒ νοεῖν 이해하다, 생각하다 log. 89

ⲚⲞⲈⲒⲦ 곡식 log. 97^2

ⲚⲞⲨⲂ  *nbw* 금 log. 100

ⲚⲞⲨⲚⲈ 뿌리 log. 9, 40

ⲚⲞⲨⲦⲈ  *nṯr* 신 log. 30^2, 100^2

ⲚⲞⲨϪ [ⲚⲞⲨϪⲈ] 던지다 log. 47

ⲚⲞⲨϪⲈ  *sṯꜣ* 던지다 log. 8^2,

9, 10, 13, 16^{2}, 26^{2}, 93

NOϪ⸗ [**NOYϪЄ**] 던지다 log. 93

NOϬ 큰, 강한 log. 8^{2}, 12, 20, 21, 29, 85^{2}, 96, 107

N̄TЄYNOY 즉시 log. 47

NYMФIOC νύμφιος 신랑 log. 104

NYMФωN 신방 log. 104

N̄ϬI 즉 log. prolog, 2, 3, 4, 6^{2}, 7, 8, 9^{2}, 13^{4}, 16, 21^{4}, 43, 46, 51, 52, 53, 64, 66, 87, 113^{2}

O

OBЄ* [**ЄIBЄ**] 목마른 log. 28

OЄIK 빵 log. 96

ON 다시 log. 28, 89

ONϨ 살다 log. prolog, 3, 11^{3}, 37, 50, 52, 59^{2}, 60, 111^{2}

OY 무엇 log. 6^{2}, 11^{3}, 13, 36, 50, 62, 78, 89, 104^{2}, 113

OYA  *wꜥ* 혼자, 하나 log. 11, 13, 22, 23, 30, 35, 38, 44^{3}, 47^{2}, 50, 61^{3}, 64^{3}, 65, 106, 107^{2}

OYAAB* [**OYOП**] 성스로운 log. 44, 93

OYAOYωT 단독으로 log. 4, 22, 23

OYAϢ⸗ [**OYωϢ**] 원하다 log. 109

OYBЄ 향하여 log. 40

OYΔЄ οὐδέ 그리고 ~않은, ~또한 아닌 log. 32, 33, 76, 111.

OYЄPHTЄ 발 log. 22^{2}, 37

OYЄϨCAϨNЄ 명령 log. 64

OYHOY* [**OYЄ**] 먼 log. 97

OYHP 얼마나 log. 84

OYHY* [**OYЄ**] 먼 log. 82^{2}

OYN̄ 있다 log. 4, 8, 16^{2}, 19, 21, 24^{2}, 30^{2}, 38, 41^{2}, 47, 57, 61, 63^{3}, 64^{2}, 65, 68, 74, 75, 76, 79, 81, 86^{2}, 88, 95, 96, 107, 109

OYNAM 오른쪽 log. 62

OYOЄI 부정적인 감탄사 log. 102, 112^{2}

OYOЄIЄ 농부 log. 65^{4}

OYOЄIN 빛 log. 11, 24^{4}, 33, 50^{2}, 61, 77, 83^{3}

OYOM⸗ [**OYωM**]  *wnm* 먹다 log. 7^{2}, 9, 14, 60^{2}

OYON 누군가 log. 33

OYONЄϤ 여물통 log. 102

OYONϨ⸗ [**OYωNϨ**] 드러나다 log. 83

OYTЄ οὔτε ~도 아닌 log. 31, 44^{2}, 45, 84^{2}, 102^{2}.

OYωM 먹다 log. 6, 11, 60, 61, 76, 102^{2}

OYωN 열다 log. 94

OYωNϨ 나타나다 log. 5, 6, 28, 37, 50, 57, 84, 108

OYωT 유일한 log. 48, 76

OYωϢ 원하다 log. 6, 39, 69, 98, 99, 107

OYωϢT 섬기다 log. 15

OYωϨ 머물다, 부가하다 log. 29

OYωϨЄ 어부 log. 8^{2}

OYωϬП 깨다, 찢다 log. 46, 97

OYϢH 밤 log. 57, 63

OYϨOOP 개들 log. 93

OYϨOP 개 log. 102

П

ПAЄI 이것 log. 7^{2}, 8, 12, 29, 61, 66^{2}, 70,

ⲣ

ⲣⲟ 문 log. 75^{2}

ⲣⲟⲉⲓⲥ 주의를 기울이다 log. 21^{2}

ⲣⲟⲕϩ⸗ [ⲣⲱⲕϩ̄] 태우다 log. 57

ⲣⲟⲟⲩϣ 근심 log. 36

ⲣⲟⲩϩⲉ 저녁 log. 36^{2}, 64

ⲣ̄ⲡ 포도주 log. 47

ⲣ̄ⲣⲟ 지배하다 log. 2, 81

ⲣ̄ⲣⲱⲟⲩ 왕들 log. 78

ⲣⲱⲙⲉ  *rmṯ* 사람 log. 4, 7^{4}, 8, 13, 16, 17, 21, 28, 45^{2}, 47^{2}, 57^{2}, 58, 61, 63, 64, 65, 72^{2}, 76^{2}, 83, 86, 98^{2}, 103, 106, 107, 109, 113

ⲣⲱϩⲕ [ⲣⲱⲕϩ̄] 태우다 log. 13

Ⲥ

ⲥⲁ 쪽 log. 22, 113

ⲥⲁⲃⲃⲁⲧⲟⲛ σάββατον 유월절 log. 27

ⲥⲁⲃⲉ 지혜 log. 76

ⲥⲁⲉⲓⲣ 누룩 log. 96

ⲥⲁⲗⲱⲙⲏ 살로메 log. 61

ⲥⲁⲙⲁⲣⲉⲓⲧⲏⲥ 사마리아인 log. 60

ⲥⲁⲙⲃⲁⲧⲟⲛ 유월절 log. 27

ⲥⲁⲛⲃⲟⲗ 안쪽 log. 22^{3}, 40, 64, 89, 99

ⲥⲁⲛϩⲟⲩⲛ 바깥쪽 log. 22^{2}, 89

ⲥⲁⲣⲝ σάρξ 살 log. 28, 29, 112^{2}

ⲥⲁⲧⲉ  *sḏ.t* 불 log. 82

ⲥⲁϣϥ̄ 일곱 log. 4

ⲥⲁϩ 선생 log. 13^{2}

ⲥⲁϩⲛⲟⲩϣ⸗ 젖먹이다 log. 79

ⲥⲃ̄ⲃ̄ⲏⲩ [ⲥⲃ̄ⲃ̄ⲥ] 할례하다 log. 53^{2}

ⲥⲉ 백(100) log. 9

ⲥⲉ 마시다 log. 47

ⲥⲉⲡⲧ [ⲥⲱⲧⲡ̄] 선택하다 log. 23

ⲥⲓⲧⲉ 씨뿌리다 log. 9, 57

ⲥⲏϥⲉ 칼 log. 16, 98

ⲥⲕⲁⲓ 노동하다 log. 109

ⲥⲕⲉⲩⲟⲥ σκεῦος 도구 log. 21

ⲥⲕⲉⲡⲏ σκέπη 거소 log. 20

ⲥⲙⲟⲧ 방법 log. 60

ⲥⲛⲁⲩ 둘 log. 11^{2}, 16^{2}, 22, 23, 30, 34, 47^{2}, 48, 61, 87, 106

ⲥⲛⲏⲩ [ⲥⲟⲛ] 형제들 log. 55, 72, 99^{2}

ⲥⲛ̄ⲧⲉ 둘 log. 47

ⲥⲟⲃ̄ⲕ 작은, 적은 log. 20, 73

ⲥⲟⲃⲧⲉ 준비하다 log. 64

ⲥⲟⲉⲓ 기둥 log. 26^{2}

ⲥⲟⲉⲓⲛ 의사 log. 31

ⲥⲟⲛ  *sn* 형제 log. 25, 26^{2}, 71

ⲥⲟⲧⲉ 무게를 재는 단위 log. 9^{2}

ⲥⲟⲧⲙ⸗ [ⲥⲱⲧⲙ̄] 듣다 log. 38

ⲥⲟⲧⲙⲉ⸗ [ⲥⲱⲧⲙ̄] 듣다 log. 17

ⲥⲟⲧⲡ* [ⲥⲱⲧⲡ̄] 구원하다 log. 49

ⲥⲟⲩⲟ 밀 log. 57

ⲥⲟⲩⲱⲛ 알다, 이해하다 log. 3^{3}, 5, 18, 19, 46, 56, 65, 69, 78, 80, 91, 105

ⲥⲟⲟⲩⲛ* [ⲥⲟⲩⲱⲛ] 알다 log. 12, 16, 31, 51, 65, 67, 91, 97, 103, 109^{2}

ⲥⲟⲡⲥ̄ 기도하다 log. 73

ⲥⲣ̄ϥⲉ 시간이 있다 log. 64

ⲥⲧⲁⲩⲣⲟⲥ σταυρός 십자가 log. 55

ⲥⲧⲟ⸗[ⲥⲱⲧ] 거부하다 log. 66

ⲥⲱ 마시다 log. 13, 47, 108

ⲥⲱⲕ 뽑다 log. 3, 8, 34, 114

ⲥⲱⲙⲁ σῶμα 육체 log. 29, 80^{2}, 87^{2}

ⲥⲱⲛⲉ 누이 log. 55

ⲥⲱⲟⲩϩ 모으다 log. 103

ⲥⲱⲣⲙ 길잃고 헤메다 log. 107

ⲥⲱⲧⲙ̄  *sḏm* 듣다 log. 8^{2}, 19, 21^{2}, 24, 33, 38, 63, 65, 79, 96

ⲥⲱⲧⲡ  *stp* 구원하다 log. 8, 50

ⲥⲱϣⲉ 들판 log. 21^{4}, 78, 109^{2}

ⲥϩⲁïⲥ⸗ 쓰다 log. prolog.

ⲥϩⲓⲙⲉ 여인 log. 15, 22^{3}, 79, 96, 97, 114

ⲥϩⲓⲟⲙⲉ  *ḥm.t* 여인들 log. 114

Ⲧ

ⲧⲁⲁ⸗ [ϯ] 주다 log. 36, 65, 88, 109

ⲧⲁⲕⲟ 부수다 log. 40, 76

ⲧⲁⲗⲁⲓⲡⲱⲣⲟⲛ ταλαίπωρος 비참한, 궁핍한, 고통스러운 log. 87^{2}.

ⲧⲁⲙⲓⲟ 만들다 log. 89^{2}

ⲧⲁⲡⲣⲟ 입술 log. 13, 14^{2}, 108

ⲧⲁⲩ 산, 사막 log. 48

ⲧⲁⲭⲁ τάχα 아마도 log. 16

ⲧⲁϣⲉⲟⲉⲓϣ 선포하다 log. 33

ⲧⲁϩⲉ 술 취하다 log. 28

ⲧⲁϩⲙ⸗ 초대하다 log. 64

ⲧⲁϫⲣⲏⲩ* [ⲧⲁϫⲣⲟ] 굳건해지다 log. 32, 40

ⲧⲃⲁ 일만(10000) log. 23

ⲧⲃ̄ⲧ 생선 log. 3, 8^{4}

ⲧⲉⲕⲁ⸗ [ⲧⲉⲕⲟ] 파괴하다 log. 47

ⲧⲉⲗⲟ 올라가다 log. 47, 61

ⲧⲉⲗⲟⲩ 눈동자, 어린아이 log. 25

ⲧⲉⲛⲟⲩ 지금 log. 28, 92

ⲧⲉⲩⲉ [ⲧⲉⲟⲩⲟ] 보내다 log. 9

ⲧⲉⲩⲟ [ⲧⲉⲟⲩⲟ] 보내다 log. 20

ⲧⲏⲣ⸗ 모든 log. 6, 8, 20, 28, 52, 77

ⲧⲏⲣⲉⲓ τηρεῖν 보살피다 log. 25

ⲧⲏⲣϥ̄ 전체 log. 2, 24, 53, 67^{2}, 77^{3}

ⲧⲏⲩ 바람 log. 78

ⲧⲓⲙⲁ τιμᾶν 존중하다 log. 47

ⲧⲕⲁⲥ 고통 log. 28

ⲧⲛ̄ⲧⲱⲛ 비교하다 log. 8, 13, 20^{2}, 22, 57, 76, 96, 97, 98, 107, 109

ⲧⲟⲉⲓⲥ 천조각 log. 47

ⲧⲟⲟⲧ⸗ 손 log. 9, 38, 41, 50, 65, 95

ⲧⲟⲟⲩ 산 log. 32, 106

ⲧⲟⲟⲩ 사다 log. 64^{4}, 76, 109

ⲧⲟⲡⲟⲥ τόπος 장소 log. 4, 24, 60, 64, 68

ⲧⲟⲧⲉ 그래서 log. 3, 22, 26, 28, 35, 37, 65, 98, 104

ⲧⲟⲩϫⲉ [ⲧⲟⲩϫⲱ] 구하다 log. 70

ⲧⲟϩⲉ 술 취하다 log. 28

ⲧⲟϭⲥ 튼튼히 자리잡다 log. 40

ⲧⲣⲁⲡⲉⲍⲁ τράπεζα 탁자 log. 61

ⲧⲥⲉⲃⲉ 가르치다 log. 100

ⲧⲥⲉⲃⲟ [ⲧⲥⲁⲃⲉ] 가르치다 log. 23, 66

ⲧⲥⲓⲟ 배부르게 먹다 log. 69

ⲧⲱⲕ 단단한 log. 98

ⲧⲱⲙⲁ 육체 log. 56^{2}, 60^{2}

ⲧⲱⲛ 어디 log. 50

ⲧⲱⲟⲩⲛ 일어나다 log. 103

ⲧⲱϩⲙ̄ 초대하다 log. 64^{5}, 94

ⲧⲱϭⲉ 초목 log. 63

ⲧϩⲛⲟ 다가서다 log. 76

ϕ

ⲫⲁⲣⲓⲥⲁⲓⲟⲥ Φαρισαῖος 바리새인 log. 39, 102

ⲫⲓⲗⲟⲥⲟⲫⲟⲥ 철학자 log. 13

ⲫⲟⲣⲧⲓⲟⲛ φορτίον 상품 log. 76^{2}

ⲫⲣⲟⲛⲓⲙⲟⲥ φρόνιμος 지혜자 log. 39

ⲭ

ⲭⲣⲉⲓⲁ χρεία 필요 log. 21

ⲭⲣⲏⲥⲧⲟⲥ χρηστός 훌륭한 log. 65, 90

ⲭⲣⲏⲙⲁ χρῆμα 재화 log. 63^{2}

ⲭⲣⲱ χρῆσθαι 이용하다 log. 63

ⲭⲱⲣⲁ χώρα 전원 log. 14

ⲭⲱⲣⲓⲥ χωρίς 없는 log. 8

ⲯ

ⲯⲩⲭⲏ ψυχή 영혼 log. 25, 28, 87, 112^{2}

ⲱ

ⲱ 감탄사 log. 72

ⲱ  *iwr* 임신하다 log. 79

ⲱⲛⲉ 돌 log. 13^{2}, 19, 66^{2}, 77

ⲱⲛϩ 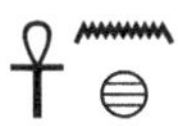 *ʿnḫ* 생명, 살아가다 log. 4^{2}, 58, 61, 101, 114

ⲱⲥϩ 추수하다 log. 63

ⲱⲫⲉⲗⲉⲓ ὠφελεῖν 유익한 log. 53

ⲱϩⲥ 수확하다 log. 73^{2}

ⲱϩⲉ 견디다 log. 16, 18, 23, 28, 50

ⲱϫⲛ̄ 썩다, 변질하다 log. 76

ⲱϭⲧ 숨막히게 하다 log. 9

ϣ

ϣⲁ -까지 log. 12, 13, 36^{2}, 46, 64^{3}

ϣⲁⲉⲓ 새로운 log. 47

ϣⲁⲡ⸗[ϣⲱⲡ] 받아들이다 log. 13

ϣⲁϣⲧ 열쇠 log. 39

ϣⲁϫⲉ  *s-ḏd* 말씀 log. prolog, 1, 13^{2}, 19, 38, 52^{3}

ϣⲃⲉⲉⲣⲉ 친구들 log. 13

ϣⲃⲏⲣ 친구 log. 64

ϣⲉ 일백 log. 9, 107

ϣⲉ 나무 log. 77

ϣⲉ 가다 log. 87^{2}, 112^{2}

ϣⲉⲗⲉⲉⲧ 신부 log. 64, 75

ϣⲏⲙ 작은, 어린 log. 4, 21, 37, 41

ϣⲏⲛ 나무 log. 19, 43^{2}

ϣⲏⲡ [ϣⲱⲡ] 받아들여지다 log. 31

ϣⲏⲣⲉ  *šri* 아들 log. 3, 4, 16^{2}, 21, 28, 37^{2}, 44, 50, 65^{2}, 86^{2}, 105, 106, 109^{2}

ϣⲏϣ* [ϣⲱϣ] 동등하게 하다 log. 61

ϣⲏϥ* [ϣⲱⲡ] 받아들여지다 log. 61

ϣⲓⲧ⸗ [ϣⲓ] 재다 log. 13

ϣⲓⲛⲁ ἵνα 않는한, 않게끔 log. 21, 22, 46, 47, 63, 64, 65, 69, 72, 73, 91, 93, 103, 114

ϣⲓⲛⲉ 찾다 log. 2^{2}, 18, 24, 28, 38, 59, 60, 76, 92^{2}, 94, 107

ϣⲓⲡⲉ 창피한 log. 37, 65

ϣⲓⲧⲉ 요구하다 log. 100

ϣⲗⲏⲗ 기도하다 log. 6, 14, 104^{2}

ϣⲗ̄ⲧⲁⲙ 겨자 log. 20

ϣⲙ̄ⲙⲟ 손님 log. 64^{2}

ϣⲙ̄ϣⲉ 시중들다 log. 47

ϣⲟ 천 log. 23

ϣⲟⲙⲧ 셋 log. 13, 16^{2}, 30

ϣⲟⲛⲧⲉ 가시나무 log. 9, 45

ϣⲟⲟⲡ* [ϣⲱⲡⲉ] 이다, 되다 log. 3, 24, 30, 61, 72

ϣⲟⲣⲡ 첫 log. 3^{2}, 4, 64

ϣⲟⲣϣ̄ⲣ 파괴하다 log. 71

ϣⲟⲩⲉⲓⲧ [ϣⲟⲩⲟ] 빈 log. 28^{2}, 97

ϣⲟⲩⲟ 흐르다, 텅비다 log. 97

ϣⲟϫⲧ [ϣⲟⲧϣⲧ] 뚫다 log. 21

ϣⲡⲏⲣⲉ 놀라움 log. 2, 29^{4}

ϣⲧⲏⲛ 옷 log. 37, 47, 78^{2}

ϣⲧⲣ̄ⲧⲣ̄ 몸을 떨다 log. 2^{2}

ϣⲱⲗⲙ [ϣⲱⲗⲙⲉ] 칼을 뽑다 log. 98

ϣⲱⲙ 여름 log. 19

ϣⲱⲙ 세금 log. 64, 100

ϣⲱⲛⲉ 병자 log. 14

ϣⲱⲡⲉ  *ḫpr* 되다, 이다 log. 4, 7^{2}, 11^{2}, 12, 16^{2}, 18^{2}, 19^{3}, 20, 21, 29, 38, 39, 42, 43, 46, 47, 50^{2}, 51, 55, 60^{2}, 61^{2}, 79, 84, 85^{2}, 106, 108^{2}, 114

ϣⲱⲧⲉ 우물, 반죽 log. 74, 96

ϣⲱⲥ 목동 log. 107

ϥ

ϥⲉⲓ 감당하다 log. 55

ϥⲛ̄ⲧ 벌레 log. 9, 76

ϩ

ϩⲁ 아래에 log. 34, 37, 40, 52, 84, 97

ϩⲁⲉ 마지막 log. 4

ϩⲁⲏ 끝 log. 18^{2}

ϩⲁⲗⲁⲧⲉ 새들 log. 9, 20, 86

ϩⲁⲗⲏⲧ 새 log. 3

ϩⲁⲣⲱ⸗ [ϩⲁ] 아래에 log. 14

ϩⲁⲥ⸗ [ϩⲱⲥ] 손에 넣다 log. 21

ϩⲁⲧⲉϩⲏ 전에 log. 19, 21

ϩⲁϩ 많은 log. 4, 38, 63, 74, 75

ϩⲁϩⲏ 끝 log. 18^{2}

ϩⲃⲟⲩⲣ 왼쪽 log. 62

ϩⲉ 발견하다 log. 8, 21^{2}, 27, 28^{2}, 56^{2}, 58, 64, 68, 76, 77, 80^{2}, 97, 107, 109, 111

ϩⲉ 떨어지다 log. 9^{4}, 19, 20, 32, 34

ϩⲉ 방법 log. 18, 55, 101^{2}, 108

ϩⲉⲣⲙⲏⲛⲉⲓⲁ ἑρμηνία 해석하다 log. 1

ϩⲏ 배 log. 69, 79^{2}

ϩⲏⲃ̄ⲥ 등잔 log. 33

ϩⲏⲕⲉ  *ḥkr* 가난한 log. 3^{2}, 29, 54

ϩⲏⲙⲉⲣⲁ ἡμέρα 날 log. 64

ϩⲏⲛ* [ϩⲱⲛ] 가까운 log. 82^{2}

ϩⲏⲡ* [ϩⲱⲡ] 숨은 log. prolog, 5^{2}, 6, 33, 83^{2}, 108, 109

ϩⲏⲧ  *ḥ3.t-y* 심장 log. 28, 45, 69

ϩⲏⲧ⸗ [ϩⲏ] 앞서 log. 21, 51, 65

ϩⲏⲩ [ϩⲉ] 방법들 log. 53

ϩⲓ 위에 log. 17, 36, 61, 84, 97, 99

ϩⲓⲱ⸗ [ϩⲓ] 위에 log. 36, 76

ϩⲓⲉⲓⲃ 양 log. 60^2

ϩⲓⲉⲓⲧ  ḥꜥd 구덩이 log. 34

ϩⲓⲏ 길 log. 9, 21, 97^2

ϩⲓⲕⲱⲛ εἰκών 우상 log. 22^2, 50, 83^3, 84

ϩⲓⲟⲙⲉ 여인 log. 46

ϩⲓⲟⲟⲩⲉ 길들 log. 64

ϩⲓⲟⲩⲉ 때리다 log. 65^2

ϩⲓⲥⲉ 수고 log. 8, 58, 97, 107

ϩⲕⲁⲉⲓⲧ* [ϩⲕⲟ] 배고픈 log. 69

ϩⲗ̄ⲗⲟ 늙은 log. 4

ϩⲙⲥ̄ log. 9

ϩⲙϩⲁⲗ 종 log. 47, 64^3, 65^4

ϩⲛ̄ 안에 log. 3^2, 4, 8, 9^3, 11^2, 13^3, 14^3, 15, 16^2, 18, 19, 21^5, 22^2, 23^2, 28^4, 29, 30, 38, 41, 43, 44, 45^6, 46^2, 49, 50^2, 53, 54, 61^3, 63, 64^2, 65, 68, 69^3, 70^3, 74, 79^3, 83, 85, 96^2, 97, 98, 103, 104, 108, 109, 111, 113

ϩⲛⲁⲁⲩ [ϩⲛⲉⲉⲩ, ϩⲁⲁⲩ] 재산, 유산 log. 72

ϩⲟ  ḥr 얼굴 log. 5, 15, 91

ϩⲟⲃⲥ̄ [ϩⲱⲃⲥ̄] 뒤덮힌 log. 6

ϩⲟⲉⲓⲛⲉ 어떤것들 log. 9

ϩⲟⲗ⸗[ϩⲱⲗⲉ] 뽑다 log. 57

ϩⲟⲗⲱⲥ 다만 log. 13

ϩⲟⲙⲧ 이자, 잉여분 log. 64, 95, 109

ϩⲟⲟⲩ 날 log. 4^2, 11^2, 37^2, 38, 45, 51^2, 57, 79, 84, 88, 92^2, 113

ϩⲟⲟⲩⲧ  ꜥḥꜣ-w.t-y 남성 log. 22^3, 114^3

ϩⲟⲡ⸗ [ϩⲱⲡ] 감추어진 log. 39, 96

ϩⲟⲧⲁⲛ ὅταν –할 때 log. 2, 3, 11^2, 15, 20, 21, 22^2, 26, 28, 37, 61^2, 68, 70, 84, 104, 106

ϩⲟⲧⲉ 겁내다 log. 37, 111

ϩⲟⲧⲓ 왜냐하면 log. 111

ϩⲟⲩⲛ 안쪽의 log. 3, 14^2, 21, 22^4, 24, 33, 35, 39^2, 60^2, 64, 75, 76, 89, 94, 97, 98, 99, 103^2, 114

ϩⲟⲩⲟ 더하기 log. 45

ϩⲟϥ 뱀 log. 39

ϩⲧⲟ 말 log. 47

ϩⲧⲟⲟⲩⲉ 아침 log. 36^2

ϩⲩⲃⲣⲓⲍⲉ ὑβρίζειν 무시하다 log. 47

ϩⲱⲃ 일 log. 20, 65

ϩⲱⲗⲉ 뽑다 log. 57^3

ϩⲱⲡ 숨기다 log. 32

ϩⲱⲥ ὡς ~처럼, ~할 때, 그처럼, 대략 log. 59, 60, 61

ϩⲱⲧⲃ̄ 죽이다 log. 98

ϩⲱⲱ⸗ⲥ 그녀 역시 log. 114

ϫ

ϫⲁϩⲙ̄ [ϫⲱϩⲙⲉ] 더럽히다 log. 14

ϫⲁϫⲉ 적 log. 57

ϫⲉ 즉 log. 1, 3^4, 4, 6^3, 8, 9, 10, 11, 12^3, 13^{10}, 14, 15, 16^3, 17, 18^3, 19, 20^3, 21^6, 22^3, 23, 24^2, 25, 26, 28^3, 29, 30, 32, 34, 36^2, 37^2, 38, 39, 41, 42, 43^3, 44, 46^3, 47^2, 48^2, 49^3, 50^7, 51^2, 52^2, 53^2, 54^2, 55, 56, 57^3, 58, 59^2, 60^3, 61^2, 62^2, 63^3, 64^{11}, 65^4, 66, 67, 68, 71, 72^3, 73, 74, 76, 77, 78, 79^3, 80, 81, 82, 83, 85, 86, 87, 88^2, 89^2, 90^2, 91^3, 93, 95, 96, 97, 98, 99^2, 100^2, 102^2, 103^2, 104^3,

105^{2}, 106^{2}, 107^{2}, 108, 109, 110, 111^{2}, 112, 113^{2}, 114^{4}

ϫⲉ 말하다 log. 6, 44^{3}

ϫⲉ 잡다 log. 9

ϫⲉⲕⲁⲁⲥ -하기 위해 log. 18, 22, 33, 47, 60^{2}, 63, 65, 93, 98, 114

ϫⲉⲗⲉ [ϫⲱⲗⲉ] 추수하다 log. 45

ϫⲉⲛⲉⲡⲱⲣ 지붕 log. 33

ϫⲉⲣⲉ [ϫⲉⲣⲟ] 불붙이다 log. 33

ϫⲉⲣⲟ 불붙이다 log. 10

ϫⲏ 티끌 log. 26^{2}

ϫⲓ 받아들이다 log. 1, 18, 19, 22^{2}, 39, 64, 65, 85, 88, 96

ϫⲓⲛ -부터 log. 36^{2}, 46

ϫⲓⲟⲩⲉ 훔치다 log. 21

ϫⲓⲥⲉ 높이다 log. 46

ϫⲓⲧ⸗[ϫⲓ] 받아들이다 log. 13, 35, 95

ϫⲗ̄ϭ 늘이다, 옷을 깁다 log. 47

ϫⲛⲁⲩ 지체하다 log. 4

ϫⲛⲉ [ϫⲛⲟⲩ] 묻다 log. 4, 50

ϫⲛⲁϩ log. 35

ϫⲛⲟⲩ⸗ [ϫⲛⲟⲩ] 묻다 log. 6, 13, 92

ϫⲟ 벽 log. 98

ϫⲟ 씨뿌리다, 나무 심다 log. 63

ϫⲟⲉⲓⲥ 주 log. 21^{2}, 47, 64^{6}, 65^{3}, 73, 74, 90

ϫⲟⲟ⸗ [ϫⲱ] 말하다 log. prolog, 3^{2}, 13^{3}, 18, 20, 21, 46, 48, 50^{5}, 64^{2}, 65^{4}, 72, 79, 88, 91, 92^{2}, 106, 113

ϫⲟⲟⲗⲉⲥ 좀 log. 76

ϫⲟⲡϫⲡ̄ 발로 밟다 log. 37

ϫⲟⲥⲉ [ϫⲓⲥⲉ] 높은 log. 32, 46

ϫⲟⲧ⸗ [ϫⲱⲧⲉ] 뚫고들어가다 log. 98

ϫⲟⲩⲧ 스물 log. 52

ϫⲟⲩⲱⲧ 스물 log. 9

ϫⲡⲉ [ϫⲡⲟ] 낳다, 얻다 log. 70

ϫⲡⲟ 창조하다 log. 14, 15, 53, 101

ϫⲡⲟ nn. 창조 log. 46

ϫⲣⲟ 강력한, 지배적인 log. 104

ϫⲱ 말하다 log. 13^{2}, 21, 38, 43^{2}, 45, 61, 62, 111

ϫⲱⲗⲕ 당기다 log. 47

ϫⲱⲧⲉ 물가 log. 74

ϫⲱⲱⲣⲉ 유력자 log. 35

ϫⲱϩⲙ̄ [ϫⲱϩⲙⲉ] 더럽히다 log. 14

ϭ

ϭⲁⲙⲟⲩⲗ 낙타 log. 45

ϭⲉⲗⲓⲧ* [ϭⲁïⲗⲉ] 천막치다 log. 21

ϭⲉⲡⲏ 서둘다 log. 21

ϭⲏⲛ* [ϭⲛⲟⲛ] 부드러운 log. 78^{2}

ϭⲓⲛⲉ 발견하다 log. 2^{2}, 92, 94, 110

ϭⲓϫ 손 log. 17, 21, 22^{2}, 35, 41, 98

ϭⲗⲙⲉⲉⲓ 단지, 항아리 log. 97^{3}

ϭⲗⲟϭ 침상 log. 61^{2}

ϭⲙ̄ϭⲟⲙ 할수있는 log. 59

ϭⲙ̄ϭⲱⲙ⸗ [ϭⲟⲙϭⲉⲙ] 만지다 log. 17

ϭⲛ̄ [ϭⲓⲛⲉ] 발견하다 log. 53

ϭⲟⲗ 거짓말하다 log. 6

ϭⲟⲗⲡ 드러나다 log. 6

ϭⲟⲙ 능력 log. 32, 35, 47^{2}

ϭⲟⲡ 잡다 log. 65

ϭⲣⲟϭ 씨앗 log. 9, 20, 57^{2}

ϭⲣⲟⲙⲡⲉ 비둘기 log. 39

ϭⲣⲱϩ 결핍 log. 63, 67^{2}

ϭⲱ 남다 log. 6

ϭⲱⲃⲉ 잎 log. 19

ϭⲱⲗ 둘둘 말다, 끝내다 log. 111

ϭⲱⲗⲡ 드러내다, 계시하다 log. 5, 18, 83

ϭⲱϣⲧ 응시하다 log. 21, 51, 59, 113

ϯ

ϯ 나 log. 10, 17, 21, 29, 30, 38, 43, 61, 64^{3}, 77, 107

ϯ 주다 log. 6, 9, 14, 17, 21, 28, 41, 65, 76, 79, 88, 93, 952, 100^{2}, 101, 109

ϯⲙⲉ 마을 log. 31

ϯⲡⲉ 맛 log. 1, 18, 19, 85

ϯⲡⲉ 허리 log. 21, 103

ϯⲟⲩ 다섯 log. 16, 19

ϯϩⲉ 술취하다 log. 13

오역한시재발견

저자는 성당시절의 대표적인 시인들,맹호연, 왕유, 이백, 두보, 백거이 등의 작품들의 재해석을 시도한다. 오랜 세월 동안 많은 학자들에 의해 애송되었고 또 충분히 연구되어 왔으나 저자가 발견한 오류들은 믿을 수 없을 만큼 기존의 해석과 큰 차이를 두고 있다. 부록에서는 공자, 허난설현, 정약용, 금강경을 통해서 공자와 불타와 예수의 숨겨진 뜻도 함께 다루고 있다.

2013년, 권영흠 저, 스틸로그라프

ISBN 978-89-955829-8-5

이집트 상형문 사전

국내외에서 이집트 역사와 문화유산을 직간접적으로 접하는 이들의 언어학적 호기심을 충족시키기 위한 입문서. 기존 해외 상형문 사전의 지나치게 학문적인 성향과 달리 단어들을 찾기 쉽게 발음순으로 배치하였고 부록으로 이집트 신명, 연대표에 따른 왕과 왕비명, 지명 목록이 추가 되었다.

2013년, 권영흠 저, 스틸로그라프

ISBN 978-89-955829-7-8

곱트어 문법

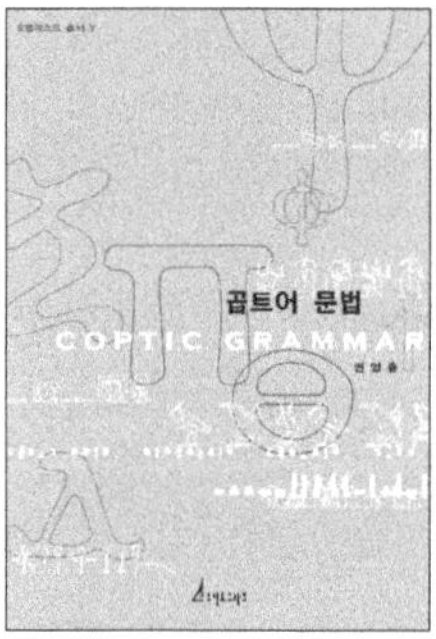

이집트어의 마지막 단계인 곱트어에 관심있는 일반인들을 위해 중요한 문법을 최대한 쉽고 간략하게 설명한 입문서이다. 본 서의 내용을 습득한 후 이미 발간된 곱트어 사전의 도움을 받아 20세기 초반에 발견된 마니교 문서, 나그함마디 문서 등의 번역에 독자들이 직접 나설 수 있을 것이다. 부록으로 부정문 정리, 리코폴리텐 방언용 동사변형표 등을 실었다.

2013년, 권영흠 저, 스틸로그라프

ISBN 978-89-955829-5-4

통합 곱트어 사전

원시 기도교 세계로 여행을 하기 위한 안내서, 마니교 곱트어 사전의 후속편. 곱트어의 여러 방언중 표준방언으로 간주되고 현존하는 곱트어 문서들의 대부분을 차지하는 사이딕 방언을 해석하기 위한 통합 사전. 사전을 구성하는 주요 단어들에 리코폴리텐 방언들을 추가로 수록하였다.

2008년, 권영흠 저, 스틸로그라프

ISBN 978-89-955829-3-0